KB037136

글로벌 시민정신

(Global Citizenship)

이희용·최현종·서민규·최현철·엄성원·이화·신현규

목차
CONTENTS

머리말

글로벌 시민정신은 정치·경제라는 하나의 전문 분야가 아닌 다양한 학제적 차원에서 개발되어야 한다. 세계화는 단일화 과정이 아니라 복잡한 일련의 과정으로 정치·경제 영역만이 아니라 문화, 의사소통 관계, 다문화 가족관계 등 전반에 거쳐서 진행되고 있다. 왜냐하면 긍정적인 변화의 요소와 부정적인 변화의 요소를 동시에 내재하고 있기 때문이다.

또한 세계화를 바르게 이해하고 거기에 맞는 세계 시민적 삶을 살기 위해서는 글로벌 시민정신이 무엇인지가 제대로 해명되어야 한다. 이런 시대적 과제의 해결을 위해 인문 사회과학의 여러 전문가들이 함께 고민하며 학제적 연구를 통해 하나의 융합적 대안을 제시하고자 했다. 이점이 바로 이 책을 집필하게 된 동기이고 목적이다. 그리 긴 기간은 아니지만 지난 7개월 동안 7명의 전문가들이 글로벌 시민정신을 부각시키기 위해 여러 번 세미나와 워크숍을 가졌고, 장시간의 전략적 회의를 거쳐 세부적 내용들을 집필했다. 이 책은 세계화의 영향과 글로벌 시민정신에 대한 다양한 시사적 관점과 그에 대한 학제적 분석과 통찰을 통해 독자에게 흥미를 북돋아 주고, 세계화로 인해 발생되는 복합적 문제들을 깊이 인식하고, 그 문제 해결에 참여하는 글로벌 시민정신의 경험을 제공할 것이다.

세계화가 우리의 구체적인 현실이 된 작금의 상황에서 글로벌 시민정신을 함양하는 것은 더 이상 우리의 선택이 아니다. 글로벌 시민정신은 우리가 세계시민임을 아는 것 그 이상을 말한다. 하나의 지구촌 시대에서 글로벌 시민의식과 정신을 함양하는 것이 단순히 일시적 지식에 그치는 것이 아니라, 휘몰아치는 세계화의 물결 속에서 자신의 정체성과 위치의 발견 그리고 글로벌 인재로서 자기실현과 긴밀히 연관되어 있다는 점을 인식하는 것은 미래를 준비하는 젊은 학생들에게는 불가피한 선결조건이 아닐 수 없다.

이 책은 초판이라 여러 면에서 미흡한 점이 있고, 아직은 보완할 점도 상당히 있다. 그러나 독자의 지적과 겸허한 수용을 통해 점차 글로벌 차원에서 활동을 펼칠 미래 창의적 인재 양성에 교육적 콘텐츠와 통찰을 제공할 수 있는 저서로 다듬어질 것이다. 이 책의 집필에 함께 해주었고, 또 계속해서 이 책이 양질의 저서가 되는데 함께 노력해줄 신현규 교수님, 최현철 교수님, 엄성원 교수님, 서민규 교수님, 최현종 교수님, 이화 연구원에게 고마움을 전한다. 그리고 이 연구가 좋은 결실을 맺는 데 좋은 조언과 격려를 아끼지 않으신 홍병선 교수님에게 이 자리를 빌려 깊은 감사를 드린다.

저자를 대표하여

2013. 2. 27

이 희 용

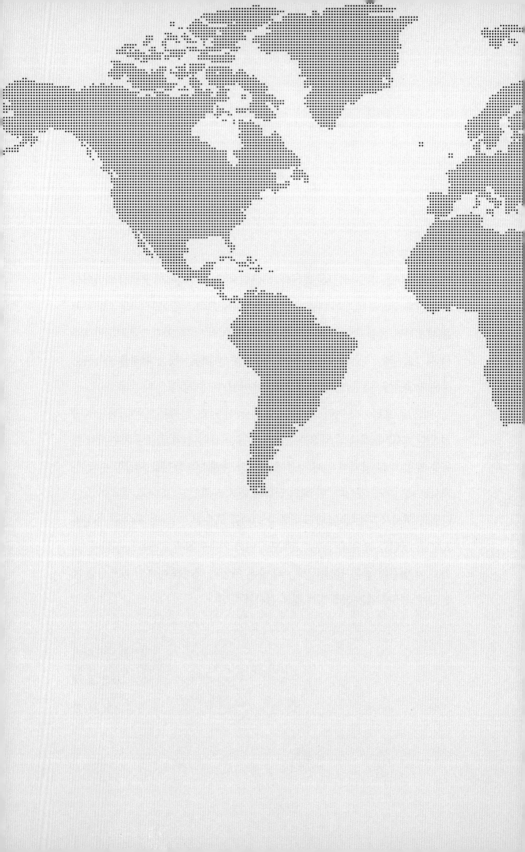

제1장
세계화 이해하기

 생각 꺼내기

지금 우리가 느끼고 경험하고 있는 세계화는 어떤 모습인가?

1. 세계화의 기본이해와 내적 이해

1) 세계화란?

세계화는 지구화 또는 글로벌화라고 불린다. 이 세계화(Globalization)라는 용어는 정보화라는 말과 함께 일반적인 용어로 자리 잡고 있다. 지금 우리 주변에서는 세계화에 대해 뜨거운 관심을 보이고 있다. 세계화를 지지하든, 비판하든 간에 세계화의 물결은 거스릴 수 없는 현실적 대세다. 전문가들은 이 새로운 세계화가 실제로 새로운 세상을 만들어 갈 것으로 생각한다. 그래서 세계화에 대한 이해가 우리의 거부할 수 없는 과제가 아닐 수 없다라고 말한다.

점 조직들처럼, 부분적으로 우리의 삶에 스며들 온 세계화는 무엇인가? 부분적이지만 점차 강력한 영향력을 미치면서 드러날 세계화를 어떻게 이해할 수 있을까? 다양한 측면에서 이해될 수 있는 세계화에 대해 단정적으로 물어보자.

도대체 세계화는 무엇인가? 사전적인 정의로 세계화(Globalization, 世界化)는 "정치, 경제, 문화 등 사회의 여러 분야에서 국가 간 교류가 증대하여 개인과 사회 집단이 갈수록 하나의 세계 안에서 서로 영향을 주면서 삶을 영위해가는 과정을 말한다.

전문가의 견해에 따르면, 2차 세계대전 이후 경제, 정치, 문화 세 수준에서 동시적으로 그리고 상호연관을 이루면서 서서히 진행되어 온 세계화는 국제화와는 다른 것이다. 국제화(Internationalization)는 국민과 국가 간의 다양한 차원의 상호 교류가 이루어지는 현상을 말한다면, 세계화(Globalization)는 다양한 양적 교류의 확대를 넘어서 경제, 정치, 문화 등 사회생활의 모든 면들에 상호 영향을 줌으로써 긴밀한 삶의 양식을 만들어 가는 것, 새롭게 재구성됨으로써 세계사회가 독자적인 차원을 획득하는 과정을 뜻한다. 세계화의 특징은 크게 3가지 차원에서 이해할 수 있으며, 그 내용은 다음과 같다.

(1) 경제적 차원의 세계화

경제적 차원에서의 세계화는 교역·투자·통신 등이 확대되어 국가 간 상호의존이 증대하고 지구적으로 다자간의 협의·조정·협력 등이 강화되는 현상을 뜻한다. 경제의 세계화는 오늘날 세계화를 추동하는 기본 동력이라 할 수 있다. 이 경제의 세계화 경향은 최근 더욱 두드러졌는데, 세계무역의 완전자유화를 주장하는 세계무역기구(WTO)의 출범과 초국적기업(MNCs)의 활동은 대표적인 사례이다. 여기서 전후 세계화를 주도한 주체로서 초국적기업의 활동은 생산부문을 지구적으로 재배치하는 신국제분업을 통해 기존 국경의 의미를 축소시켜 왔다.

이러한 경제의 세계화에서 중요한 것은 기업 활동에 유리한 조건을 제공하는 지역으로, 자본은 자유롭게 이동하지만 노동력이 국경을 넘나드는 것은 간단하지 않다는 점이다. 그 결과, 경제활동에 대한 국가의 규제를 철폐하려는 신자유주의 경제이론의 발언권이 커지고 규칙 및 제도의 지구적 표준화가 진행되어 온 반면, 노동조합은 교섭력을 점차 상실하게 되는 과정을 밟아왔다.

(2) 정치적 차원의 세계화

초국적 조직 및 제도의 등장 또한 세계화의 중요한 한 측면을 이루고 있다. 기존의 국민국가 틀 내에서는 해결하지 못하는 문제들을 담당하기 위해 결성된 초국적 조직들은 그 규모와 중요성을 증대시켜 왔는데, 국제연합(UN), 관세 및 무역에 관한 일반협정(GATT), 국제통화기금(IMF) 등과 같은 정부 간 조직 이외에 국제사면위원회(Amnesty International), 그린피스(Green Peace), 국경없는의사회(Doctors Without Borders) 등과 같은 비정부조직의 비중 또한 커져 왔다. 이 초국적 조직들은 국민국가의 경계를 넘어서서 정치, 경제영역뿐만 아니라 교통·통신·과학 및 환경 등의 영역에서 발생하는 초국적 문제들을 해결하는 데 주력함으로써 개별 정부에 작지 않은 영향력을 행사하고 있다.

세계화와 연관해 국민국가의 장래 또한 활발히 논의되어 온 쟁점이다. 이에 대해서는 세 가지 견해가 제시되어 왔다. 첫 번째가 세계화가 불가피하게 국민국가를 퇴조시키고 있다는 견해라면, 두 번째는 국민국가의 역할이 지속될 것이라는 견해이며, 세 번째는 이러한 상반된 시각을 모두 비판하고 절충하는 견해이다. 한편에서 오늘날 세계화의 충격으로 인해 국민국가의 위상이 약화되고 있지만, 다른 한편에서 정치 및 사회 문제를 해결하는 데 국민국가의 역할은 여전히 중요하다고 볼 수 있다.

(3) 문화적 차원의 세계화

마지막으로, 문화의 세계화도 주목할 필요가 있다. 뉴스뿐만 아니라 영화, 텔레비전 프로그램, 대중음악, 전신 및 통신 프로그램 역시 이제는 전 세계 국민들이 이용할 수 있도록 세계시장에서 판매되고 있다. 이러한 문화의 생산, 분배, 소비의 지구적 체제는 현대적인 문화 및 생활양식을 지구적으로 확산시키는 역할을 수행하는 동시에, 선진국에의 문화적 종속을 심화시키는 부정적 결과를 낳고 있다.

이러한 문화의 세계화 가운데 특기할 만한 것은 미국화(Americanization) 경향이다. 오늘날 어느 나라이건 헐리우드(Hollywood) 영화와 팝 음악, 그리고 디즈니랜드(Disney land)로 대표되는 미국식 대중문화와 생활양식의 영향력이 갈수록 커져 왔다. 지구적 차원에서 진행되는 이러한 문화적 재구조화는 그 어떤 서구의 정책 및 기술보다도 일상적·문화적 삶과 의식에 큰 영향을 미치고 있다는 점에서 세계화 경향을 더욱 가속화시키고 있다.

2) 세계화의 내면적 이해

『렉서스와 올리브나무』에서 토마스 프리드먼은 "오늘날 세계화는 경제체제를 형성하는 이름 없는 국경을 넘나드는, 균질화되고 표준화된 시장의 힘과 기술에서 오는 것"으로 본다. 이런 의미에서 프리드먼은 세계화를 새로운 것과 옛것의 만남과 갈등 구조로 분석했으며, 우리는 그 갈등 구조를 통해 세계화를 좀 더 심층적으로 이해할 수 있을 것이다.

(1) 지역화를 뒤 흔드는 세계화

―렉서스가 올리브나무 숲으로 돌진하다―

프리드먼은 세계화를 먼저 '렉서스가 올리브 나무숲으로 돌진하는 것'으로 비유한다. 렉서스는 오늘날 현대인이 더 높은 생활수준을 추구하기 위하여 꼭 갖추어야 할 글로벌 시장의 발아와 성장, 금융기관 그리고 컴퓨터 기술 등을 대표한다. 인간의 강한 욕망을 탑재한 렉서스는 올리브 나무숲인 인간 현실의 터전과 삶의 지역을 향해서 마구 돌진해 오고 있다. 인간의 욕망을 상징하는 렉서스는 경제체제를 형성하는 이름 없는, 국경을 넘나드는, 균질화되고 표준화된 시장의 힘과 기술을 가진 세계화 속에서 더욱 힘이 세져 개별적이고 고유한 공동체를 하나의 단일한 체제로 만들려 하고, 또 환경을 깔아뭉개고, 전통을 밀어내려고 한다. 오늘날 인터넷 망처럼 세계화는 가속적으로 세계의 환경을 점령하고 있다.

(2) 전통의 반격
-올리브나무의 반격-

세계화는 많은 곳에서 환영을 받으며, 강한 영향을 미친다. 그러나 전통적인 뿌리의 위기를 느낀 지역(local)은 세계화의 물결에 대해 강하게 저항하기도 한다. 프리드먼은 이런 상황을 다음과 같이 묘사한다. 렉서스의 돌진은 때로는 올리브 나무숲에서 환영을 받지만, 반면에 때로는 거기서 강한 저항에 부딪친다. 왜냐하면 물질적 욕구와 귀속욕구에 강하게 사로잡힌 현대인은 더 많은 경제적 기회를 갖기를 원하면서 동시에 자신의 뿌리(정체성)를 지켜내고자 하기 때문이다.

프리드먼은 1999년 8월 『워싱턴포스트』의 앤스워드슨이 프랑스 남서부의 작은 도시 생 피에르-드-트리비시에 관해 쓴 기사에서 렉서스에 대한 올리브 나무의 저항의 한 예를 소개한다. "인구가 610명밖에 안 되는 이 도시의 자치단체장인 필립 폴리오와 자치의회는 이곳 야영지에서 파는 코카콜라에 100% 세금을 매겼다. 미국이 프랑스 남서부 생 피에르-드-트리비시 지역 주변에서만 생산되는 로크포르 치즈에 관세를 매긴 데 대한 보복이었다. 폴리오는 바삭바삭한 빵 한 조각에 로크포르 치즈를 바르며 앤스워드슨에게 말했다.

"로크포르 치즈는 오직 한 종(種)의 양에서 짜는 젖으로만 만듭니다. 프랑스에서도 한 지역에서만 나오고, 생산방법도 한 가지뿐이지요. 이는 세계화의 반대입니다. 코카콜라는 세계 어디서든 살 수 있고 어디서나 똑같은 것입니다. 이는 세계 모든 곳의 입맛을 통일하려는 미국 다국적기업을 상징하는 것입니다. 우리가 반대하는 건 바로 그겁니다."(렉&올 71)

이처럼 렉서스, 즉 최첨단 기술과 초국가적 기업이 삶의 자리나 우리의 뿌리인 전통을 무시하고 파괴하려고 할 때, 전통을 중시하는 지역(올리브나무 숲)은 가능한 강하게 저항할 것이다. 그렇지만 전통과 지역성만을 지나치게 집착하는 것도 배타적인 존재, 타자와 다른 것을 거부하는 고립되고 폐쇄적인 공동체에 빠질 수 있고, 세계화의 물결에서 도태될 수 있을 것이다.

(3) 바람직한 세계화(렉서스와 올리브 나무숲의 공존)

세계화는 많은 기회와 갈등을 안고 있는 렉서스(최첨단 기술)와 올리브나무 숲(전통)의 만남에서 이루어지는 드라마로 이해할 수 있다. 둘 중 어느 하나만을 강조하고, 다른 하나의 가치를 경시하지 않고, 그 두 가지의 가치와 권리를 바로 존중하고 조화시킬 수 있는 길이 세계화의 길이다. 이런 공존의 노력은 진정한 세계화에 동참하는 것이고, 글로벌 시민정신을 갖춘 글로벌리스트는 세계화로 인해 일어나는 많은 문제들을 해결에 기여할 수 있을 것이다. 그러면 이제 우리는 세계화로 인해 발생할 수 있는 기회적 측면과 위기적인 측면을 좀 더 구체적으로 살펴보자.

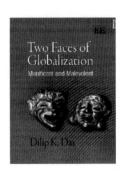

2. 세계화의 두 얼굴(위기와 기회)

세계화는 우리 스스로 판단 예측할 수 있는 능력보다 훨씬 빨리 우리 삶에 다가왔다. 인터넷, SNS 등은 이 세계화를 가능하게 하였을 뿐만 아니라 더욱 가속화시키고 있다. 이런 세계화는 두 가지 야누스적인 모습을 가지고 있다. 우리는 먼저 세계화의 의미를 알고, 그와 더불어 그 기회적 모습과 위기적 국면을 이해할 필요가 있다.

1) 세계화의 의미

세계화라는 개념은 그 의미에 있어서 4가지 특징이 있다.

첫째로, 세계화는 다양한 대상물들이 세계 지역을 넘나들며 이동하는 현상이다.

세계화가 의미하는 연결의 대상은 상품이나 서비스 또는 금융 자본과 같은 경제 자원뿐만 아니라 생각과 문화, 기술 그리고 사람 자체의 이동에 이르기까지 모든 사회 활동과 관계를 포함한다.

둘째로, 세계 전체는 이동하는 대상물들을 연결하는 공간적 범위이다.

세계화는 지방화(localization), 전국화(nationalization), 지역화(regionalization) 등의 개념보다 훨씬 넓은 공간적 범위를 내포하고 있다. 다른 한편 세계화는 연결동기나 방식 면에서 자국 중심의 수직적 연결보다는 국적을 초월하여 기능적 통합을 위한 국가 간 수평적 연결을 중시한다. 이런 점에서 세계화는 종래의 국제화(internationalization) 개념과도 다르다.

셋째로, 세계화는 일시적인 접속이나 일회성 접촉이 아닌 안정적이고 지속적인 관계를 전제한다. 그렇다고 해도 세계화는 연결된 국가나 기타 행위자 사이에 통합(integration)이나 수렴(convergence) 혹은 상호의존(interdependence) 등의 관계를 전제하는 것은 아니다. 이처럼 세계화의 의미를 통합, 수렴, 상호의존까지 확대해석하는 것은 오해의 소지가 크다.

넷째로, 세계화는 실체적으로 인간 사회의 미래 비전 혹은 정치적 경제적 이데올로기로서의 면모를 지니고 있다. 그러나 그것은 단순히 이론적 이념적 가공물이 아니라 지금 우리 현실에서 진행되고 있는 실제적인 현상이다. 이런 실제적 현상을 먼저 이해하고, 그 다음 그것을 근거로 세계화에 대한 이론적 평가나 이념적 논쟁을 수행하는 것이 바람직할 것이다.

2) 세계화의 기회적 측면

세계화는 첨단 기술을 통한 통신망의 발전, 저렴한 운송경비, 국경 없는 자유무역 등으로 전 세계를 단일화 시장으로 만들어 버림으로써 다음과 같은 다양한 이익들을 가져올 것이다.

- 세계화는 국제협력으로 인해 효율의 극대화를 가져 올 것이다.
- 부분적으로 서로에게 경제 이익을 가져올 것이다.
- 무역 장벽이 소멸될 것이다. 그로 인해 시장이 확대될 것이고, 수출이 증대되는 등 상호 간에 무역 거래가 활발하게 이루어질 것이다.
- 신속한 문화 교류를 통한 문화 전파 및 문화 콘텐츠 사업의 발전을 가져 올 것이다.

3) 세계화의 위기적 속성

경제적으로 힘 있고 문화적으로 발전한 일부 선진국들이 세계화라는 명목 하에 자국의 패권적 지배를 강화시킬 것이다.

전통문화와 가치들의 상당 부분들이 훼손되거나 변형될 것이다. 이런 위기적 속성과 더불어 미래적 경제적 위기와 환경적 위기이다. 아마존 밀림을 납작하게 뭉개 버리는 경제 개발과 온 세상을 디즈니 천국 일색으로 만들어 버리는 동조화(同調化)의 괴수라고 할 바로 이 세계화는, 그대로 방치될 경우 인류 역사상 일찍이 겪어 보지 못한 매우 빠른 속도로 환경을 파괴하고 고유문화의 뿌리를 뒤엎어 고사시킬 수 있는 파괴력을 지니고 있다(렉&올 55).

각 국의 비교열위산업이 쇠퇴할 것이고, 글로벌 기업만이 더욱 성장할 것이다. 그것으로 인해 국가 간 및 계층 간의 소득 양극화가 확대 심화될 것이고,

이것이 현실로 나타난다면 세계화는 특정한 국가와 소수만을 위한 것이 될 것이다. "세계화의 틈새 사이로 일하고 있는 사람들의 대부분이 생존의 경계에서 몸을 떨며 서 있고, 세계화는 20% 밖에 안 되는 소수의 승리자와 80%의 다수의 패배자로 사회를 재편하고 있다"고 마르틴과 슈만은 세계화의 위험성을 지적한다.

슈만은 노동의 미래와 관련하여 세계화의 어둠을 강조한다. 그에 의하면 21세기에는 노동 가능한 인구 중에서 20%만 있어도 세계 경제를 유지하는 데 별 문제가 없다. 이것은 일자리를 구하는 사람 다섯 중 하나면 모든 상품을 생산하고 값진 서비스를 제공하기에 충분하다는 것을 말한다. 이 20%의 사람들은 국적을 불문하고 국경을 넘어 돈벌이를 할 수 있고, 또 소비 생활에 적극적으로 참여할 수 있다.

그러면 여기에 생산적 노동과 적극적 소비생활의 범주에 속하지 않은 80%의 사람들은 어떻게 되는가? 노동 가능한 80%의 사람들은 생산과 소비 활동에 참여하지 않고 놀아야 하는가? 그들은 능동적 생산과 소비자로서 행복한 인생을 살기 보다는 실업자의 상태로 생존경쟁에 시달리게 될 것이다. 『노동의 종말』에서 제레미 리프킨은 "아래쪽에 있는 80% 사람들은 엄청난 문제에 직면하게 된다"고 경고한다. 이 '20 대 80' 사회에서는 20%의 생산적 노력으로 80%를 먹여 살릴 수가 있고, 아래에 있는 80% 사람들은 약간의 오락물과 먹을거리에 만족하며 조용히 살아야 한다(마틴, 세계화의 덫). 이것이 사실이라면, 세계화야말로 새로운 일자리를 만들어낸다고 하는 사람들의 주장은 논리적 엉터리일 것이다. 그 뿐만 아니라, 세계화란 끊임없이 기술을 발전시키고, 경제를 지칠줄 모르고 성장시키는 자연적 과정이라는 주장도 역시 틀린 것으로 드러날 것이다. 세계화는 자본가들의 인위적 목적에 의해 진행되는 것이며, 정치는 그런 경제적 세계화의 타당성과 확대를 위해 법적으로 그리고 사회적으로 돕고 있는 것이다. 범지구적 경제적 통합인 세계화는 일자리를 빼앗아

갈 뿐만 아니라, 노동자들의 평균 임금을 줄여가거나 노동력의 가치를 최소한
으로 낮추게 되는 현실을 오게 할 수도 있다.

3. 세계화의 과제

이렇듯 기회의 측면과 위기의 측면을 동시에 안고 있는 세계화이기에, 그
에 대한 과제도 많다. 여기서는 세계화 시대에 대한 과제를 몇 가지로 살펴볼
것이다.

1) 인구 증가와 자원 감소의 문제
 - 인구 증가 : 선진국을 비롯해 개발도상국의 높은 인구 증가율과 평균 수
명 연장은 동시에 공간과 식량 및 에너지를 비롯한 자원의 소비 증가를 가져
온다.
 - 문제점 : 좁은 공간과 지구 내 자원 한계에 비해 지나친 인구의 증가는
전 세계의 인류를 훨씬 어려운 삶으로 빠뜨릴 수 있다.

2) 자연파괴를 막고 환경을 유지 발전하는 문제
 - 문제점 : 더 높은 생산력과 더 좋은 삶을 위해 인간은 자연을 무분별하
게 개발함으로써 자연을 파괴하고 있고, 더 나아가 우리가 사는 주변 환경을
오염시키고 있다.
 - 환경 보전 대책
 자연을 지키고 환경을 보호하는 데에는 두 가지 길이 있다. 하나는 정부 차
원의 노력이고, 다른 하나는 민간 차원의 노력이다. 전자는 생태계나 환경의
피해를 줄이는 환경 친화적 개발 방안을 대대적으로 모색해야 하고, 후자는 환

경 단체를 결성하고, 그를 통해 환경 의식을 고취시키고 환경 파괴나 오염을 더 강하게 감시하는 것이다.

3) 지역 격차와 국제 분쟁의 해결 문제

– 지역 격차의 발생 : 세계화로 인해 국가 간 그리고 지역 간의 기술력과 경제력의 차이가 심화되었다(특히, 유럽·북아메리카 지역과 아시아·아프리카 지역 간의 격차).

– 국제 분쟁의 증가

① 원인 : 종족이나 민족의 대립, 지역 갈등

② 주요 분쟁 지역 : 아프리카, 서남아시아, 구 유고슬라비아, 구 소련 등

③ 영향 : 지원국 간의 갈등, 인명 살상, 난민 유입에 따른 치안 유지 및 난민 보호 문제 야기

4) 지구촌 공존을 위한 다민족에 대한 이해

지금 세계가 직면한 다양한 문제는 어느 특정한 국가가 주도적으로 해결할 수 있는 것이 아니다. 또 전문가의 마인드를 가지고도 문제를 이해하거나 해결하려는 시도는 그 한계가 있다. 세계화로 인해 발생하는 문제는—그것이 기회이든 문제이든 간에—이제 모두가 함께 풀어가야 한다. 이 문제를 해결할 수 있는 것은 전문가의 정신이 아니다. 그것은 바로 글로벌 시민의식(정신)이다.

글로벌 시민의식은 우리가 세계 시민임을 아는 것 그 이상을 말한다. 이것은 세계를 더 나은 장소로 만들 수 있다는 믿음, 즉 우리 인생관을 말한다. 세계화의 급속한 물결 속을 헤쳐 나아가기 위해서는 다양한 기술 습득에 앞서 글로벌 마인드를 갖는 것이 앞서 요구된다.

4. 세계화의 과제 해결의 길

1) 글로벌 시민정신의 절실함

삶은 세계화의 쓰나미(tsunami: 지진해일)에 휩쓸리고 있다. 그런데 우리는 그것에 대해 제대로 인식하지 못할뿐더러 그것에 대처할 마땅한 대책도 마련하지 못하고 있다. 이 세계화는 나와 무관하다는 안일한 의식으로 대처한다면 나의 미래적 삶은 송두리째로 흔들릴 것이다. 세계화로 인한 우리 삶의 불안정과 불확실성은 주변적인 일부분에 그치지 않고 우리 삶의 모든 영역에 파고들 것이다. 이 세계화 시대를 인식할 뿐만 아니라, 그에 맞게 우리 삶을 철저하게 재점검해야 할 때가 왔다(김용호, 10). 세계화 시대에 우리는 우리 자신의 삶을 어떻게 재점검해야 하는가?

세계화를 향하여 나아가고, 지구촌관리를 강화하기 위하여, 그리고 지방·지역·국가·세계 수준의 정치가 서로 유기적으로 연결된 다(多)수준 체제에서 지구촌문제를 효과적으로 해결하기 위해서는 반드시 세계시민의식이 필요하다. 이 세계시민의식은 세계의 모든 문화에서 개발되어야 한다. 세계시민의식이 생겨나려면 우선 지구적 수준의 상호의존과 세계위험사회의 도전(즉, 지구촌문제)을 고려할 때 이 지구상의 모든 사람이 서로 연결되어 있다는 점을 분명히 하고, 또한 정의와 연대의 정신을 가지고 세계사회의 생활관계를 구성할 수 있는 기회가 있다는 점을 분명히 해야 한다. 여기서, 특히 정치 그 자체와 교육 및 학문 관련 기관, 그리고 시민사회의 단체와 개인들에게 기대를 걸어야 한다(Hauchler 외편, 2001, 20-21 참조).

세계시민의식은 우리가 세계시민임을 아는 것 그 이상을 말한다. 이것은 우리 인생의 세계를 더 나은 장소로 만들 수 있다는 믿음, 즉 인생관을 말한다. 지금 우리는 세계화의 물결 속으로 휘몰아치고 있고, 젊은 사람일수록 더욱더 세계적 맥락 가운데 살아가게 될 것이다.

2) 글로벌리스트 되기

시장을 새로운 권력으로 부상시키고, 기존의 경계 개념을 넘어섬으로써 국가와 국가 간, 국가와 개인 간의 관계를 새롭게 설정하는 세계화는 인터넷에서 위성통신에 이르는 기술 진보에 의해 가속화되고 있다. 특히 세계화는 정치, 문화, 국가안보, 금융시장, 기술, 환경 등의 6가지 차원이 모두 교차되면서 새로운 세상을 만들어 갈 것이다. 그 때문에 우리가 쉽게 예측할 수 없는 위기와 기회가 나타날 것이다. 그렇지만 편협한 전문가들은 세계화는 더 많은 기회를 창출하고 인간의 욕구를 무한히 충족시켜줄 것이라고 믿는다. 편협한 전문가들은 "전체 가운데 일부의 그림을 그리라면 그야말로 완벽하게 능력을 발휘할 것이다. 그러나 이들은 전체 그림을 제대로 보지 못할 것이다. 기껏해야 자신이 관심을 가진 일부분만을 전체인 양 떠들어 댈 것이다. 숲에 있는 나무 한 그루만을 분석적으로 완벽하게 볼 수 있을 뿐 숲 전체는 보지도 알지도 못할 것이다. 편협한 전문가는 이 나무에서 저 나무를 옮겨 다니다가 숲속에서 길을 잃게 될 것이다.

이인성은 세계화에 대한 편협한 전문가의 이해의 한계를 지적한다. "그 결과 세계화에 대한 올바른 이해보다는 자기 편의적인 해석과 부분적인 이해가 악순환 되는 현상이 나타난다. 세계화의 총체적인 모습보다는 자기체험 위주의 부분적인 이해에 근거하여 세계화 개념을 정의하게 되고, 세계화의 다양한 모습과 학습 효과를 객관적인 사실에 근거하여 평가하기보다는 선험적으로 세계화에 대한 긍정 혹은 부정의 자세를 굳혀 나가게 된다. 그 과정에서 세계화에 대한 유사 개념들은 오해와 혼란을 더욱 가중시킨다. 결과적으로 오늘날 세계화 개념만큼 남용과 오용이 빈번한 용어도 드물다고 할 수 있다(이인용 14-15). 이렇듯 세계화에 대한 조망은 협소한 전문가의 눈이 아닌 개방된 눈과 참여적 의지를 가진 세계시민의 눈으로 가능할 것이다.

세계화를 이해하고 거기에 맞는 세계 속에서 나를 찾는 것은 바로 글로벌

리스트가 된다는 것이다. 프리드먼은 글로벌리스트의 길을 다음과 같이 제시한다. "세계화를 이해하고 또 설명하기 위해서는 자기 자신을 지적인 방랑자로 생각하면 좋습니다. 떠돌아다니는 방랑자의 세계에는, 우리가 일상생활에서 흔히 보는 정교하게 설정된 자기만의 영역이란 게 없습니다. 유대교와 이슬람교를 비롯한 일신교가 모두 유목민들에 의해 만들어진 것도 바로 이 때문입니다. 한 곳에 오래 눌러앉아 사는 정착민들의 경우는 주변의 암석 또는 나무들에 대해 온갖 신화를 개발해 냅니다. 그리고는 신이 바로 그 암석이며 나무에 각기 다 존재한다고 생각합니다. 그러나 방랑자들은 항상 더 넓은 세상을 보고 겪습니다. 그들은 신이 어느 한 돌덩어리에 들어 있는 것이 아님을 진작 깨달았습니다. 그분은 어디에나 존재했습니다. 그리고 이 모든 복잡한 진실은 모닥불에 둘러앉아 이야기를 나눌 때, 또는 한 오아시스에서 다른 오아시스로 이동해 갈 때 단순한 옛날이야기들을 통해 전승되었습니다."(렉& 올)

5. 마무리

지금까지 기술된 세계화의 내용을 몇 가지로 정리할 수 있을 것이다.

첫째, 우리는 정치적, 경제적, 문화 사회적 측면에서 이미 세계화의 영향 속에 살고 있다. 이런 세계화의 영향은 우리의 삶을 의식하든 의식하지 않든 간에 지역에 살고 있는 우리의 삶에 깊은 연관이 있다. 세계화는 우리의 선택의 문제가 아니라, 이미 우리 삶에 영향을 주고 우리 삶을 규정하고 있는 것이다.

둘째, 이런 세계화는 우리에게 위기와 기회를 주는 야누스적인 특성을 지니고 있다. 글로벌 마인드를 가지고 전문성을 갖춘 사람에게는 더 넓은 역할과 활동 가능성을 제공하고 있지만, 동시에 지역화, 민족화의 고유 특성을 파괴하고 외형적인, 시각적인 단일화를 요구한다.

셋째, 다양한 측면에서 진행되는 세계화이지만, 그 중심에 경제적인 측면이 주동력이 되고 있다. 이로 인해 부의 창출과 분배가 불공정해지고, 부의 양극화가 심화되어 진다.

넷째, 세계화로 인해 지구촌에서는 많은 문제들이 일어난다. 그 중 상당한 문제들은 지역적으로, 국가적으로 해결할 수 없고, 초국가적인 지혜와 협의를 통해 해결할 수밖에 없을 것이다.

다섯째, 이런 시대적 흐름은 세계화의 영향에 있는 사람들로 하여금 글로벌 마인드를 가진 글로벌리스트가 될 것을 요청하고 있다. 이 요청에 부응하여 지역에 살고 있으면서 동시에 세계화의 영향을 받고 있는 나는 글로벌 시민정신을 가진 글로벌리스트의 길을 갈 것이다.

생각 열기

1. 우리 주변에서 나타나는 세계화의 징후에 대하여

2. 렉서스가 올리브나무를 돌진한 구체적인 사례에 대하여

3. 올리브나무의 반격은 무슨 의미이며 구체적인 사례에 대하여

4. 세계화의 장점을 살리고 문제점을 대처할 수 있는 방안에 대하여

5. 세계화와 나는 어떤 점에서 관계가 있는가에 대하여

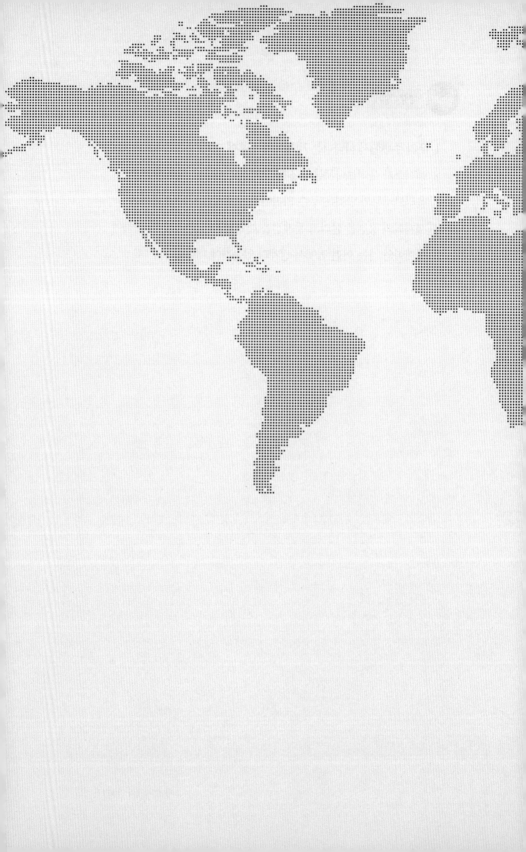

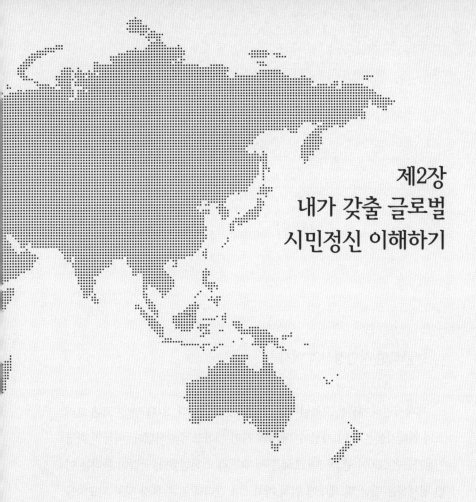

제2장
내가 갖출 글로벌
시민정신 이해하기

생각 꺼내기

세계시민으로 내가 배우고 실천할 정신은 무엇인가?

1. 글로벌 시민정신의 역사

세계시민의 개념은 오늘날에만 사용된 것이 아니다. 2,000년 전 고대 그리스의 철학자들은 이미 자신이 '세계의 시민'이라고 주장하였다. 미국의 혁명 이론가들은 200여 년 전 '내 조국은 세계다'라고 선언했다. 꿈같이 들리는 이런 정체성은 지난 몇 세대에 걸쳐 마하트마 간디와 같은 유명 정치 지도자들을 일깨워주었고, 알베르트 아인슈타인 등의 몇몇 위대한 과학자들이 지지했으며, 존 레논과 같은 사람들에 의해 음악으로도 만들어졌다. 글로벌 시민정신이란 개념은 인류 문화에 오랫동안 깊게 자리잡아온 일부임이 틀림없다(마크 게이어존, 당신은 세계시민인가 9). 자신의 국가나 지역 문화의 정체성을 넘어 글로벌한 존재로 소통하고, 공감하며 평화롭게 살아가야 할 이유를 제시하였던 역사적인 인물들이 있었다.

플라톤

"이 자리에 계신 신사 여러분, 제 생각에는 우리 모두가 친척이요 친구요 동포 같은 시민입니다. 법률상으로는 그렇지 않으나 인간이라는 자연본성으로 그렇다는 말입니다. 유사한 것은 본성으로 유사하며 인류를 제압하는 법이라는 것은 우리로 하여금 자연본성에 어긋나게 강요하는 일이 흔합니다."(Platon, Protagoras 337c).

※ 소피스트의 최고 경쟁자인 철학자 플라톤의 견해.

아리스토텔레스

아리스토텔레스는 폴리스(polis)라는 도시국가 사상을 분명히 지켜갔음에도 불구하고, 글로벌 시민정신을 추구한 선구자이다. 그는 모든 도시, 모든 나라를 넘어서서 평화를 보장할 수 있는 '하나의 통치 하나의 국가 아래에서 통일된 세계에 대한 그의 바람을 자신의 제자 알렉산더 대왕에게 제시하였다.

※ 이 사상은 세계평화주의(federalism)의 광대한 역사를 앞선다.

디오게네스

"어디 출신이냐?"는 물음을 받고서, "나는 세계시민(kosmopolites)이요 세상이 내 도시국가올시다."(Dio genes Laertius, Vitae philosophorum 6.63: 이하 DL로 약칭)라고 답변.

※ 세계시민(cosmo politan) 사상을 최초로 언급.

스토아 제논

제논의 선언: 이 세계의 거주민들은 분리된 도시
와 공동체에서 각각의 정의 규칙에 의해 차별적으로
살아서는 안 된다. 모든 사람들은 하나의 공동체와
하나의 통일된 세계국가에 속한 것이다.

※ 스토익의 창시자.

※ 개인주의자 에피쿠로스의 사상과 비교.

※ 회의론자 카씨우스의 생각과 비교.

알렉산더 대왕

도덕적으로 선량한 사람들은 자기네 친척이요 도
덕적으로 사악한 사람들은 이방인으로 간주하라고
가르쳤다. 그리스인과 야만인을 구분하는 데는 그리
스인들의 고유한 망토나 방패를 갖고서 하거나 야만
인들의 고유한 뿔모자나 재킷을 갖고서 하지 말며,
다름 아닌 덕성을 그리스다움의 표지로 삼고 악덕을
야만성의 표지로 삼아라! 라고 알렉산더는 주장.

※ 철학자 아리스토텔레스의 제자이면서 스토아의 덕 사상의
정치적 실험을 시도함.

크리시푸스

모든 생명체는 일차적으로 자기보존을 추구한다,
인간 생명의 근본 충동도 자기중심적이다, 그렇다면
본능적으로는 이웃을 사랑할 만한 여유는 없는 셈이
지만, 만일 타인과의 관계를 자기의 연장(延長)으로
간주한다면 두 개념을 통합할 수 있다는 것이다.

※ 이기(利己)와 이타(利他)/너희와 우리의 조화를 강조.

키케로

"자기 부모나 형제에게서는 아무것도 빼앗지 않겠으나 여타의 동료 시민들에게는 다른 규칙을 적용하겠노라고 말하는 사람들의 자세는 자가당착이다. 그들의 입장인 즉 동료 시민들과는 아무런 본분의 끈도, 공동 선익을 위한 아무런 결속도 없다는 식이다. 이것은 사회의 일치를 완전히 붕괴시켜 버리는 자세이다. 그런데 동료 시민들에게는 올바른 원칙을 적용하되 외국인들에게는 못하겠다는 입장도 결국은 인류를 한데 묶는 연대를 파괴하는 것이다"(Cicero, De officiis 3.6.28).

※ 키케로가 도달한 세계시민사상은 고대세계의 모든 발전을 한데 수렴하고 종합한 형태.

세네카

"안티니누스로서는 로마가 나에게 국가요 조국이지만, 인간으로서는 우주가 나에게 국가요 조국이다."(hos de anthropo ho kosmos polis kai patris: Meditationes 6.44). 그는 '최고국가의 시민으로서'(ibid. 3.11.2), 전체 우주의 일원으로서, 인생과 세계에서 일어나는 제반 사건을 관조하고 그 의미를 사색하는 일이 자신의 주된 관심사라고 언명한다.

※ 세계시민으로 행동하고 실천하는 것보다 사색하고 관조하는 입장을 강조.

에피테투스

"이 우주는 하나의 단일한 도시국가이다. 그리고 그것으로 엮어지는 실체는 하나이다. 만유가 친구들로 충만하는데 일단은 신들로, 그 다음에는 인간들로 가득하며, 이들은 천성적으로서 친하게 되어 있다"(Epictetus, Dissertationes 3.24.10-12).

※ 후기 스토아 사상을 실천.

칸트

칸트는 인간은 누구나 이성과 양심을 지니고 그것으로부터 보편적 도덕 법칙을 도출할 수 있다고 보았다. 실천이성을 가진 존재는 모두 이성적인 도덕적 존재로 살아갈 가능성을 갖추고 있는 것이다. 그 실천이성에 따라 이성적 사회를 건설할 수 있다고 생각한 칸트는 '윤리학의 도덕 법칙과 의무론을 정치학에도 동일하게 적용'했다. 이러한 이성적 사회가 인간의 자유와 권리를 보장하는 국내법을 요청하고, 그것에 근거하여 시민사회가 구성되며, 그것을 전 세계로까지 확장하면 '세계시민사회', '세계시민법'이 실현될 수 있다고 칸트는 보았다.

※ 칸트는 권리의 국가 내에서 개인의 권리를, 국가의 국제적인 권리를, 그리고 개인과 국가의 세계시민적 권리를 설파했다.

롤즈

세계시민 사상의 실현을 위해서는 도덕적이고 문화적인 부분에 대한 세계적 규범모델이 정착되어야 한다. 이것은 불평등한 국제사회에서 정의(justice)가 보다 더 실현될 수 있는 조건들을 만들어 줄 것이다.

※ 강자의 정의를 넘어서서 보편적 정의를 실현하려는 노력.

카를로스 곤

곤은 자신만의 비즈니스 스타일을 개발했다. 그는 서로 다른 회사의 부품과 서로 다른 국가로부터의 부품들을 함께 사용할 수 있게 했다. 그래서 그는 세계화의 복잡한 세상에서 성장하면서 자신의 다양한 경험을 다른 사람과 함께 나누고자 하였다. 그 뿐만 아니라 곤 회장은 서로가 다르다는 것을 느끼고, 그 다름을 인정하고자 했다.

※ 카를로스 곤의 부모는 레바논 사람이며, 브라질에서 태어났다. 그는 프랑스 르노 자동차 회사를 살린 그의 경력과 실력 덕분에 르노 닛산자동차의 최고 경영자가 되었다.

버락 오바마

노르웨이 노벨상위원회는 "오바마의 외교력은 세계의 모든 인구가 공유해야 할 기본적인 가치관과 태도를 기반으로 형성된 세상을 이끌어 온 개념을 구축했다"라고 설명했다.

※ 케냐 출신 아버지와 미국 어머니 사이에서 태어난 흑인임에도 불구하고 미국 대통령이 되었고, 세계의 많은 사람들로부터 인정과 존경을 받고 있다.

우리가 위의 역사적 인물로부터 배우는 글로벌 시민정신은 자기 지역, 자기 국가, 자기 국민의 행복만을 추구하는 것이 아니라 모든 인간의 행복을 열망하고 촉진하는 열린 마인드이다. 이런 마인드를 가진 주체는 다양한 특성과 재능, 처해 있는 상황의 다름에도 불구하고 근본적으로 모든 인간을 동등한 존재로 여기고 존중할 줄 아는 가치를 가지고 있다. 이런 가치를 가진 주체들이 모일 때, 글로벌적 차원의 문제들을 제대로 해결해 갈 수 있을 것이다. 세계화된 시대에서 이질적이고 다른 가치를 가진 타인을 인정하고 이해하는 일은 열린사회를 살아가는 시민에게는 선택이 아니라 필수적인 권리이며 의무이다. 어느 사회에서든, 어떤 시대에서든 타인의 존엄성을 인정할 때, 평화와 공존이 가능할 것이다.

2. 글로벌 시민정신의 기본적인 차원

우리가 역사적으로 살펴본 글로벌 시민정신은 기본적으로 3가지 차원으로 구성되어 있다. 의식차원, 책임차원, 그리고 참여차원이다.

1) 의식차원에서의 글로벌 시민정신

어느 누구도 의식차원을 통해 세계시민이 될 수 있다. 의식차원에서 세계시민이 되는 것은 어떤 특정한 세계시민 정부 없이, 인정받은 세계 패스포트 없이, 국가적 또는 민족적 정체성 없이 인류의 보편적 가치에 근거하여 넓은 의미에서 세계시민이 되는 것을 말한다. 지구화 즉 세계화의 의미는 인간 의식의 이해들에 상응한다. 가장 기본적인 의미에서 세계화는 한편 전 세계의 압축을 포함하고, 다른 한편 세계 전체에 대한 신속한 의식의 성장을 포함한다. 또 세계화의 의미는 세계적인 규모에서 인간 사회의 공동 의식을 발달시키는데

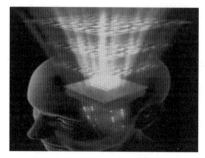

달려 있다고 주장하는 사람도 있다. 즉 세계화에 대한 사회학적 규정은 세계가 하나로 통일된다는 어떤 상태라기보다는 시간이 흐르면서 전개되는 인간 의식에 달려 있다. 전 세계에 걸쳐 경제적, 사회적 그리고 문화적

연관성을 강화시키는 것을 강조하는 이런 사회학적인 세계화 정의는 분열과 차별의 많은 근원이 지속될 수 있다는 것을 암시한다.

글로벌 시민정신에 대한 몇몇 주창자들은 개인들이 글로벌 시민정신을 실천하는데 필요한 의식의 유형이 매우 불분명하다고 지적한다. 그렇지만 사람들은 글로벌 시민정신이라는 개념을 받아들일 준비를 하고 있다. 그들은 상호 의존적이고 상호 연관된 세계, 즉 지구촌 세계에서 살고 있다는 것을 의식하기 시작했다. 이런 의식은 두 차원에서 말해질 수 있다. 하나는 자기의식(Self-Awareness) 차원이고, 다른 하나는 외적인 의식(Outward Awareness)차원이다. 자기의식은 세계시민됨의 초기 단계로 간주될 수 있을 뿐만 아니라, 더 넓은 경험과 통찰을 얻을 수 있는 렌즈일 수 있다. 자기의식 차원에서 세계시민됨은 자기 날개를 꺾는 것을 피하게 하는 것을 의미할 뿐만 아니라, 자신의 피부색을 어렵지 않게 유지하게 하는 것을 의미한다. 외적 의식으로서 세계시민됨은 많은 관점, 글로벌 상호의존의 근원을 인정하는 것, 그리고 인류와 자국과 관련하여 공통의 운명으로부터 나오는 복합적인 사안들을 이해하는 것과 같은 무수한 개인적 특성들을 수반한다. 더 넓은 세계에 대한 의식은 사회와 정치 문제에 지속적으로 관여 하려는 자기 규정적 세계 시민에게 동기를 제공할 뿐만 아니라, 또한 글로벌 공동의 선을 책임지기 시작할 수 있는 동기를 제공한다.

2) 책임차원에서의 글로벌 시민정신

글로벌 시민됨과 글로벌 책임의식 용어들은 자신을 글로벌 시민으로 간주하는, 또 글로벌 시민임을 주장하는 사람들에게 종종 상호 교환될 수 있다. 전 인류에 대한 공동의 도덕적 의무의 열망이 세계시민주의(cosmopolitanism)로서 여러 시대를 통해 유지되는 점에서 그런 교환은 놀랄 일이 아니다. 어떠한 지역적 충성도 인간 개개인이 서로서로에 대해 책임을 갖고 있다는 점을 망각하는 것을 정당화 할 수 없다는 것은 세계주의자들의 공통된 사상이다.

책임감 있는 글로벌 시민의 특징은 전 지구의 모든 삶에 대한 도덕적 의무와 결속을 강조한다. 책임감 있는 글로벌 시민은 복잡한 환경과 세상에서 살고 있음을 인정한다. 그래서 그는 그런 환경에서 야기되는 복잡한 문제들을 스스로 발견하고 해결하고자 한다. 그것은 다름을 인정하려고 함께 공감하며 책임지려고 노력하는 마인드이다.

이런 책임적인 세계시민 마인드를 가진 사람의 모델로는 브라질, 프랑스, 레바논 사람에 속하면서 일본 닛산 자동차를 이끌고 있는 카를로스 곤(Carlos Ghosn) 회장과 인종 및 다문화 배경을 가진 미국 대통령 버락 오바마(Barack Obama)를 들 수 있다. 이 둘은 비즈니스뿐만 아니라 공적인 삶을 통해서도 책임 있는 글로벌 시민정신의 모습을 보여 주었다.

카를로스 곤의 부모는 레바논 사람이며, 브라질에서 태어났다. 아버지는 항공회사에서 근무했으며, 6살 때 엄마와 레바논에 돌아와 살았으며 그곳에서 교육을 받았다. 그 후 그는 기계공학을 공부하기 위해 파리로 갔으며, 프랑스에서 잠시 일한 후, 미쉐린에 근무하기 위해 브라질로 갔고, 7년 동안 미국에 가서 북미 기업을 경영하기도 했다. 어려운 상황에 놓인 프랑스 르노 자동차 회사를 살린 그의 경력과 실력 덕분에 그는 닛산자동차의 최고 경영자가 되었다. 곤은 자신만의 비즈니스 스타일을 개발했다. 그는 서로 다른 회사의 부품과 서로 다른 국가로부터의 부품들을 함께 사용할 수 있게 했다. 그래서 그는 세계화의 복잡한 세상에서 성장하면서 자신의 다양한 경험을 다른 사람과 함께 나누고자 하였다. 그 뿐만 아니라 곤 회장은 서로가 다르다는 것을 느끼고, 그 다름을 인정하고자 했다. "당신은 다르기 때문에 스스로 발견한 환경을 이해하기 위해 노력하고, 그런 것들을 통합시켜야 한다. 그러한 것들이 경영에 있어서 매우 유용하게 경청하고 관찰하며, 비교하게 하는 능력을 개발하게 하는 계기가 된다"라고 곤 회장은 강조한다(린다 브림, 글로벌 폴리탄 29-30).

오바마 대통령은 그가 두 살 때 케냐인 아버지를 잃었다. 어린 시절 인도네시아에서 4년을 보낸 후, 10살 이후에는 미국을 벗어나 본 적이 없다. 오바마는 상원의원으로서 외교위원회 위원으로 국제적인 경험을 갖게 되었다. 그는 또한 미국 백인으로부터 인정받기 어려운 흑인이었다. 그럼에도 불구하고, 오바마는 미국 대통령이 되었다. 성장하는 과정과 다양한 환경의 경험들 덕택에 오바마는 외교적인 협력을 유지할 수 있었고, 복잡한 글로벌 정체성을 갖출 수가 있었다. 2009년에 그가 노벨 평화상을 받을 때, 노르웨이 노벨상위원회는 "오바마의 외교력은 세계의 모든 인구가 공유해야 할 기본적인 가치관과 태도를 기반으로 형성된 세상을 이끌어 온 개념을 구축했다"라고 설명했다. 이처럼 오바마 대통령과 곤 회장은 글로벌 시민에게서 나타나는 책임적 통찰력을 보여주고 있다(린다 브림, 글로벌 폴리탄 32-33).

이렇듯 책임적 글로벌 시민정신은 어떤 특정한 지역의 문제들 보다는 노동·권리, 빈곤퇴치, 환경보존, 다문화적인 공존 등 더 넓은 글로벌 문제들의 해결을 책임지려는 의식을 말한다.

3) 참여차원에서의 글로벌 시민정신

참여차원으로서 글로벌 시민 마인드는 거대한 스케일에서 자기통치(self-rule)인 고전적인 시민 공화주의자의 이상에 상응한다. 『정치학』에서 아리스토텔레스는 고대 그리스 아텐의 공적인 포럼에 참여(participation)하는 것을 "삶에서 가장 선택할 가치가 있는 길"이라고 주장한다. 좋은 시민은 통치되는 것과 통치하는 것 이 두 가지 능력을 알면서 가지고 있어야 한다. 이것이 바로 시민의 덕이다. 참여로서 글로벌 시민 마인드가 요구

하는 것은 목소리(voice)와 활동(activity)이다.

글로벌 차원에서 참여적 마인드를 보여주고 있는 국제적인 단체로는 '그린 피스'가 있고, 한국의 단체로서 '월드비전'과 '국경없는 의사회'를 들 수 있다.

3. 글로벌 시민정신의 실천성

현실적으로 따져보자. 우리는 구체적으로 특정한 국가의 시민이지, 세계 시민은 아니다. 그렇지만 세계화의 영향으로 우리는 세계시민으로 생각하고 행동하지 않을 수 없게 되었다. 2001년 일어났던 테러공격이나, 이에 대한 자유 국가들의 대응방식이나, 경제 또는 재정 위기, 기후 변화 같은 환경위기 등은 이미 글로벌적인 위기로 어느 특정한 사람에게만 관계된 것이 아니라, 직간접으로 우리 모두에게 연결되고 있고, 깊은 영향을 미치고 있다.

중요한 사실은 우리 모두 얼굴도 본 적 없고, 언어도 통하지 않으며, 이름도 모르는 사람들이 내린 결정과 그들의 행동에 의해 엄청난 영향을 받고 있으며, 그들 또한 우리로부터 영향을 받는다는 것이다. 우리 삶의 안녕과 생존은 이러한 현실을 깨닫고 세계시민으로서 의식하고, 책임적으로 참여하는 데 달려 있다.

현재 논쟁 중인 문제가 금융 위기나 이민에 관한 것이든, 중동의 전쟁이나 새로운 유행병에 관한 것이든, 우리 인간은 지금 깨달아야 한다. 우리가 단순히 어떤 국가의 시민이나 특정 인종 또는 종교의 구성원이 아니라는 것을 말이다. 우리가 세계 시민으로서 글로벌 마인드를 가지고 지구적 글로벌 차원에서 행동할 수 있어야 한다. 이것만이 편협한 전문가의 눈이나, 아니면 극단적인 국수주의자의 시각에서 벗어나 진정한 글로벌리스트의 역할을 감당할 것이다.

마크 게이어의 의견에 따라 글로벌리스트의 시각을 가지고, 글로벌 시민 정신을 가지고 살아가는 4가지 실천적 단계들을 살펴보자.

1) 목격하고, 눈을 떠라!
첫 번째 실천적 태도:
세상을 어떻게 보아야 하는지를
아는 것이다.

미국항공우주국 나사(NASA)는 1958년 10월, 머큐리 프로젝트를 발표하면서 미국 국민들에게 지구 주변 궤도에 사람을 띄워 보내겠다는 약속을 했다. 그런데 곧 나사 관리들은 우주비행사들과 힘겨루기를 해야 했다. 로켓을 타고 우주 공간에 나갈 사람들이 그들의 작은 캡슐에 창문을 달아달라고 요구한 것이다. 하지만 나사 엔지니어들은 지구로 귀환할 때 위험한 온도 변화를 겪기 때문에 쓸데없이 안전상의 위험을 가중시키는 것이라고 주장했다. 우주비행사들은 말했다. "창문 없이는 우주에 나가지 않겠어요." 나사 관리들은 응수했다. "당신들의 안전을 위태롭게 할 수 있는 위험 요소를 새로 만들게 둘 수는 없어요." 우주비행사들은 자기가 본 것을 녹화하고, 그것을 다른 이들과 공유할 수 있는 것이 중요하다고 대꾸했다. 결국 우주비행사들이 이겼지만 곧 또 다른 논쟁거리가 생겼다. 바로 카메라다.

이후의 모든 인류에게 정말 다행스럽게도 우주비행사들이 또 이겼다. 우주비행사 러스티 슈바이카르트가 '인류의 감지 기관'이라고 부른 바 있는, 수십 개국에서 온 남녀 우주비행사들 덕분에 우리는 모두 지구라는 행성을 보게 된 목격자가 된 것이다. 그러나 이 우주비행사들의 대답을 듣기 전에 먼저 창문과 카메라를 요구했던 이들의 선견지명에 감사하자. 이것이 바로 목격하기의 핵심이다. 최선을 다해 주변 세상을 명확히 보려 노력하고 이런 경험을 다른 이들과 나누는 것이다. 여기서 보는 것은 단순히 쳐다보는 것이 아니다. 이 세상을 투과시키는 렌즈를 인식하는 것을 의미한다. 게이어존은 자신의 세계관을 바꾸려면 우선 이 렌즈의 존재를 인식해야 한다고 말한다.

우주비행사들이 카메라를 가지고 가겠다고 주장한 것은 바로 사진 또는 적극적으로 목격하려는 정신을 구현하는 것이다. 관점의 심오한 변화를 가져온 것은 이 우주비행사들이 더 이상 지구에서 우주를 보지 않고 우주에서 지구를 봤을 때이다. 그들은 달이 뜨는 것 대신 처음으로 '지구가 뜨는 것'을 목격하였다. 1968년 12월 아폴로 8호의 조종사이자 항법사였던 로벨이 말했다. "달에서 지구를 보면 지구가 얼마나 연약하고 한정된 자원을 갖고 있는지 깨닫게 됩니다. 우리 모두는 우주선 속에 탑승한 우주비행사들입니다. 70억 명 우리 모두는 함께 일하고 함께 살아야 합니다."

이제 정말 눈을 뜨면 이 세상을 전체적으로 볼 수 있다는 것을 깨닫게 된다. 이런 의미에서 우리는 이제 모두 우주비행사다. 구글 어스(Google Earth)에 이미지를 제공하는 두 회사 디지털 글로벌(Digital Global)과 지오아이(GeoEye) 덕분에 이제 우리는 지구의 어디든 단 몇 초 만에 볼 수 있다. 컴퓨터 키보드만 몇 번 클릭하면, 말 그대로 지구의 거의 모든 구석구석을 눈으로 직접 볼 수 있는 것이다. 현재 인류의 대다수는 지구의 모습이 처음으로 우주 공간에서 찍혔을 때 이후에 태어난 사람들이다. 그러나 지구 전체를 볼 수 있게 된 자체만으로는 우리가 전 인류의 안녕을 위해 생각하고 행동할 것이라고 확신할 수는 없다.

사이버 공간이라는 것이 없었을 때 세계는 그 전체를 목격하기에 너무 거대한 것이었다. 정부, 특히 독재 정부일수록 외부 세계에 알려지는 정보를 통제하려는 시도를 할 수 있었다. 그러나 오늘날에는 통신기술로 인해 거의 불가능하다. 그 후 속도는 기하급수적으로 빨라졌다. 전 세계 휴대폰 판매량이 처음으로 10억 대를 달성하는 데 20년이 걸렸고, 두 번째로 10억 대를 판매하는 데는 4년이 걸렸으며, 세 번째로 10억 대 판매량을 달성하는 데는 2년이 걸렸다. 월드와이드웹(www)은 단 6년 만에 1억 명의 사용자를 기록했다. 인류를 하나의 의사소통 매트릭스로 엮는 이 현상의 속도는 상당히 빠르다. 심지어 이제 이러한 첨단 기술의 글로벌 매체로 인해 지역 사회, 즉 커뮤니티의 의미가 바뀌었다. 지금도 우리를 위해 많은 감시 기구가 24시간 지구상에 일어나는 일들을 주시하며 열심히 활동하고 있다. 휴먼 라이츠 워치는 방어할 기회도 못 받을 수 있는 사람들을 보호하도록 우리의 관심을 일깨워주는 한편, 아마존 워치를 비롯한 전 세계의 많은 강 보호 감시 네트워크는 세계에서 가장 많이 사용되는 여러 수로를 단체로 함께 감시하고 보호하고 있다. 불공정하고 비위생적인 작업 환경을 고발하는 베트남의 노동 감시 기구 베트남 레이버 워치와 산림 개간 문제를 다루는 호주의 오스트레일리안 페이퍼 워치를 포함한 수많은 다른 단체도 마찬가지다. 보이지 않던 것이 이제 보이기 시작하면서 지구가 우리 눈앞에서 활기를 띠고 있다.

2) 배우고 지성을 깨워라!

현대 세계에서 학습은 대부분 배우는 사람들이 속한 특정 문화의 방식에 맞추어서 이루어진다. 고유 문화의 역사, 종교적 전통, 정치 또는 경제적 이념을 다른 문화에 비해 더 많이 가르치는 것이 비록 당연하다 할지라도 이런 종류의 부분적 교육을 포괄적인 것으로 착각할 경우에는 중대한 문제가 생긴다. 그런 교육은 절대 포괄적인 것이 아니다. 전체에서 자신들이 속한 부분에 대해 배우는 것은 어린이 교육을 시작하는 데 있어 훌륭한 방법이지만, 그 방법으로 세계 시민 교육을 실천해서는 안 된다. 만약 그럴 경우

우리 인간이라는 종은 문제에 봉착하게 된다. 자기 것 이외의 부분을 배우지 못하는 체계에서 교육받은 사람들은 지구 전체를 꾸려나갈 수 있는 정당한 글로벌 시민정신을 가질 수 없다. 이런 사람들은 우물 안에 갇힌 개구리처럼 생각하고 행동할 수밖에 없을 것이다. 경험적으로 가진 자신의 문화렌즈는 다음의 것들이 복잡하게 얽혀있다.

개인의 복잡한 문화렌즈

➡ 경계 : 정의 기준
➡ 개인 : 이기심
➡ 부족/인종 : 단체에 대한 충성심
➡ 국가 : 국가이익
➡ 기업/경제 : 이익/시장점유율

평생을 자신이 속한 문화와 국가의 경계 안에서 '배우며' 살다보면 식민화된 정신과 국수주의적인 정신을 키우게 된다. 이런 경계 안에서 배우는 것이 많을수록 세계를 우리 식으로 해석하는 것이 맞다는 편협된 확신이 강해진다. 이렇게 우물 안에서 배우는 것은 기본적으로 '더하는' 방식이기 때문에 상대적으로 쉽다. 즉 지금까지 배운 것에 의문을 갖거나 '버려야' 할 필요가 절대 없는 것이다. 이런 방식의 학습은 새로운 기술, 지식, 학위 등을 취득하는 것에 중점을 둔다. 간단히 말해. 더 많이'가 목표인 것이다. 기존의 믿음이나 지금의 정체성을 수정하지 않으면서 그냥 더 많은 정보를 얻을 수 있다.

세계시민이 된다고 해서 이전에 가졌던 이런 내부적 정체성을 모두 버리고 떠나는 것은 아니다. 세계시민으로 살아가려는 우리는 여전히 자국과 고유 문화를 소중히 할 수 있다. 그러나 그것이 폐쇄적인 정신으로 이어져서는 안 된다. 이런 것들은 여전히 우리의 뿌리이고, 우리의 현 자리이지만, 계속해서 넓어지는 정체성에 통합되어야 한다. 그렇지 않으면 우리의 자기중심적인 세계관은 우리 일부로 남아 있게 된다. 마찬가지로 역사적 자아의 다른 측면들, 즉 이념이나 종교, 국적 등도 우리와 함께 한다. 세계를 설명하고 구성하기 위해 사실상 이러한 경계가 필요하다. 기업체가 여러 부서로 나뉘고 직원들에게 특정 직무를 할당하는 것처럼, 이 세상의 많은 국가와 인류가 다양한 하위 그룹으로 나뉘어 있는 것은 이해할 만한 일이다. 하지만 동시에 그 기업체가 하나의 회사로 운영되어야 효과를 발휘하는 것과 같이 우리와 이 지구는 하나임을 인식해야만 한다.

경계를 초월하여 배우는 것은 이상으로만 존재했던 글로벌 사고방식을 현실화시킨다. 그것은 또한 글로벌 의사 결정을 가능하게 해주는 토대이기도 하다. 이는 대부분의 사람들이 '단일문화'의 맥락 속에서 성장한다는 정확한 가정을 기반으로 하고 있다. 다시 말해 우리들 대부분은 우리와 같은 사람들과 함께 성장한다는 것이다. 그러나 지금의 세계화된 세상에서는 우리와 같지 않은 사람들과 함께 생활하고 일하는 자신을 발견하게 된다. 이런 차이를 인식하고 인정해야 한다. 이런 이유 때문에 많은 기업에서 세계시민의식과 글로벌 리더십이란 개념이 불가피해지고 있다.

기존의 규칙에 옭매여 있는 개인, 조직과 국가는 사이버 기반의 세계 경제에서 급속한 변화 속도를 따라가지 못하고 뒤쳐질 것이다. 배우는 자의 새로운 규칙, 즉 비난 뛰어넘기, 사후 해결책 예방하기, 효력에 큰 영역에 집중하기, 체계적으로 사고하기 등은 일시적인 트렌드가 아니다. 그것은 바로 우리에게 직접 영향을 미칠 수 있는 피할 수 없는 세계화의 현실이다. 이코노미스트에서 일하는 프랜시스 케언크로스는 세상이 수축되는 현상을 목격했다. 프랜시스는 '거리(물리적)의 소멸'이라고도 불렀다. "대다수 사람들이 자유로운 정보의 흐름을 누리는 세상에서 그것을 제한한다는 데 따르는 대가는 가난과 소외일 것이다"라고 프랜시스는 단정한다. 글로벌 마인드를 가진 시민이 되려는 우리에게 이제 필요한 것은 경계를 뛰어넘어 배우려는 것이다. 자기 지역이나 국가

안에서 '똑똑한 척하는 사람들'은 지금의 세상을 감당할 수 없기 때문이다. 군인 장교를 비롯해서 기업 임원, 교사, 농부, 교수, 학생 또는 그 누구든 경계를 초월하여 배울 때에만 상호 연결된 이 세상을 헤쳐 나가는 데 필요한 내면적인 여권을 가질 수 있다(마크 게이어존, 당신은 세계시민인가 69-126).

3) 통하고 좋은 관계를 맺어라!

2008년에 대통령 전용기를 타고 대서양 상공을 지나면서 한 기자가 당시 미국 대통령이었던 조지 W. 부시에게 중동에서의 군사작전과 관련하여 그가 저지른 실수에 대해 후회하는지 물었다. 부시는 이렇게 대답했다. "돌이켜보면 말투와 표현을 달리 할 수도 있었을 거라는 생각이 들어요." 그는 호기롭게 '한 번 붙어보자'며 알 카에다에 도전한 것과 서부 영화처럼 오사마 빈 라덴을 '산 채로든 죽여서든' 잡아 오겠다고 약속한 것에 대해 이야기하며, 이런 표현들에 대해 후회했다. "제가 평화를 사랑하는 사람이 아니라는 인상을 주었으니까요." 이라크에서 끔찍한 전쟁을 벌인 지 5년이 지나서야 부시 대통령은 통하지 않는 의사소통은 쓸모없는 것임을 깨달았다.

버락 오바마 대통령은 2009년 6월 4일, 카이로에서 역사적인 연설을 하면서 이슬람 세계와 미국 간에 다리를 놓으려는 시도를 했는데, 이는 그의 명예로 길이 남을 일이다. 최악의 이슬람교도를 들어 악마에 비유하고 유대교도와 기독교도를 무고한 사람들인 양 말하는 대신, 그는 아브라함 계통의 모든 신

자들에게 고유의 유산을 최대한 살릴 것을 요구했다. "우리는 우리가 추구하는 세계를 만들 힘이 있습니다. 그것은 우리가 새로 시작할 용기가 있을 때에만 그렇습니다……." 갈채를 보내는 이집트인 청중들의 박수 소리

가 잦아들기를 기다린 후 그는 말을 끝맺었다. "세계 사람들은 함께 평화롭게 살 수 있습니다. 그것이 하느님이 꿈꾸던 모습이란 것을 우리는 압니다. 이제 그것은 여기 지구상의 우리 일이 되어야 합니다."

세계시민인 우리는 지지를 호소하며 우리를 설득시키려는 후보들의 말을 들을 때 속에 숨은 뜻을 파악할 줄 알아야 한다. 전국 그리고 전 세계 사람들이 '위대하다'거나 '역사적인' 연설이라고 한다면 왜 그런지 생각해볼 가치가 있다. 그 지도자의 말하는 방식에 도대체 무엇이 있었기에 극단적으로 양분된 분위기의 현대 선거판을 관통하여 정치 판도를 뛰어넘어 그토록 다양한 유권자들의 마음에 와 닿을 수 있었던 것일까? 통하게 한 그것은 무엇일까? 필자가 보기에 공통분모는 이들 연사들이 자신의 내면을 깊숙이 파고든 결과 인간 경험의 보편적인 근원에 대한 어떤 일면을 건드린 것이다. 이들은 우리를 나누는 것이 아니라 우리를 결합시키는 것에 호소한 것이다.

마하트마 간디가 영국인들의 정의감에 호소하고, 넬슨 만델라가 남아프리카 공화국 백인들의 공정심에 호소한 것처럼, 오바마도 미국인들의 평등 정신에 호소했다. 다리를 연결한 앞선 세대의 다른 위대한 지도자와 마찬가지로, 오바마는 모든 미국인들이 공유한다고 공언하는 보편적인 핵심 가치들부터 시작했다. 그는 자신의 연설 제목을 '보다 완전한 결합'이라 부르고 청중들에게 자신과 함께 그런 결합을 만들자고 호소했다.

말하는 방식에서 오바마는 열린 마음을 구체화했다. 인종 차별, 경찰의 만행, 폭력적인 사적 제재, 인권 박탈 등을 겪으며 분노를 품은 미국 흑인들에 관해 오바마는 이렇게 말했다. "그런 분노가 항상 생산적인 것은 아닙니다……. 하지만 그 분노는 실제 존재하는 것이고 강력한 것입니다. 단순히 없어지길 바라거나 그 근원을 이해하지 않은 채 비난한다면 인종 간에 존재하는 오해의 틈만 더 벌어질 뿐입니다." 변화로 인해 뒤처진다는 느낌이 들고, 미래가 걱정스러우며, 소수 민족에 대한 특별 대우가 의심스러워 분노를 품은 미국 백인들에 관해서는 똑같은 연민의 감정을 가지고 이렇게 말했다. "이들이 겪은 것은 이주자들의 경험입니다. 이들에 관한 한 그 누구도 무엇을 해주지 않았습니다……. 이웃 도심지역에서 일어나는 범죄를 두려워하는 것이 어떤 면에서 편견에서 비롯된다는 얘기를 들으면 분노가 계속 쌓여가는 것입니다."

그런 연설을 통해 양쪽 인종 모두에게 공감한 후 그는 흑인과 백인, 그리고 라틴 사람과 아시아인 모두 과거를 뛰어넘어 '이 국가가 지닌 진정으로 뛰어난 자질'을 기반으로 발전하자는 과제를 던졌다. 다음날 어떤 기자가 그가 말한 애국심이 어떤 의미였는지 물었을 때 오바마가 말한 것은 국가나 적과 싸우기, 또는 보수가 아닌 진보 쪽으로 나가기 등에 관한 것이 아니라고 말하였다. 그는 서로에게 '관심을 갖는 것'부터 말하기 시작했다. 그리고 이 관심을 표현하는 방식으로 오바마는 흑인과 백인, 우파와 좌파, 노인층과 젊은 층 모두에게 통한 것이다.

서로 간에 통하는 것에는 상대를 존중하는 마음이 분명히 수반된다. 전 세계에서 일하는 유능한 외교관이나 임원들은 문화적 차이에도 불구하고 서로 존중할 줄 안다. 공포와 증오를 통해 상대를 지배하려는 나쁜 정치가들과는 달리, 효과적으로 성공하려면 상호 존중함의 관계 맺기를 통해서 '통해야만' 한다. 또 들을 줄 아는 것은 관계 맺기와 관계발전의 선결적인 능력이다. 통하기 위해서는 경계를 넘어 말하는 법을 배워야 하지만, 또한 경계를 넘어 듣는 법도 알아야한다. 읽기, 쓰기, 말하기 등의 다른 핵심 능력은 모두 학교에서 향상시킬 수 있다. 그러나 듣기 능력을 제대로 교육받은 적이 없다. 세계시민의 역할을 제대로 감당하려면, 우리와 다른 사람들, 그리고 우리가 하지 않는 것들에 대해 아는 사람들을 존중해야 한다. 다른 견해를 가진 사람들과 통하고 이들이 말하려는 것을 심도 있게 들을 때만, 우리는 세계시민으로서 성장할 수 있을 것이다.

4) 지구적으로 협력하기: 함께 일해라!

영국의 전 총리 고든 브라운은 "우리가 직면한 세계적 위협과 과제를 해결하는 데 '영국만의', '유럽만의', '미국만의' 해결책은 없다. 세계적 문제에는 '세계적 해결책'이 필요하다"고 강조한다. 이것은 우리가 인류의 한 가족으로서 서로 협력하여(together work) 논의하고 문제를 해결하는 법을 익혀야 한다는 과제를 던져 주고 있다.

2008년 여름에 필자는 동료들과 함께 옥스퍼드 대학에서 전 세계 유수의 글로벌 정책 두뇌 집단을 데려와 모임을 개최했다. 그런데 그 모임에서 상대적으로 갈등이 많은 지역에서 온 두뇌 집단의 대표들은 평화로운 번영을 누리고 있는 지역에서 온 동료들 중 한 명에게 호기심을 느꼈다. 쿠알라룸푸르에 있는 국제전략연구소에서 온 말레이시아인 동료 스티븐 렁 박사는 이들의 질문을 받고 아세안 국가가 조화와 번영을 누리고 있는 이유를 설명했다. 스티븐은 자랑스럽게 말한다. "이웃 나라들과 끊임없이 분쟁을 겪는 세계의 다른 지역과 비교해서, 우리는 상당한 차이에도 불구하고 서로 잘 지내는 법을 배우고 있는 것 같습니다. 비결은 '상호 의존하는 것'이 우리 모두를 더 강하게 해주거든요. 그리고 평화를 유지하는 데도 도움이 되지요."

유사 이래로 인간은 생존을 위해 서로 협력해 왔다. 찰스 다윈은 "긴 인류 역사 동안 가장 효과적으로 협력하고 임기응변을 할 줄 아는 사람들이 우세했다."고 말했다. 하지만 대부분의 인류의 역사에서 상호 협력은 넓은 의미에서 '그들'과의 협력이 아니라, 지엽적인 '우리'끼리 협력이었다. 우리는 종족과 씨족 안에서, 그리고 때로는 같은 문화와 나라 안에서 긴밀히 협력해 왔다. 오늘날 인류는 인간을 서로 나누는 경계를 뛰어 넘어 협력해야 하는 과제에 맞닥

뜨렸다.

글로벌 협력은 종종 상호 불신과 분쟁의 역사를 가진, 서로 다른 개인과 단체 간에 경계를 넘어 협력하는 것이다. 이는 상호 이익, 협동, 시너지 등과 같은 인간의 귀중한 자질을 밑바탕으로 하고 있다. 지구적 협력이 오늘날 반드시 필요한 이유는 하나의 국가, 하나의 문화, 하나의 직업군, 백마 탄 영웅 한 명으로는 우리가 직면한 과제들을 해결할 수 없기 때문이다. 여기에는 둘 이상의 개인이나 단체가 갈라진 곳에 다리를 놓고, 수직적이 아니라 수평적인 의미를 내포하고, 피라미드가 아니라 들판을 상기하는 것이 수반된다.

최근에 일어난 여러 자연 재앙이 보여주듯이 지구적으로 협력하는 것은 종종 생사가 달린 문제다. 중국 쓰촨성에서 10만 명의 목숨을 잃고 40만 명이 부상당하는 엄청난 규모의 지진이 일어난 다음 날 중국의 고위 외교관은 이렇게 털어놓았다. "우리나라에서 처음으로 사실이 소문보다 빠르게 전파되고 있어요." 맞는 말이었다. 중국 지도자들은 지진의 파괴력에 너무나 놀란 나머지 국제사회에 손을 뻗쳐 도움을 요청했다. 사람들을 단결시키는 위기의 힘은 감동적이었다. 생명을 구하려는 겸손하면서도 결연한 의지로 중국 당국은 세계의 원조를 열심히 받아들였다. 며칠 이내에 한국, 일본, 싱가포르, 러시아, 심지어 대만에서 온 구호단체가 도착하여 구조 노력에 동참했다. 한편 미국은 긴급하게 필요한 텐트와 발전기 등의 공급 물자를 실은 두 대의 미 공군 C-17수송기를 급히 보냈다.

글로벌 협력은 이제 오래된 주요 강대국들의 전략적 동맹이 아니다. 대서양을 사이에 둔 양측의 나이 든 남자 몇 명이 세상의 운명을 결정할 수 있는 시대는 끝났다. "루즈벨트와 처칠이 방에 앉아 브랜디를 마시고 있는 상황이라면 협상이 더 쉬울 것입니다." 2009년 4월, 런던에서 있었던 주요 20개국 회의에서 오바마 대통령은 "하지만 우리가 사는 세상은 그런 것이 아닙니다……. 우리의 문제는 상호 간 협력을 통해 다루어야만 하고, 우리는 진전을 같이 공유해야 합니다"라고 강조한다.

가난한 자와 부자는 같은 세상을 공유하고 있기 때문에, 하루를 살아가는 비용이 스타벅스의 라테 값보다도 적은 빈곤 지역의 40억 인구가 선택하는 생활 방식은 우리 인류 미래의 열쇠가 된다. 가난한 사람들이 현재 풍요하게 사는 사람들과 똑같은 방식으로 소비한다면 세상은 안으로 폭발할 것이다. 반대로 가난한 사람들이 테러리스트가 된다면 세상은 밖으로 폭발할 것이다. 그러나 가난한 사람들이 부유한 사람들과 지구적으로 협력한다면 인류는 이 작고 소중한 행성에서 분별 있게 살아가는 방법을 찾을 가능성이 높다.

국경을 초월한 지구적 협력관계는 마술처럼 나타나는 것이 아니다. 이전에 협력한 적이 없어서 불확실함과 의심 그리고 근거 없는 고정관념을 가진 채로 서로에게 다가가는 동료들 사이에 '신뢰를 쌓는 것'을 바탕으로 이러한 관계가 생겨난다. 신뢰를 쌓는 과정에서 세계 시민의 모든 기술이 사용된다. 편을 들기보다는 세상을 목격하는 기술, 지금까지 익힌 고정관념을 버리고 공통 기반을 발견하는 기술, 그리고 언어적, 문화적, 종교적 및 기타 분리 기준을 넘어 다른 사람들과 통하는 기술 등이다. 이러한 지구적 협력이 바로 우리가 빈곤을 줄이고, 환경을 존중하며, 평화를 유지할 수 있는 방법이다. 글로벌 시민은 상호 협력을 통해 다음의 문제들 해결에 기여하는 것이 바로 피할 수 없는 과제인 것을 인식하는 것이 열린 정신을 갖춘 글로벌 리더들이다.

4. 글로벌 시민정신의 보편적 실천가치

글로벌 시대 속에서 글로벌 인재로 즉 자기가 원하는 것을 이루면서 책임적인 존재인 나로 살아갈 수 있으려면, 3가지 보편적 가치를 실천할 수 있어야 한다. 글로벌 소통능력, 감성적 공감능력, 그리고 융합정신이다. 제레미 리프킨은 고통을 피하고 쾌락을 최대화하려는 것이 인간의 보편적인 조건이라고 말한다. 그와 마찬가지로 소통과 공감은 인간의 보편적인 조건이므로, 바람직한 인간적 삶을 위해 그에 대한 보편적 능력이 요구된다. 보편적인 공감을 통해 소통이 열리는 순간은 진정한 인간의 모습이 드러나는 순간이다. 또 서로 다른 입장에서도 서로 연결시키거나 하나가 되게 하는 융합적 정신도 오늘 지구촌적 생존을 위해 요구되는 보편적인 조건이요 가치이다.

1. 글로벌 소통능력(Global communication)

연세대학교에서 열린 특별강연에서 에릭 슈미트 구글 회장이 글로벌 리더의 조건으로 소통능력을 강조했다. 슈미트 회장은 미래혁신을 주도하는 글로벌 리더가 되기 위해서는 서로 다른 다양한 의견을 조율하는 대화 능력을 갖는 것이 필수적이라고 말했다.

글로벌 인재에게 필요한 의사소통능력은 어떤 것일까. 단순한 영어회화 실력이나 영어면접을 통과하는 영어구사능력만은 아니다. 더 나은 대화를 위해서, 또 상호이익을 추구할 수 있는 열린 대화 능력이 글로벌 시민에게는 필요하다.

1) 도구로서의 외국어 활용능력

글로벌 리더에게 의사소통 도구로서 외국어 능력은 필수이다. 국제무대에서 의사소통은 인적, 물리적 네트워크를 통해 이루어진다. 다양한 언어와 문화로 구성된 네트워크에서 제대로 활동하기 위해서는 다양한 언어능력이 요구된다. 영어뿐만 아니라 다양한 외국어 능력을 가지고 있으면, 그만큼 다양한 활동을 할 수 있다. 다양한 언어능력을 가지고 다른 문화의 사람들과 더 넓고 깊은 대화를 나눌 때 얻어지는 자신감과 확신은 단순히 숫자로 표현하기 어려울 것이다. 그 외에도 전 세계 정보를 지식으로 축적하고 적재적소에 활용하기 위해서 컴퓨터 능력과 SNS 능력을 길러야 한다. 언어적 소통능력의 부족은 기본적으로 글로벌 대화 능력의 부족을 의미한다.

2) 정보를 다루고 판단할 수 있는 인지적 능력

글로벌 시민이 되려면 의식이 열려있고, 유연해야 한다. 새로운 환경과 복잡한 문제 상황에 직면해도 유연한 의식을 가진 사람은 관습에 쉽게 얽매이지 않고, 그 환경과 문제상황에 맞게 정보를 발견하고, 그것들을 창의적인 방법으로 엮어 놓으며 가능한 대안을 제시할 수 있다. 이런 정보를 그때그때에 맞게 취합할 수 있는 '인지적 유연성(cognitive flexibility)'을 가진 능력은 자신의 지식과 새로운 정보를 주어진 문제에 맞게 재창출할 수 있도록 하는 능력이다. 글로벌 시민은 이런 능력을 기초로 세계적 감각을 만드는 새로운 지식과 정보 시스템을 구축해 갈 수 있을 것이다(글로벌 코스모폴리탄, 96-98 참조).

3) 합리적 소통능력

글로벌 시민은 특정한 자기 의견에서 벗어나서 누구와도 타당하게 소통할 수 있는 높은 수준의 합리적인 마인드를 가지고 있어야 한다. 의사소통의 질적 수준을 높이기 위해서는 자기주장을 펼치면서 합리적 근거를 제시하고 논리적으로 증명하는 능력이 필요하다. 합리적 소통 능력은 회사에서도 업무상 평가되고 인재를 뽑기 위한 각종 시험에도 필수영역으로 포함되어 있다. 공직적격성 평가시험인 PSAT(Public Service Aptitude Test), 로스쿨 입학시험인 LEET(Legal Education Eligibility Test), 의학전문대학원 입학시험인 MEET(Medical Education Eligibility Test)에서도 언어추리능력이 높은 비중을 차지한다. 최근 iBT TOEFL 에세이, 미국 명문대에서 요구하는 에세이에서도 논증능력은 평가의 핵심요소다. 평소에 논쟁적 토론을 통해 자기입장을 논리적으로 정당화하는 훈련이 필수적이다.

4) 정서적 소통능력

의사소통의 마지막 단계는 정서적 소통이다. 글로벌 시민이 되기 위해서는 합리적 소통능력이 1차적 과제지만, 진정한 의사소통능력은 상대방과 공감하고 감동시키는 정서적 소통능력인 것이다. 다인종, 다문화 시대에 타 문화권 사람들과 조화롭게 살아가려면 다른 종교, 관습, 정서를 이해하는 소통능력도 필요하다.

언어와 환경이 다르다는 것은 삶의 정서도 다르다는 것을 말한다. 복합적인 인간관계를 해야하는 글로벌 시민은 서로 다른 다양한 정서를 공감하고 이해할 수 있는 정서능력을 길러야 한다. 정서적으로 공감이 되면, 나와 너는 우리가 된다. 나와 너를 우리로 만들 수 있을 때, 극한적인 문제 상황에서도 협상과 조정이 가능해진다. 다른 이들이 우리가 된다는 것은 안정적인 인간관계 속에 있다는 것을 의미하기 때문이다. 안정적인 인간관계를 만드는 것은 높은 관계지능에서 가능하다. 이런 높은 관계지능은 책이나 강의에서 얻어질 수 있기보다는, 오히려 다양한 환경의 경험으로부터 함양되어질 수 있다. 높은 정서능력을 가진 글로벌 시민은 다른 정서를 가진 사람을 만났을 때, 당황하기보다는 새로운 인간관계를 창의적으로 맺을 것이다.

2. 감성적 공감능력(Sensuous Empathy)

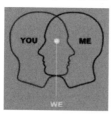

감성적 공감능력은 다른 것을 이해하고, 서로 소통할 수 있는 기본능력이다. 다양한 문화적 차이를 인정하며 생산적 사회관계를 할 수 있으려면 공감능력이 반드시 필요하다.

감성적 공감능력이 강할수록 대인관계가 넓어질 수 있고, 넓은 대인관계
는 자아실현의 중요한 기반이 된다. 공감능력이 부족하거나 없으면 어두움의
세 유형(dark triad)에 빠지고 자기 고립적 존재, 넓은 의미에서 국수주의자로
살아갈 수 있다.

1) 어두움의 삼총사

어두움의 삼총사는 잘못된 공감을 나타내고 있는 것들이다. 이것들 각각
을 살펴보자.

(1) 자기애자(Narcissists)

나르시시즘(narcissism) 또는 자기애(自己愛)는 정신분석학적 용어로, 자신
의 외모, 능력과 같은 어떠한 이유를 들어 지나치게 자기 자신이 뛰어나다고
믿거나 아니면 자기중심성 성격 또는 행동을 말한다. 이는 대부분 청소년들이
주체성을 형성하는 동안 거쳐가는 하나의 과정이기도 하며, 정신분석학에서
는 보통 인격적인 장애증상으로 본다. 나르시시스트들은 자기의 신체에 대하
여 성적 흥분을 느끼거나, 자신을 완벽한 사람으로 여기면서 환상 속에서 만족
을 얻는다. 반면에 그들은 열등감을 느낄 때, 쉽게 자기 비하를 하거나 자포자
기를 한다. 이 단어는 물에 비친 자신의 모습에 반해서 물에 빠져 죽었다는 그
리스 신화에 나오는 나르키소스의 이름을 따서 독일의 네케가 만든 용어이다.

이들은 자기 자신이 남보다 잘나거나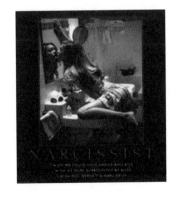
잘하는 점이 있으면 극도로 자신에 대한 과
시와 자긍심에 넘쳐난다. 그러나 자신이 남
보다 열등하거나 뒤쳐진 점이 있다고 느끼
면, 그들은 지나치게 풀이 죽거나 자기비하
를 한다. 따라서 그들은 공감능력이 결여되
어 있고, 협동이나 팀워크에 잘 적응하지 못

하는 모습을 보인다. 그래서 그들은 대개 타인의 처지나 입장을 고려하지 않고 자기중심적으로 세상을 관찰, 타인을 재단하려는 모습을 보인다.

(2) 마키아벨리언(Machiavellians)

마키아벨리언 인격은 다른 사람을 조종하고 부당하게 이용하는 것으로 특징지워진다. 그 인격은 도덕성을 냉소적으로 무시하며, 사리사욕과 기만에 관심을 기울인다. 이들은 타자를 존중하지 않을뿐더러 또 타자와의 공감 능력을 결여하고 있다.

(3) 사이코패스(Psychopaths)

거짓 공감의 세 번째는 사이코패스이다. 사이코패스는 다른 사람들의 고통과 슬픔에 대해 전혀 공감하지 않는 매우 폭력적이고, 비열한 인간을 의미한다. 이 사이코패스는 구체적으로 어떤 특징이 있는가? 첫째로, 사이코패스들은 다른 사람들의 고통을 전혀 모른다. 모르는 채하는 게 아니다. 다른 사람의 고통을 이해하거나 공감할 능력을 전혀 가지고 있지 않다. 둘째로, 사이코패스는 매우 폭력적이다. 그는 타인의 슬픔에 반응하지 않는다. 그래서 매우 폭력적일 수 있다. 따라서 그의 폭력은 상상할 수 없을 정도로 잔인한 경우가 많다. 셋째로, 사이코패스 중에는 굉장한 달변가가 많다. 종종 심리학, 사회학,

철학, 문학 등 다양한 전문 분야의 지식을 가지고 있는 경우가 있으며, 다재다능한 인간들도 많다. 실제로 흉악범죄자 유영철도 범죄심리학을 깊이 공부한 것으로 나타나있다. 그러나 그들의 이러한 유창한 언변이나 지식에는 깊이가 없으며, 자세히 들어보면 앞뒤가 안 맞는 경우가 허다하다. 그들은 과장, 허풍, 자기과시

를 잘한다. 그러나 보통 사람들은 이런 것들이 거짓말이라는 것을 감지하지 못한다. 넷째로, 그들은 자만심이 매우 강하다. 자신을 세계의 중심이라고 여기고 있으며, 다른 사람들을 잔인하게 죽이고도 자신을 세상의 피해자라고 변명한다.

2) 부적절한 공감

(1) 중국 관리 죽이기 이야기

타자와의 공감은 중요하면서도 쉽사리 일어나지 않는다. 애덤 스미스는 자신의 작은일과 멀리 떨어진 타자의 엄청난 재앙 사이에서 사람들은 자신의 작은 일에 관심을 더 쏟는다고 주장한다. 예를 들면, 지진이 중국의 대제국을 집어가 삼키는 상상을 해보자. 만약 1억 명이나 되는 중국 관리가 죽는다고 해도 자신이 한 번도 만나 본적이 없는 사람들이라면 아주 편안히 코까지 골면서 잘 것이다. 그러나 그에 비해 자신에게 작고 사소한 재앙이 일어날 수 있는 현실 때문에 사람은 더 큰 불안에 휩싸일 것이다. 즉 만약 사람이 내일 자신의 새끼손가락을 잃어야 한다는 걸 안다면 잠들지 못할 것이다. 이것은 평범한 정신을 가진 사람들의 모습이다.

그러나 세계시민의식을 가진 인간애를 가진 사람이라면 자신에게 닥친보잘 것 없는 불운을 1억 명이나 되는 인류의 희생 보다 더 마음 아파하지 않을 것이다. 그는 보편적인 공감능력을 갖고 있기 때문이다(콰메 앤터니 애피아 269-270).

(2) 바보들의 공감

차이를 인정하는 것은 공존하는 삶의 핵심이다. 다르다는 것은 적대적인 것이 아니다. 그러나 편협한 마음은 다름을 인정하지 못한다. 그 마음은 언제나 자기와 같아지기를 원하는 동일성 증후군을 앓고 있다. 아이작 B 싱어가 지

은 저서 『행복한 바보들이 사는 마을: 켈름』 중 '개라고 생각한 고양이와 고양이라고 생각한 개'라는 이야기가 나온다.

그 이야기 속으로 들어가 보자. 옛날에 얀스키바라는 이름의 가난한 농부가 있었다. 그는 마을에서 외따로 떨어진 단칸짜리 초가집에서 아내와 세 딸과 함께 살고 있었다. 그 집의 가구라고는 침대 하나, 침대를 겸한 긴 의자 하나와 난로 한 개가 전부였다. 거울은 없었는데 거울이라는 것이 가난한 농부에게는 어울리지 않는 사치품이기 때문이었다. 도대체 농부에게 거울이 필요한 까닭이 어디 있겠는가? 농부들은 애당초 외모에 별 관심이 없는 사람이었던 것이다.

그 밖에 이 농부의 오두막에는 개 한 마리와 고양이 한 마리가 있었다. 개의 이름은 부레크, 고양이는 코트였다. 그들은 며칠 사이를 두고 태어났다. 농부는 자신과 가족이 먹을 양식조차 넉넉지 않은 형편이었지만 개와 고양이를 굶주리게 하지는 않았다.

강아지 부레크는 다른 개를 본 적이 전혀 없었고, 고양이 코트 역시 다른 고양이를 마주칠 기회가 없었다. 이들은 서로만을 보아왔기 때문에 개는 자기가 고양이라고 생각했고 고양이는 자기가 개라고 생각했다. 사실, 당연하게도 이 둘은 날 때부터 닮은 점이라곤 조금도 없었다. 개는 짖어대고 고양이는 야옹거렸다. 개는 토끼들을 쫓아다니고 고양이는 살금살금 생쥐들을 뒤쫓았다.

하기야 모든 세상의 피조물이 자기의 동류라고 꼭 같으란 법도 없지 않은가? 농부의 자녀들만 하더라도 꼭 닮지는 않았다. 부레크와 코트는 사이좋게 살면서 자주 한 그릇 안의 밥을 먹고 서로의 흉내를 내려고 애를 쓰곤 했다. 부레크가 짖으면 코트도 따라서 짖으려고 했고, 코트가 야옹거리면 부레크도 야옹거리려고 했다. 코트는 더러 토끼들을 뒤쫓았고, 부레크는 생쥐를 잡으려고 애를 썼다.

　어느 날 행상 한 사람이 얀의 오두막 부근에서 우연히 길을 잃고 말았다. 그가 집안으로 들어와 물건을 벌여놓기 시작하자 얀 스키바의 아내와 딸들은 모양이 예쁘장한 싸구려 물건들을 보고 눈이 아찔했다. 행상은 자루에서 노란 구슬, 모조 진주, 양철 귀고리, 반지, 브로치, 색깔 있는 손수건, 양말대님과 기타 자질구레한 장신구들을 꺼냈다. 그러나 무엇보다 그 집안 여인네들의 마음을 사로잡은 것은 나무 테를 두른 큰 거울이었다. 그들이 행상에게 값을 묻자 행상은 반 굴덴이라고 대답하였다. 그것은 가난뱅이 농부들에게는 큰돈이었다.

　한참 뒤에 얀 스키바의 아내 마리아나가 행상에게 한 가지 제의를 했다. 그녀는 거울 값을 한 달에 5로그셴씩 나누어 내겠다고 했다. 행상은 잠시 망설였다. 거울은 자루의 너무 많은 공간을 차지했고 언제나 깨질 위험이 있었다. 그래서 그는 그렇게 하기로 작정하고 마리아나로부터 첫 달치로 5그로셴을 받았다. 그리고 나서 가족에게 거울을 넘겨주고 떠나갔다. 그는 이 지방을 자주 다녔기 때문에 스키바 일가가 정직한 사람들임을 알고 있었다. 그는 천천히 본전을 찾고 이득도 남기려고 했다.

　거울은 곧 오두막 집안에 큰 소동을 일으켰다. 그때까지 마리아나와 딸들은 자신들의 모습을 본 적이 별로 없었다. 거울을 갖기 전에 그들은 문간에 있는 물통에 비친 자기들의 모습을 보았을 뿐이었다. 이제 그들은 자기들의 모습을 선명하고 똑똑히 볼 수 있었기 때문에 저마다의 얼굴에서 미운 점을 찾아내게 되었다. 전에는 미처 알아채지 못했던 결점들이었다. 마리아나는 예뻤지만 앞니가 하나 빠졌다. 그녀는 그 때문에 자기가 미워 보인다고 생각했다. 첫째 딸은 자기 코가 너무 뭉툭하고 넓적한 것을 발견했다. 둘째 딸은 턱이 너무 좁고 길다는 것을 알았다. 얀 스키바도 거울에 비친 모습을 흘깃 보고는 수사슴처럼 뾰족하게 튀어나온 입술과 이빨 때문에 기분이 상했다.

그날, 그 집 여자들은 거울에 홀딱 빠져서 저녁밥도 짓지 않고 잠자리도 펴지 않고 다른 집안일도 모두 팽개쳐 두었다. 마리아나는 큰 도시에 빠진 이빨을 끼워 주는 치과의사가 있다는 이야기를 들은 적이 있었다. 그러나 그런 일은 너무 돈이 많이 들었다. 딸들은 자기들이 웬만큼 예쁘니까 구혼자가 나설 것이라고 서로 위로하려 했으나 이제는 전처럼 즐겁지가 않았다. 그들은 도시 처녀들의 허영에 물들어버린 것이었다. 코가 넓적한 딸은 코를 좁게 만들려고 손가락으로 계속 꼬집어 눌렀다. 턱이 너무 긴 딸은 턱을 짧게 만들려고 주먹으로 밀어 올렸다. 주근깨가 난 딸은 도시에 주근깨를 없앨 수 있는 고약이 있지나 않을까 생각했다. 하지만 도시에 갈 돈이 어디서 나오겠는가? 그리고 그런 고약을 살 돈을 어떻게 마련한단 말인가? 스키바의 가족은 난생 처음으로 가난을 뼈저리게 느끼고 부자들을 부러워했다.

그러나 그런 생각에 빠진 건 그 집에 사는 사람들만이 아니었다. 개와 고양이도 거울 때문에 혼란에 빠지고 말았다. 그 오두막집의 천장이 낮았기 때문에 거울은 바로 긴 의자 위에 걸려 있었다. 먼저 고양이 코트가 의자 위에 뛰어올랐는데 거울에 비친 제 모습을 보고 엄청난 충격을 받았다. 고양이는 전에 그런 짐승을 본 일이 없었다. 코트는 수염을 곤두세우고 자기 모습을 향해 야옹거리면서 앞발을 치켜들었다. 그러자 그 짐승도 야옹거리며 앞발을 치켜드는 것이었다. 곧 부레크가 의자 위로 뛰어 올랐다. 이 개는 또 다른 개를 보고 으르렁거리며 이빨을 드러냈다. 그런데 다른 개도 짖으면서 이빨을 드러내는 게 아닌가?

부레크와 코트는 너무나 비통하고 놀란 나머지 난생 처음으로 싸움을 했다. 부레크는 코트의 목덜미를 물어뜯었고, 코트는 식식거리며 개에게 침을 튀기고 주둥이를 할켰다. 둘은 피를 흘리기 시작했다. 피를 보고 나니 신경이 곤두서서 서로를 죽일 듯이 물고 할켰다. 그 집 식구들이 모두 달려들어 둘을 간신히 뜯어말렸다. 개가 고양이보다 힘이 세기 때문에 부레크는 집밖에 묶어 둘 수밖에 없었다. 그 개는 밤낮으로 으르렁거렸다. 부레크와 코트는 고통에 겨워 먹지도 않았다.

얀 스키바는 거울 때문에 자기 집안에 빚어진 혼란을 보고 거울이 자기 가족에게 필요치 않다고 판단했다. "하늘과 해와 달과 별, 그리고 땅과 거기 있는 숲과 풀밭과 강과 나무를 보고 감탄할 수 있는데 왜 자기 모습을 쳐다보지?"

그는 벽에서 거울을 떼어 내서 장작 넣는 헛간에 처넣었다. 행상이 월부금을 받으러 온 날, 얀 스키바는 거울을 되돌려주고 대신에 여자들을 위해 손수건과 슬리퍼를 샀다.

거울이 사라진 뒤로 부레크와 코트는 예전처럼 사이좋게 지냈다. 다시 부레크는 자기가 고양이라고 생각했고, 코트는 자기가 틀림없이 개라고 생각했다. 딸들은 자기들 모습에서 미운 점을 발견했음에도 불구하고 시집을 잘 갔다.

열린마음, 글로벌 마음은 다른 것을 자기화시키지 않고, 다른 것을 그것 자체로 인정할 수 있는 공감능력을 갖춘 의식이다. 글로벌 마인드는 차이를 인정함으로써 차별하지 않고, 타자를 존중할 수 있어 바른 소통을 할 수 있을 것이다.

(3) 새로운 공감의 공동체 –취미 공동체 이해하기

접속이 보편적으로 열려 있는 세계화시대에 우리는 어떤 공동체 속에서 살아갈까? 『소유의 종말』에서 제레미 러프킨은 새로운 시대에 맞는 공동체를 취미 공동체로 특징짓는다. 여기서 말하는 취미 공동체는 장소를 넘어 같은 취미로 공감하는 사람들의 모임을 말한다. 접속 세계화시대에 우리 삶의 많은 분야에서 변화가 일어난다. 특히 인간관계에서도 변화가 일어난다. "지역적 공동체적 관심사로 구성된 인간관계가 해체되고 취미와 관심, 소비 성향 등 상업적으로 이용될 수 있는 인간관계가 형성된다. 이 취미 공동체는 경영 전문가와 마케팅 전문가들에 의해 고도의 전략으로 형성되고 효과적으로 관리된다.

마케팅 컨설턴트 리처드크로스와 재닛 스미스는 취미 공동체가 어떤 단계를 거쳐 형성되는지를 설명한다. 1단계는 각성기로, 고객에게 장래의 판매를 염두에 두고 회사의 제품이나 서비스를 알리는 단계이다. 2단계는 일체감 형성기이다. 고객은 회사의 제품이나 서비스에 친근감을 느끼고 그것을 자아의 일부로 받아들인다. 특정한 회사의 제품이나 서비스는 이제 그가 세상에서 자기를 차별화시키는 다양한 방법의 하나가 된다. 가령 캐딜락이나 폴크스바겐의 비틀을 운전하는 것은 단순한 교통수단의 차원을 넘어 일종의 사회적 시위를 하는 셈이다. 3단계는 앞에서 우리가 논했던 관계 형성기다. 회사와 고객은 서먹서먹한 관계에서 쌍방향 관계로 이동한다. 이때부터 R-기술이 중요한 역할을 맡기 시작한다. 마케팅에서 말하는 '고객 친밀감'이 조성된다. 가령 홀마크라는 기업은 고객 가족의 생일이나 결혼기념일 같은 중요한 날짜가 적힌 방대한 자료를 가지고 있다가 적당한 시기에 알맞은 카드를 추천하면서 이메일로 날짜를 환기시킨다.

4단계는 공동체 형성기이다. 회사는 서비스나 제품에 대한 관심이 비슷한 고객들끼리 만날 수 있는 장을 제공한다. 회사가 이런 공동체를 만드는 이유는 긴 안목으로 상업적 관계를 구축하는 개별 고객의 평행 가치를 최대화하기 위해서이다. 크로스와 스미스는 "이런 결속은 대단히 지속성이 강하다"고 말한다면 그것을 깨뜨리려면 경쟁사들은 친구, 동료, 가족 사이의 사회적 유대를 무시할 수 있어야 한다고 했다.

경영 전문가와 마케팅 전문가들은 관심사나 취미를 가지고 서로 공감하는 공동체를 만들려고 다양한 행사나 집회, 활동을 마련한다.

예를 들면, 홀리데이 인의 프라이어리티 클럽은 투숙 횟수가 가장 많은 5백 명에서 1천 명 사이의 최우수 고객을 1년에 두 번 리조트로 초대하여 휴식과 오락을 제공하면서 호텔 경영 전반에 대해 머리를 맞대고 진지한 토론을 벌인다. 이 클럽 회원은 전문 스포츠 클리닉, 명사 강연, 특별 관광을 즐길 수 있다. 이런 만남을 통해서 회원들은 자기들끼리는 물론이요, 홀리데이 인 경영진과 유대를 다질 수 있는 좋은 기회를 얻는다.

백로드는 전 세계에서 가장 풍광이 좋은 곳에서 자전거와 트래킹을 즐기는 고급 관광 상품을 개발한 여행사이다. 이 여행사는 다양한 여행 이벤트를 제공함으로써 고객들이 소중한 경험을 갖도록 한다. 고객들이 그 여행사의 여행 상품을 통해 얻는 장점은 성향이 비슷하고 높은 수준을 갖춘 사람들 끼리 새로운 친구로 사귈 수 있게 해준다는 것이다. 이런 식으로 백로드는 공동체에 가치를 얹어 새로운 가치를 지닌 공동체를 창출한다.

버거킹 키드 클럽은 아이들을 '취향의 공동체'로 묶는다. 4백만 명에 이르는 이 클럽 회원은 가격 할인을 받고 연령에 따라 3가지로 발행되는 잡지를 우송받는 등 여러 가지 혜택을 누린다. 버거킹 키드 클럽에는 펜팔 클럽도 있다. 회원으로 가입한 아이에게 회사는 버거킹의 특별한 문방용품과 펜을 선물한다. 1994년 현재 세계 25개국에서 버거킹 키드 클럽이 운영되고 있다.

RV(Recreational Vehicle, 레저용 차량) 분야에는 자동차 회사가 후원하는 RV 클럽이 서른 개도 넘는다. 똑같은 종류의 RV를 몬다는 것은 성향이 비슷하다는 것이고, 그만큼 회원들끼리 자연스럽게 어울릴 수 있다는 것을 의미하기도 한다.

이런 같은 관심사와 취미로 인해 강한 공감적 결속을 가진 공동체가 혈연, 이웃, 문화적 공유, 종교적 결사, 민족의식, 형제애, 시민의식에 바탕을 둔 기존의 관계를 빠른 속도로 대체해 가고 있다. 이런 상업적 유대감과 공감적 유대로 강한 결속을 가진 취미 공동체는 우리의 인간관계를 새롭게 규정해 갈 것이다.

3) 공감의 철학적 바탕

타자(이방인)와 공감할 수 있는 능력의 토대는 무엇인가? 그것은 자기를 타자로 보는 것이고, 또 타자의 주체성을 인정하는 것이다. 이 두 가지 시선은 어떻게 가능한가? 『타자로서 자기 자신』에서 주체의 타자성과 타자의 주체성에 대해 깊은 관심을 기울여 온 프랑스 철학자 리쾨르의 이야기를 들어보자.

리쾨르에 의하면, 칸트의 규범 윤리학은 타인을 착취나 지배가 아니라 인격적 존재로 대함으로써 타자에 대한 배려를 철학적으로 규명하고 있는 점에서 중요한 의의가 있다. 이것을 근거로 리쾨르는 타자와 주체의 관계를 적극적으로 해명하기 위해 고대 그리스 철학자 아리스토텔레스의 우정 개념을 살펴본다. 그는 아리스토텔레스의 우정 개념에서 타자를 단순히 배려 받는 수동적 대상이 아닌 '더불어 사는 삶의 주체'로 인정하는 중요한 통찰을 발견한다. 우리 자신의 삶은 완벽하게 행복하지 못하기에, 행복한 삶을 위해서 친구의 삶과 공유하는 것이 필요하다. 즉, 유한한 인간은 자기 홀로 좋은 삶을 살 수 없고, 타인과 삶을 공유하게 될 때, 비로소 좋은 삶을 살 수 있다. 여기서 말하는 우정은 타인이 존재하고 그를 다른 목적이 아니라, 또 다른 자기 자신으로서 좋아해야 한다는 의미를 지닌다.

그런데 우정에서 볼 수 있는 타인은 나와 완전히 다른 절대적 타자가 아니라 '또 다른 자기' 혹은 그 자신으로 존재할 수 있는 자라는 것이다. 친구를 이익의 대상으로 수단화 시키는 이기적 우정과는 달리 참다운 우정은 타인을 나를 대하듯이 신실하게 대하는 것이다. 이렇듯 우정은 두 자기성 사이에 이루어지는 삶의 공유이다. 이것은 동등한 사랑을 말한다. 남녀의 사랑은 주는 자와 받는 자 사이에서 이루어진다. 또 존경도 아래에서 위로 주는 것이다. 그래서 우정은 각자가 타인에게 열리는 방식이며, 이 상호관계는 서로에게 호혜적인 방식으로 삶을 공유하는 것이다. 이 두 가지는 동등한 사랑이 아니다. 동등한 사랑은 바로 우정에서 행해지는 것이다.

이런 서로 서로를 인정하고 존중하는 동등한 사랑인 우정에서 우리는 이 타심 보다도 더 강한 보편적 공감의 토대를 발견할 수 있다. 이런 보편적 공감 능력의 향상이 글로벌 시대의 절박한 과제라고 강조한 리프킨은 협력과 공감을 강조하는 협동적 교육 모델을 제안한다. 이 협력적 학습은 배려, 조화, 비판 단적 상호작용, 개인의 고유한 공헌, 참여의 중요성, 관계를 통한 공동의 의미성을 강조함으로써 학생들이 공감을 가지고 참여하는 능력을 기르는데 큰 도움이 된다.

3. 융합적 능력(Covergent Ability)

글로벌 시대에서는 융합적 정신을 가진 인재를 요구하며, 이런 융합능력을 가진 인재는 공동체가 직면한 복합적인 문제들을 창의적으로 해결함으로써 자기 가치를 드러내고 나아가 자기실현을 이룰 것이다.

1) 융합적 사고란?

안철수 전 대통령 후보는 한 인터뷰에서 "문제해결에 융합적 사고가 필요하다"고 강조했다. 그것은 오늘날 문제가 단선적이지 않고 복합적이기 때문이다. 이런 복합적인 문제는 한 분야의 전문가에 의해서 풀리지 않는다. 이런 문제를 총제적으로 해결하기 위해서는 일종의 융합적 사고가 필요하다.

융합적 사고란 자기의 전문성으로 바라보는 것이 아니라 문제를 중심에 두고 문제를 풀기위해 어떤 분야의 전문가가 필요하고, 방법론이 필요하고, 그 전문가를 모아서 문제 해결에 연결시키는 접근법이다.

과학자의 시선에서 융합을 몸에 비유해 보자면 '관절'로 표현할 수 있다. 서로 다른 것을 이어 궁극적으로 하나의 유기적인 몸으로 만드는 것이다. 이러한 융합적 사고는 이분법적인 사고를 넘어서는 것이다. 또 단순히 섞어놓는 혼합적 사고와도 구분이 된다. 서울대학교 생명과학부 홍성욱 교수는 "인문학은 가치를 다루고, 과학은 사실을 다룬다는 식의 이분법적 사고를 고수한다면 인문학과 과학은 모두 절름발이일 수밖에 없어요."라고 강변한다.

서로 다른 다양한 학문 간의 자연스러운 접점을 강조하는 융합적 사고는 두 학문을 보는 새로운 시각, '겹창'의 시각을 가지는 것이다. 겹창은 이종 학문 간의 단순한 교집합 영역이 아니다. 그 접점들에 구멍이 숭숭 뚫려 있어 상호간에 영향을 미치면서 서로를 바꿔 놓는 역동적인 접점이다. 이런 점에서 융합과 교잡은 구분되어야 한다.

겹창의 시각으로 문제를 해결하는 일은 쉬운 일이 아니다. 그러나 보다 더 합의를 갖을 수 있는 문제해결적 접근을 할 수 있는 것이다. 문제를 바라보는 시각에 따라 그 문제의 해결 방법과 결과가 달라지며, 심지어 문제 자체가 가지는 함의 또한 달라질 수 있다. 예를 들면, 가부장제 문제를 다뤄보자.

이 문제 또한 시각에 따라 다르게 접근될 수 있다. 이것은 어떤 시각에서는 사회 문화적인 산물(product)로 볼 수 있으며, 다른 시각에서는 위계구조라는 생물학적 진화의 결과로서 볼 수도 있다. 이 두 가지 시각으로는 대립될 수밖에 없어, 이 문제의 해결에 합의할 수 없을 것이다. 왜냐하면 상대의 시각을 인정하지 못하기 때문이다. 하지만 겹창의 시각으로 보면 서로에게 더 깊은 이해를 제공할 수 있으며, 인정할 수 있는 합의에 이를 수 있을 것이다. 이처럼 겹창의 시각은 인간과 세상의 문제를 더 깊이 이해할 수 있게 해준다. 하나의 문제에 대해 사실뿐만 아니라 다양한 정보, 다양한 시각 등의 접점을 갖게 하는 것이 바로 융합적 사고인 것이다. 이 융합적 사고를 통해 한 개인이, 한 전문가가, 하나의 공동체나 정부가 해결할 수 없는 중층적이고 복합적인 시대 문제 해결에 접근해 갈 수 있을 것이다.

2) 게슈탈트 심리학에서 본 융합정신

밀접한 관계에 있는 두 사람이 서로 간에 차이점이 없다고 느끼도록 합의

함으로서 발생하는 접촉경계 혼란을 해소시키는 것이다. 갑이 행복하다고 느끼면 을도 행복하다고 느끼고 갑이 불행을 느끼면 을도 함께 불행을 느끼는 마치 일심동체의 관계와 같은 것이다. 이러한 관계에 있는 사람들은 겉으로 보기에는 서로 지극히 위해주고 보살펴주는 사이인 것처럼 보이지만 내면적으로는 서로 독립적으로 행동하지 못하고 의존관계에 빠져있는 경우가 많다. 이는 다만 서로가 서로를 필요로 한다고 생각하기 때문에 상대편을 놓아주지 않고 붙들고 있는 상태라 하겠다.

폴스터 등은 융합을 두 사람 간에 서로 다투지 않기로 계약을 맺은 것과 같은 상태라 정의했다. 그들은 평소에는 이러한 계약의 존재를 잘 의식하지 못하지만 계약 당사자 간에 어느 한쪽이 실수에 의해서 혹은 고의로 계약을 위반하면 서로 간에 계약이 존재한다는 사실을 알게 된다. 이러한 융합관계는 주로 부부사이나 부모 자식 간에도 많이 발견되지만 오랫동안 사귄 친구 사이나 혹은 개인과 소속 단체 사이에도 존재할 수 있다.

그들은 서로 간에 어떠한 불일치나 갈등도 용납하지 못한다. 각자의 개성과 자유를 포기하고 그 대가로 얻은 안정을 깨뜨리려는 행위는 서로에 대한 암묵적인 계약을 위반하는 것이므로 상대편의 분노와 짜증을 사게 되며 융합관계를 깨뜨리려는 사람은 죄책감을 느끼게 된다.

죄책감은 융합관계를 위반한 사람이 느끼는 감정이고 짜증은 이의 시정을 요구하는 사람 쪽에서 내보이는 감정이다. 우에키의 법칙에서 린코 제랄드(오른쪽)는 로베르트 하이든(왼쪽)을 보호하는 조직인 로베르트 10인단의 일원이었으나 그들의 개인주의에 질려서 우에키의 편으로 돌아선다. 그러나 린코는 로베르트를 배신한 것에 대하여 죄책감을 느끼게 되고 만다. 린코는 로베르트와의 융합관계를 위반했기 때문이다. 물론 로베르트가 짜증을 내는 건 당연한 일이다만 애초에 로베르트는 린코에 대해 별 융합적인 관계를 가지지 않았기 때문에 오히려 홀가분해한다.

죄책은 바로 계약을 위반한 것에 대한 부담감, 즉 빚진 느낌이며 짜증은 빚 갚기를 요구하는 분노감정이다. 융합관계에 놓여있는 사람들은 서로 아무런 새로움도 없이 그냥 서로에게 매달려 진부하고 생기 없는 삶을 살아간다.

3) 창의성과 상상력으로서의 융합정신
스티븐 잡스의 모방과 혁신의 정신

오늘날 창의성의 대가인 스티브 잡스는 모방과 혁신을 강조했다. 그가 말하는 혁신은 기술과 세상에 대한 폭넓은 이해를 바탕으로 끊임없이 변화와 다름을 추구하는 행위이다. 그의 혁신이론은 핵심적으로 4가지 과정으로 구성되어 있다.

첫째, 모방하고 훔쳐라: 주변의 것을 배우고 학습하는 '모방' 혹은 '훔침' 의 단계다. 잡스는 1996년 미국 방송 PBS 다큐멘터리에 출연해 "위대한 아이디어를 훔쳤다는 사실에 한 점 부끄러움이 없다"고 말했다. '뛰어난 예술가는 모방하고, 위대한 예술가는 훔친다'는 피카소의 유명한 격언을 이용한 것이다. 그는 결국 혁신과 창의성은 어디 특별한 데서 나오는 게 아니라 주위를 열심히 탐구하고 획득하는 데서 나온다고 본다. 그는 2000년 포춘과의 인터뷰에서 "창의성은 단순히 여러 가지 요소들을 연결하는 것을 말한다"며 "인간의 경험에 대해 폭넓게 이해할수록 더욱 훌륭한 디자인을 내놓을 수 있다"고 설명했다.

둘째, 가진 것을 모두 합쳐라: '통섭(統攝)' 과정이다.

통섭은 에드워드 오스본 윌슨(Edward Osborne Wilson)의 책 『Consilience』를 국내 최재천 교수가 '통섭(統攝)'으로 번역한 뒤 노무현 정부 때 유행한 말인데 그 '통섭'의 실천자가 바로 잡스였던 것이다.

잡스는 2011년 3월 2일 아이패드2를 발표하면서 맺음말을 통해 다음과 같이 말했다. "애플의 DNA는 '기술만으로는 (좋은 제품을 만들기에) 충분하지 않다'는 것이다. 애플의 기술은 (사람들에
대한 이해를 풍부하게 해주는) 인문학과
결합했다." 이것은 사람을 위한 기술이
되려면 인문학적 이해와 융복합 되어야
한다는 것을 의미한다.

잡스는 이 점에서 폴라로이드를 만든 발명가이자 물리학자, 에드윈 H. 랜
드(Edwin H.Land) 박사를 사숙(私淑)했다고 할 수 있다. 잡스는 1999년 타임과
의 인터뷰에서 "나는 폴라로이드가 예술과 과학의 교차점에 서길 바란다.'는
랜드 박사의 말을 단 한 번도 잊은 적이 없다"고 말했다. 그래서 기술과 인문
학의 결합을 그토록 강조한 것이다.

셋째 단계, 다르게 생각해라: 차별화하는 단계

이것은 이미 존재하는 모든 요소들을 '모방'하고 '훔침'으로써 세상에 대
한 폭넓은 통섭을 바탕으로 변화의 길목에 미리 가려고 끊임없이 노력하는 것
이다.

잡스는 2007년 맥월드 행사 때 이런 자신의 노력을 캐나다의 전설적인 아
이스 하키 영웅인 웨인 그레츠키(Wayne Gretzky)의 말을 인용해 대신했다. 그
레츠키는 "나는 퍽(puck)이 있었던 곳이 아니라 퍽이 갈 곳으로 스케이트를 타
고 간다."라는 말로 잡스에게 영감을 줬다.

애플이 1984년 매킨토시를 만들어냄으로써 개인용 컴퓨터(PC) 시장에 일
대 혁신을 가져온 게 이를 테면 퍽이 갈 방향이었으며, 2001년에 내놓은 아이
팟과 아이튠스, 2007년에 내놓은 아이폰, 2010년에 내놓은 아이패드 등과 같
은 제품 또한 퍽이 갈 길목에 미리 내놓은 제품이었던 것이다.

여기서 눈여겨 볼 대목은 이들 제품 모두가 이미 존재했던 것들에 대한 '모
방'과 '훔침'을 통해 세상에 대한 폭넓은 이해로 다시 변주됐다는 점이다.

넷째, 쉽게 단순화해라: '단순화' 단계.

스티브 잡스는 '직감 혹은 직관(intuition)'이라는 말을 많이 썼다. 통섭이 난해해지면 일반인으로써는 별로 쓸 모가 없어진다. 기술과 인문학을 결합하되 그것을 가장 단순하게 표현해야 한다. 세상이 발전할수록 기술과 사람의 일은 복잡해지게 돼 있다. 이를 섞어서 통찰하면서도 직감적으로 해결할 수 있게 해주는 것이 중간에서 그 제품을 만들어내는 자의 사명이라는 게 스티브 잡스의 생각이다.

고등학교 시절부터 선(禪)에 심취했다는 스티브 잡스는 1998년 비즈니스위크와의 인터뷰에서 "단순함은 복잡함보다 어렵다. 생각을 깔끔하고 단순화하기 위해 많은 노력이 필요하다."고 말했다.

자신의 상품을 엘리베이터가 올라가는 3분 안에 설명할 수 있어야 한다는 이른바 '엘리베이터 브리핑(Elevator briefing)'은 스티브 잡스에게는 단순한 마케팅 이론이 아니라 인간을 위한 상품을 만들어 파는 기업가의 철학으로 생각된다.

5. 마무리

첫째, 오늘날 세계화의 복합적인 문제 해결에 필요한 글로벌 시민정신은 이미 2,000년 전 고대 그리스의 철학자들에 의해 구현되기 시작한 이래로, 역사상에서 많은 인물들에 의해 실천되어 왔다. 이런 점에서 글로벌 시민정신은 인류 문화에 오랫동안 깊게 자리잡아온 것임을 확인할 수 있었다. 우리가 살펴본 역사적 인물로부터 배울 수 있는 것은 그들은 자신의 국가나 지역 문화의 정체성을 넘어 글로벌한 존재로 소통하고, 공감하며 평화롭게 살아가야 할 분명한 이유와 정신이다.

둘째로, 앞서 살펴보았듯이, 글로벌 시민정신의 구성은 기본적으로 3가지 차원이다. 그것은 의식차원, 책임차원, 그리고 참여차원으로 특징져진다. 글로벌 시민정신의 시작은 우리 모두가 상호의존적이고 상호 연관된 세계 즉 지구촌 세계에서 살고 있다는 의식에서 출발한다. 더 넓은 세계에 대한 의식은 사회와 정치 문제에 지속적으로 관여 하려는 자기 규정적 세계시민에게 동기를 제공할 뿐만 아니라, 또한 글로벌 공동의 선을 책임지기 시작할 수 있는 동기를 제공한다.

책임감 있는 글로벌 시민의 특징은 전 지구의 모든 삶에 대한 도덕적 의무와 결속과 관련되어 있다. 이런 책임적인 세계시민 마인드를 가진 사람으로 우리는 카를로스 곤 닛산 회장과 미국 대통령 버락 오바마(Barack Obama)를 들 수 있다. 이 두 사람은 비즈니스뿐만 아니라 공적인 삶을 통해서도 책임 있는 글로벌 시민정신을 보여준 현대적 인격이다. 참여로서 글로벌 시민 마인드가 요구하는 것은 목소리(voice)와 활동(activity)이다. 글로벌 차원에서 참여적 마인드를 보여주고 있는 국제적인 단체로는 '그린피스'가 있고, 한국의 단체로서 '월드비전'과 '국경없는 의사회'를 들 수 있다.

셋째로, 글로벌 시민정신을 갖춘 나로 살기 위해 기본전제에 잘 훈련되어야 한다. 먼저 세계화의 영향 속에 있는 지구촌에 대한 바른 통찰을 가져야 한다. 이런 통찰에 익숙하려면 글로벌적 사고를 배울 수 있는 학습프로그램을 잘 짜서 우리 자신의 지성을 일깨워야 한다. 지속적인 학습을 통해 글로벌적 마인드를 갖출수록 어느 누구와도 통하고 좋은 관계를 맺을 것이다. 이런 유대감을 통해서만 세계가 직면한 위협을 제거하고, 세계적 과제를 해결하기 위한 협력적 작업(together work)이 가능할 것이다.

마지막으로, 글로벌 시민정신의 실천성은 글로벌 소통, 감성적 공감, 그리고 융합적 정신 등 3가지 보편적 가치와 능력을 포함해야 한다. 이 세 가지 가치와 능력을 통해 우리가 직면한 글로벌적 문제를 해결해 갈 뿐만 아니라, 바람직한 인간의 삶을 실현해 갈 수 있을 것이다.

1. 글로벌 시민정신을 가진 인물에 대하여

2. 글로벌 시민정신을 어떻게 실천할 것인가 대하여

3. 글로벌 소통능력을 키울 수 있는 방안에 대하여

4. 바람직한 공감성과 편협한 공감에 대하여

5. 융합적 사고의 구체적인 사례에 대하여

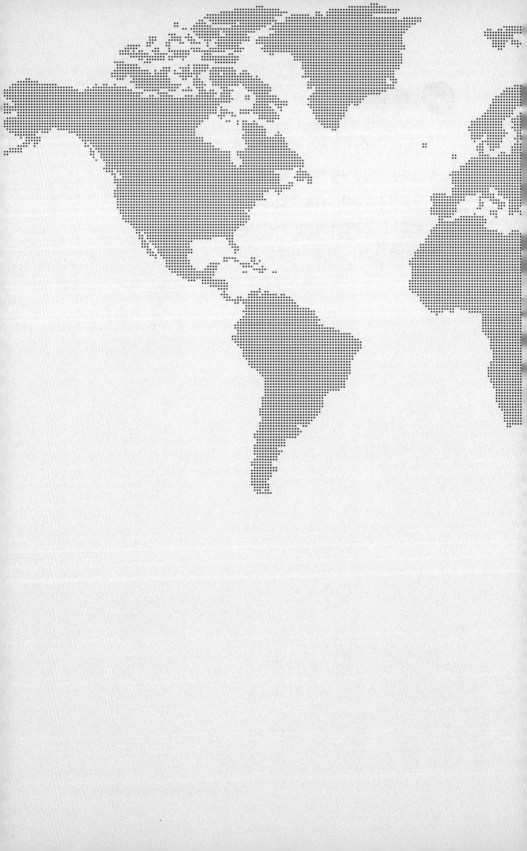

제3장
글로벌 사회의
형성과 종교

 생각 꺼내기

글로벌 사회의 갈등 요소로서 종교의 역할은 무엇인가?

1. 세계화의 사회학적 이해

1) 세계화는 언제부터 시작되었을까?

우리가 현재 일반적으로 말하는 세계화의 현상은 20세기 후반, 특히 1980년대 중반 이후, 특히 1990년대에 이르러 현재의 의미로 정착되었다. 왜 1990년대일까? 이는 그 전에만 해도 자본주의 세력과 사회주의 세력 둘로 나뉘어 있던 세계가 구 소련과 동구권의 붕괴로 인해 자본주의 체제로, 소위 신자유주의 경제 체제로 단일화된 데에 중요한 원인이 있다.

하지만, 현대의 세계화 현상 이전에도 유사한 세계화의 경향은 존재했다. 즉, 그리스, 로마의 세계 제국이나, 이슬람 제국들에서도 이와 같은 세계화의 전조를 볼 수 있다. 그러나 이전의 세계화가 정치적, 군사적 성격을 띤데 반해, 현재의 세계화는 훨씬 다차원적이다. 그리고 현재처럼 전 지구를 포함한 광범위한 현상으로서의 세계화는 20세기 이전에는 존재하지 않았다.

2) 20세기 후반에서야 세계화가 이루어진 까닭은 무엇일까?

세계화는 전 지구가 하나의 사회처럼 상호작용하는 현상을 말한다. 그런데, 하나의 사회로 존재하기 위해서는 그 사회 구성원, 혹은 요소들 사이의 상호작용이 필수적이다. 영향을 주고 받기 이전에는 하나의 사회로의 형성은 불가능하다. 사람들이 상호작용을 할 수 있는 전제조건은 무엇일까?

크리스토퍼 컬럼버스
(1451-1506)

먼저 만나야 한다. 그러기 위해서는 교통의 발전이 전제조건이다. 현재 일반적으로 얘기하는 세계화의 현상은 20세기 후반에서야 나타나기 시작했지만, 그 전제조건은 이미 컬럼버스의 아메리카 대륙 발견이나, 바스코 다 가마의 인도 항로 발견에서 시작된 것으로 생각할 수 있다. 물론 당시의 교통수단은 원활한 세계화를 촉진할 만큼 발전하지 못했고, 따라서 세계화의 현상도 분명하게 나타나지 않았다. 하지만, 교통로의 확보는 세계화가 이루어질 기반을 닦아 놓은 셈이고, 그 이후 교통수단의 발달이 그 길을 이용한 것으로 볼 수 있다. 전 세계를 단시간에 오고 갈 수 있는 교통 수단의 발달은 20세기 이전에는 이루어지지 않았다.

바스코 다 가마
(1460-1524)

한편으로 과학의 발달은 직접 만나지 않고도 상호작용을 할 수 있는 길을 열어 놓았다. 그것이 바로 통신 수단의 발달이다. 여기서 중요한 의미를 갖는 것은 특히, 현대의 컴퓨터에 기반한 정보통신기술의 발달이다. 이는 20세기 후반의 교통의 발달과 함께 시간과 공간을 '압축'시켰고, 그에 따라 상호작용의 속도와 범위가 강화되었다. 이에 많은 정보가 국경을 넘어 유통됨으로서 민족 국가를 넘어선 정체성 형성이 이루어지기 시작하는 계기가 되었다.

3) 현재 세계화의 중심영역은 어디인가?

앞서 현재 세계화의 기초 작업으로 얘기한 유럽 각국의 항로 개발의 주요 동기는 경제적인 데 있었다. 또한 세계화가 본격적으로 이루어진 1990년대 이후의 상황도 신자유주의 경제의 확대라는 중요한 경제적 상황을 기반으로 이루어진 것으로 볼 수 있다. 따라서, 현재 세계화의 가장 중심에 위치한 영역은 바로 경제의 세계화라고 할 수 있다. 이미 초국적 기업이 세계 무역의 2/3를

아이폰 5

차지하고 있고, 따라서 그 기업이 본래 어느 나라 기업인지를 따지는 것은 이제는 상당히 무의미한 것이 되어 버렸다. 우리나라 제품이 중국, 베트남, 동유럽, 미국 등 세계 각 국에서 생산되고 있고, 더욱이 그 소비 시장은 전 세계를 대상으로 한다. 아주 소수의 경우를 제외하고는 세계의 모든 사람들은 동일한 제품, 예를 들어 애플의 아이폰 아니면, 삼성의 갤럭시 스마트폰을 사용한다.

갤럭시 S4

세계 경제는 전 지구적 생산과 소비의 네트워크 구축을 해 나가고 있는 것으로 볼 수 있다. 또한 컴퓨터에 기반한 전자 경제체제는 대규모의 자본 이동을 용이하게 해 주는데, 이는 경제의 세계화를 촉진시키는 반면, 때로는 특정 지역 혹은 국가의 경제를 위태롭게 하기도 하는 원인이 되기도 한다. 이러한 투기 자본의 문제는 전 세계적인 문제로 1998년 '동아시아' 경제 위기 및 몇 년 전의 동유럽 재정 위기의 원인이 되기도 하였다.

그리하여 세계화 현상에 관한 초기 이론가 중 하나인 왈러스타인(I. Wallerstein)이라는 학자는 경제적 현상을 중심으로 '세계체제론'이라는 이론을 내어 놓기도 하였다. 왈러스타인은 마르크스 주의에 뿌리를 둔 학자이기에 이러한 세계화에 따른 경제 체제의 문제점을 주로 지적하였다. 그에 따르면 선

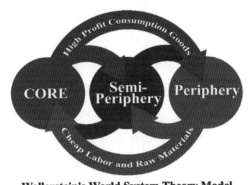

Wallerstein's World System Theory Model

진국－왈러스타인 자신의 표현을 빌면 '중심부' 국가－에 의한 후진국－왈러
스타인의 표현으로는 '주변부' 국가－의 착취가 왈러스타인의 이론의 중요한
골격을 이루고 있으며, 이를 벗어나기 위해서는 주변부 국가의 세계적 혁명이
필요한 것으로 주장한다.

　　왈러스타인의 '세계체제론'의 옳고 그름을 따지는 것은 여기서 할 수 있는
영역을 벗어난 것으로 보이며, 다만 그 중심에는 경제적 영역이 위치하고 있다
는 것은 기억할 필요가 있다. 왈러스타인은 이에 부수적으로 문화의 기능에 대
해 언급하고 있는데, 그는 문화의 기능을 시장의 기능, 혹은 상품화를 막는 장
벽들을 제거하는 것으로 말하고 있다. 즉, 문화적 차이를 통해 세계적 분업을
정당화하고, 경제적 갈등을 국가, 인종, 종교 등의 요인으로 치환하는 경제적
세계화를 돕는 부수적 역할을 문화에 할당한다. 하지만, 왈러스타인의 '세계
체제론'을 계승, 발전시킨 에퍼두레이(A. Appadurai)라는 학자는 이러한 왈러
스타인의 단일한 경제적 방향성에 반하여, 민족적, 기술적, 금융적, 미디어적,
이데올로기적 양상의 5가지 흐름이 복합적으로 지구문화의 결정에 영향을 미
치는 것으로 주장하기도 한다.

4) 세계화는 돌이킬 수 없는 현상인가?

앞에서 잠시 살펴본 것처럼 세계화는 그 정도 및 범위에는 차이가 있지만, 과거에도 있었던 현상이다. 그렇다면 현재의 세계화는 과거와는 본질적으로 다른 현상일까? 또한 그것은 돌이킬 수 없는 필연적인 현상일까?

이에 대하여 헬드(D. Held)는 여러 학자들의 세계화에 대한 논의를 다음의 3가지 입장으로 정리하고 있다. 먼저 '초세계화론자'들이 있다. 이들은 세계화는 필연적이며, 이미 어느 정도 세계화가 이루어졌다는 입장이다. 즉, 국경 없는 세계는 이미 건설 중이고, 이전의 중요했던 정부의 힘은 지역적, 국제적 조직에 의해 도전을 받고 있다는 것이다. 두 번째는 이러한 입장에 반대하는 '회의론자'들이 있다. 이들은 현재의 세계화는 그 정도의 차이에 불과하지, 이전에도 이미 존재했다고 주장한다. 그리고 이러한 경향은 미래에도 별로 차이가 없을 것이라고 생각한다. 현재에도 경제는 세계화보다 지역화에 더욱 초점이 맞추어져 있고, 정부의 역할도 계속해서 증대하고 있다는 것이 이들의 주장이다.

마지막으로 이 둘의 중간적 입장이라고 할 수 있는 '변형론자'들이 있다. 이들에 의하면 세계화는 어느 정도 진행되고 있지만, 아직은 과거의 많은 유형이 유지되고 있고, 세계화가 한 쪽 방향—월러스타인의 표현을 빌면 중심 → 주변의—으로만 진행되는 것이 아니라, 쌍방적, 반성적, '탈중심화'된 과정이라고 주장한다. 이러한 세계화의 방향성에 대하여는 잠시 후에 다시 한 번 얘기할 기회가 있을 것이다. 여러분은 이 가운데 어느 입장이 가장 옳다고 생각하는가? 나름대로 각각의 입장에 설득력이 있다고 생각되지만, 어느 정도 세계화가 이루어지고 있다는 것은 부인할 수 없는 현실인 것 같다.

구분	초세계화론자	회의론자	변형론자
무엇이 새로운가?	세계화 시대	무역 블록, 이전보다 약해진 지역 정부	역사적으로 전례 없는 수준의 세계적 상호 연관성
지배적인 양상	세계적 자본주의, 세계적 통치, 세계적 시민사회	덜 상호의존적인 세계	집중적이고 광범위한 세계
국가의 힘	약화 또는 훼손	증진 또는 재강화	재구성, 재구조화
세계화를 추동하는 힘	자본주의와 기술	정부와 시장	근대화의 복합적인 힘
지배적인 모티브	맥도널드, 마돈나	국익	정치 공동체의 변환

* 출처: Held et al, *Global Transformations: Politics, Economics and Culture*, Cambridge: Polity, 1999.

5) 세계화의 방향성

세계화가 부인할 수 없는 사실이라면, 앞서 잠시 얘기한 그 방향은 어떻게 나타나고 있는가? 초기의 세계화에 대한 언급이 중심 → 주변(혹은 서구 → 비서구)의 일방적인 것이었다면, 최근에는 그 반대의 흐름에 대한 언급도 많이 나타난다. 이것이 변형론자들이 얘기하는 쌍방향적 세계화의 경향이다. 이러한 경향에 대해 세계화에 대한 저명한 사회학자 로버트슨(R. Robertson)은 "세계화란 특수한 것의 보편화이고, 보편적인 것의 특수화이다"는 말로 잘 요약해 주고 있다. 최근 세계적인 화제가 되고 있는 싸이의 '강남스타일'을 예로 들면, 그 음악 자체가 본래 한국적인 것은 아니다. 이것은 "보편적인 것의 특수화", 즉 "서구 음악의 한국화" 현상이라고 말할 수 있다. 하지만 과거에 우리가 서구 음악을 그저 받아들이는 입장에 그쳤다면, 이제는 반대의 방향, 즉 "특수한 것의 보편화", "한국적인 것의 서구화"의 방향으로 나타난 것이 현재의 '강남스타일' 현상이

싸이의 강남스타일 뮤직비디오의 한 장면

레게 음악의 전도자 밥
말리의 스위스 공연 장면

라고 할 수 있다. 음악의 예를 더 들어 본다면, 현재의 서구 음악에 스며 있는 '재즈'나 '레게' 같은 음악 장르도 본래는 서구적인 것은 아니지만, '특수'한 것이 '보편'화된 좋은 예라고 할 수 있다. 이러한 상황에서 과거에는 부정적인 의미에서 언급되던 '하이브리드화(hybridization)'가 요즘은 보다 긍정적인 의미에서 언급되고 있는 실정이다. 또한 그 번역도 과거의 '잡종'이라는 부정적인 의미를 탈피하기 위하여 '혼종성' 혹은 '혼성성'이라는 용어로 다르게 시도되고 있다. 현재의 세계화의 경향을 일반적으로 정리하면 자본주의적 경제 체제를 중심으로 얘기할 때는 일방적 세계화의 경향을, 정치적·문화적 문제를 중심으로 할 때는 세계화 vs. 지역화의 쌍방적 경향을 띤다고 말할 수 있다.

2. 문명의 충돌과 종교

1) 세계화의 흐름 가운데 종교가 갖는 의미는 무엇인가?

그렇다면 이러한 세계화의 흐름 가운데 종교가 갖는 의미는 무엇일까?

몇 년 전에 작고한 미국의 저명한 정치학자 헌팅턴(S. Huntinton)은 공산권의 붕괴 이후 세계의 재편성을 '문명'을 중심으로 설명한 바 있다. 그런데 이러한 문명권의 형성에 중요한 기초가 되고 있는 것이 바로 종교라고 할 수 있다. 현재 가장 문제가 되고 있는 서구와 이슬람의 충돌 사이에는 기독교와 이슬람이라는 종교적 갈등이 숨어 있다.

2011년에 만들어진 영화 '그을린 사랑'은 이러한 기독교와 이슬람의 종교 갈등의 역사 가운데 놓여진 한 여인의 비극적 운명을 잘 그린 작품이다. 영화의 가장 인상적인 한 장면은 주인공 나왈이 자신의 잊어버린 아들을 찾아 분쟁 지역으로 가는 과정에서 일어난다(여기에 기술된 부분은 http://www.youtube.com/watch?v=yhE-uC9ztkw에서 볼 수 있다). 이슬람 지역인 이곳을 여행하기 위해 주인공은 두건을 쓰고, 자신의 십자가를 숨긴다. 하지만, 나왈이 탄 버스는 기독교인 민병대에 의해 저지 당하고, 승객들은 무참하게 학살당한다. 이러한 학살의 현장에서 나왈은 숨겼던 십자가를 꺼내 자신이 기독교인을 증명하고, 목숨을 구한다. 또한, 함께 버스에 탔던 한 아이를 구하기 위해 그 아이가 자신의 아이인 것처럼 가장해 보지만, 철없이 친엄마를 찾던 아이는 기독교인들에 의해 무참히 살해 당하고 만다. 영화는 특정 종교를 옹호하거나 반대하기 보다는 그러한 종교 간의 갈등이 낳은 역사적 비극을 그린다. 현재 아프리카 지역은 이슬람과 기독교의 갈등이 가장 첨예한 지역이라고 할 수 있다.

우리가 잘 아는 종교간 갈등의 또 하나의 두드러진 예는 보스니아를 중심으로 한 발칸 반도의 경우이다(발칸반도의 상황 또한 '비포 더 레인'이나, '노 맨스 랜드' 같은 영화에서 잘 묘사되어 있다). 보스니아의 상황은 조금 더 복잡해서 여기에는 세 종류의 종교, 즉 가톨릭, 정교회, 이슬람이 각각 크로아티아, 세르비아, 알바니아를 지원 세력으로 대립하는 가운데, 또한 독일을 중심으로 한 서유럽 가톨릭 세력, 러시아를 중심으로 한 정교회 세력, 그리고 이슬람 세력

| '그을린 사랑' | '비포 더 레인' | '노 맨스 랜드' |
| (Incendies, 2010) | (Before thr Rain, 1995) | (No Man's Land, 2001) |

들의 지원을 받는 말 그대로 '문명의 충돌'을 보여주는 복잡한 상황으로 전개되었다. 알바니아는 이후 미국의 지원을 받게 되어 상황은 더욱 복잡하게 꼬이는 형태를 보인다. 헌팅턴은 이와 같은 문명의 충돌이 벌어지는 지역을 '단층선'으로, 그리고 배후에 있는 강대국을 문명의 '핵심국'으로 표현한다. 이상의 예들과 같이 소위 '문명의 충돌'의 배후에는 종교가 중요한 요소로 자리잡고 있다. 그렇다면 현재 세계의 종교 분포 현황은 어떻게 될까?

2) 세계의 종교 분포 현황

현재 세계의 종교 중 가장 많은 사람이 믿고 있는 종교는 무엇일까? 통계마다 조금씩 다르지만, www.adherents.com의 2005년 기준자료에 의하면 기독교인이 21억명으로 가장 많은 33%의 비율을 차지하고 있다. 이 중 가톨릭이 52%로 가장 많고, 개신교(영국 국교회 포함)가 21%, 정교회가 11%, 그리고 기타 교회와 독립교회 소속이 16%를 차지하고 있다. 두 번째로 많은 것은 이슬람이며, 이들은 13억명으로 세계 인구의 21%를, 그리고 그 뒤를 9억 명의 힌두교(14%), 3억 8천만 명의 불교(6%)가 잇고 있다. 무종교인은 10억 명 정도로 세계 인구의 15%를 차지하고 있으며, 나머지 11%는 기타 종교를 믿고 있다. 현

The distribution of major religions of the world today

출처: http://upload.wikimedia.org/wikipedia/commons/a/a6/Religion_distribution.png

재까지 가장 많은 사람들이 믿고 있는 것은 기독교이지만, 지난 100년 동안 가장 높은 증가율을 보인 종교는 이슬람이다. 이슬람은 지난 100년 동안에 세계 인구의 12%에서 21%로 크게 증가하였다. 반면 기독교 인구는 35%에서 33%로 소폭 감소하였다. 기독교 내에서도 가톨릭의 비율은 48%에서 52%로 증가한 데 반하여, 개신교는 24%에서 21%로 감소하였다. 하지만 개신교 내에서도 전통 개신교 교파는 감소하고 있는데 반해, 오순절 계통의 교회들, 즉 성령강림 운동을 하는 교회들은 급성장하는 모습을 보이고 있다.

그렇다면 각 종교의 각 대륙별 분포는 어떤 모습을 보일까? 이것은 설명으로 하면 복잡하기 때문에, 정리해서 표로 보면 좋을 것 같다.

〈표 3-2〉 유럽, 아프리카, 아시아 대륙의 종교 인구 분포

구분	기독교	이슬람	힌두교	불교	기타
유럽	77%	5%	–	–	–
아프리카	46%	41%	–	–	12%
아시아	9%	23%	22%	10%	12%

* 출처: David B. Barrett, *World Christian Encyclopedia*, New York: Oxford University Press, 2001. (이원규, 『힘내라, 한국교회』 36-38에서 재인용).

위의 표에 나타난 지역 외의 나머지 3개 대륙은 기독교 교세가 지배적으로 라틴 아메리카 93%, 북아메리카 84%, 오세아니아 83%를 차지하고 있다. 또한 유럽 대륙에는 상대적으로 무종교인이 많은 비율(18%)을 차지하고 있다. 따라서, 상대적으로 상이한 종교인들이 만나게 되는 아프리카와 아시아가 종교로 인한 분쟁이 가장 많은 지역으로 볼 수 있다. 물론 같은 기독교 안에서도 교파에 따라, 예를 들면 개신교와 가톨릭 사이의 갈등이 나타나는 북아일랜드 같은 지역도 존재한다. 또한 유럽 대륙의 이슬람 교인들은 점차 늘어나는 경향을 보이고 있다. 일부 예측에 의하면 2050년의 프랑스의 이슬람 교인의 비율은 전

체 인구의 25%에 이를 것으로 보고 있다(필립 젠킨스, 『신의 미래』, 320).

종교의 대륙별 분포에 있어 지난 100년 동안 가장 두드러지게 변화를 보인 것은 기독교이다. 100년 전의 기독교 인구 분포는 유럽이 68%, 북아메리카가 14%로 이 두 대륙에 집중된 분포를 보였다. 그러나, 2005년 기준으로 세계 기독교인 분포에 있어 유럽이 차지하는 비중은 26%, 북아메리카는 11%로 줄어든 반면, 아프리카가 18%, 아시아가 16%, 라틴 아메리카는 24%로 증가하였다. 이에 따라 세계 기독교의 중심이 과거 서구 사회에서 점차 제3세계 지역으로 이동해 가는 추세를 보이고 있으며, 앞으로도 이러한 추세는 더욱 강화될 것으로 예상된다.

3. 마무리

종교가 세계화에 긍정적으로 기여할 수 있는가? 그렇다면 종교는 현재의 세계화에 있어 앞서 언급한 것처럼 갈등의 요소, 부정적 영향 요소로만 작용하는가? '글로벌 사회와 시민정신'에서 우리가 생각하고자 하는 것은 그 반대의 경향, 즉 종교가 글로벌 사회의 통합 요소로서 작용하는 경향이다. 4장에서 우리는 이러한 종교의 역할을 '시민 종교'라는 종교사회학의 개념을 통하여 살펴 볼 것이다.

1. 세계 각 지역의 종교 갈등 사례를 조사해 보고, 이에 대한 대처 방안을 생각해 보자.

2. 자신의 종교(무종교 포함)와 다른 종교 행사에 참석해 보고, 소감문을 적어 보자.

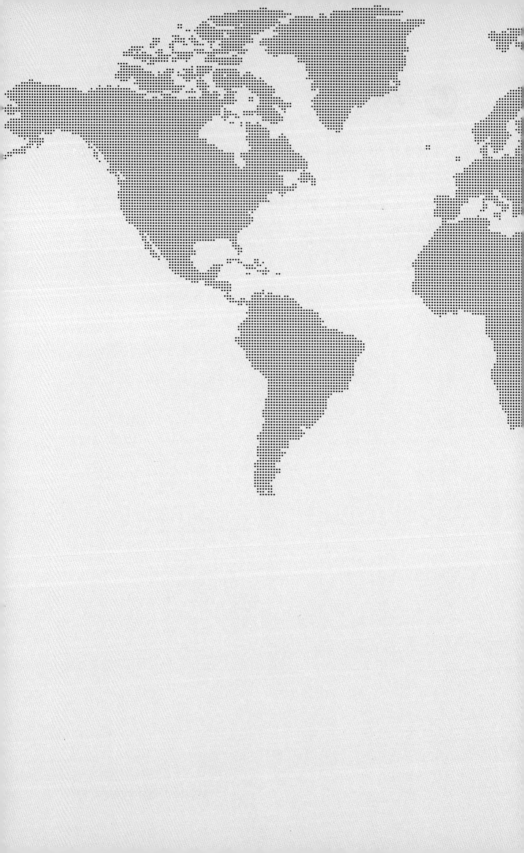

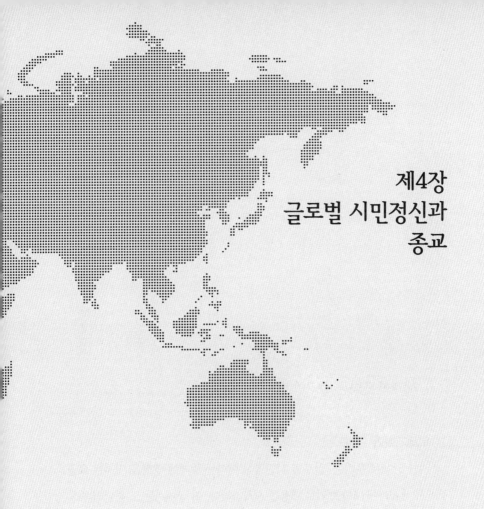

제4장
글로벌 시민정신과
종교

 생각 꺼내기

종교는 글로벌 시민정신의 형성에 어떠한 기여를 할 수 있을까?

1. 세계화에 따른 종교의 변화와 세속화

1) 세계화와 '종교'

지난 장에서 우리는 '글로벌 시민정신'이라는 주제에 영향을 미치는 요인 중에서 세계화에 대한 얘기로 내용을 시작하였다. 이 장에서는 또 하나의 중요한 주제인 종교 얘기로 시작하려고 한다.

'종교란 무엇인가?'는 종교학 혹은 종교사회학에서 가장 먼저 다루는 주제이면서, 또한 가장 대답하기 어려운 질문이기도 하다. 여기서는 '종교란 무엇인가?'라는 근본적 질문보다는 '종교'라는 용어가 갖는 의미를 세계화와 관련하여 언급하려 한다.

'종교'란 말이 본래 우리나라, 혹은 동아시아에 있었을까? 결론부터 얘기하자면 지금 사용하는 의미에서의 '종교'란 말은 우리나라에도, 동아시아에도 존재하지 않았다. 본래 '종교'란 말은 불교 용어로 '특정 집단의 가르침'을 의미하였다. 일본의 경우 국가적 '신도'는 본래 종교로 간주되지 않는데, 이는

최후의 만찬 (이탈리아)　　용문석굴 (중국)　　타지마할 (인도)　　제사 (한국)

'특정 집단'이 아닌 국가 전체와 관련된 것이기 때문이다. 여기서 얘기하고자 하는 것은 '종교'란 의미 자체가 본래 서구의 개념이며, 현재 우리가 사용하는 '종교'란 단어 자체도 세계화와 관련되어 있다는 것이다.

　세계화와 관련된 외래 종교, 서구 종교와의 접촉은 '종교'란 의미 자체 뿐 아니라, 그 조직과 내용 면에서도 많은 변화를 가져 왔다. 우리가 전통 종교ー 전통 종교라기 보다는 전래된지 오래된 종교란 표현이 더 옳겠지만ー라고 생각하는 불교의 경우 본래 평신도 조직이 따로 존재하지 않는 출가자·수도자 중심의 종교였다. 하지만, 현재에 있어서는 많은 평신도 조직이 생겨났고, 심지어 평신도가 주축이 된 사찰도 나타나고 있다. 또한 접근성을 향상시키기 위해 도심 한 가운데 세워지는 사찰이 늘어나는 추세에 있다. 이러한 현상을 '현대화'라고 말할 수도 있겠지만, 여기에는 '현대화' 이전에 다른 세계, 다른 종교와의 접촉, 즉 세계화의 상황이 내재되어 있다.

　이와 같은 세계화에 따른 전통 종교의 변화보다 분명한 사례는 인도 지역의 힌두교에서 드러난다. 힌두교의 뿌리가 되는 인도의 여러 종교들은 이미 오래 전부터 존재하여 왔지만, 힌두교라는 이름으로 이것이 묶어지게 된 것은 인도가 영국에서 독립하려는 움직임이 나타날 때와 일치한다. 즉, 현재의 힌두교가 존재하게 된 배경에는 어느 정도 당시의 수준에서 글로벌 사회의 존재와, 거기에서 영향을 미치고 있는 세계 종교가 영향을 미쳤다는 것이다. 그리고 이러한 상황에서 자신의 정체성을 지키기 위한 시도 중의 하나가 바로 현재의 힌두교의 형성이라고 할 수 있다. 즉, 4장에서 언급하였듯이 중심 → 주변으로의 보편적 세계화의 방향에 맞서 그 대응으로 나타난 것이 힌두교의 형성, 혹은 우리나라에서의 불교의 변화라고 할 수 있다. 실제로 세계 각지에서 나타나는 많은 신흥 종교들은 소위 '토착' 종교의 전통에 외래 종교적 요소가 더해진 것이 많다.

세계화에 따른 종교의 변화와 관련된 얘기를 마치기 전에 한 가지 더 언급하고자 하는 것은 이러한 변화가 소위 전통종교 뿐 아니라, 외래 종교—엄격하게 말하면 보다 최근에 전래된 종교—에도 영향을 미친다는 것이다. 우리나라의 경우, 개신교에서 나타나는 새벽기도나 축복에 대한 강조 등이 이러한 사례라고 볼 수 있다. 그리고 이와 같이 지역적으로 변형된 형태는 다시 다른 지역에 영향을 미치기도 하는데, 중국 기독교에서 드러나는 우리와 비슷한 많은 모습들은 그 좋은 예라고 할 수 있다.

2) 현대의 종교적 변화: 세속화의 문제

위에서 우리는 생각했던 것보다는 세계화가 종교에 많은 영향을 미치고 있음을 살펴보았다. 그렇다면 현대 사회에서 일반적으로 종교는 어떠한 변화를 겪고 있을까? 이와 관련하여 가장 많이 얘기되는 주제는 바로 '세속화'라

크리스마스의 세속화를 나타내는 풍자화

고 할 수 있다. 세속화는 간단하게 말하면 '사회 속에서 종교가 그 중요성을 잃어가는 현상'이라고 말할 수 있다. 물론 세속화에는 다양한 측면이 있다. '기능적 분화'로 사회의 다양한 영역, 즉, 정치, 경제, 문화 등의 영역

에서 종교의 영향이 사라지는 것, 또는 한 사회의 종교를 믿는 신자들의 수가 줄거나, 줄지는 않더라도 그 열심의 정도가 줄어드는 현상들이 세속화에 포함될 수 있다. 물론 근본적으로 '세속화가 과연 세계적으로 일어나고 있는가?'에 대한 질문도 던질 수 있다. 즉, 종교의 중요성이 지속적으로 감소하고 있는 유럽과는 달리, 미국이나 남미, 아시아, 아프리카 등지에서는 여전히 종교의 중요성이 지속되거나, 종교인의 수가 늘어나고 있는 실정이다. 또한 유럽의 경우에도 나타나는 현상을 반드시 '세속화'로 볼 것인가에 대한 의문이 제기되고 있다. 그럼에도 불구하고, 산업화, 근대화, 혹은 그에 따른 합리화의 과정에 따라 일정 부분 종교의 영향력이 감소되고 있는 것도 사실이다.

이러한 세속화 사회 속에서 여전히 종교가 할 수 있는 일이 있을까? 또한 있다면 그것은 어떤 것일까? 여기서 우리는 미국의 종교 사회학자 로버트 벨라(R. Bellah)가 제시한 '시민 종교(civil religion)'라는 개념에 주목하고자 한다.

2. 현대사회에서의 종교의 역할과 시민 종교

1) 현대 사회에서의 종교의 역할

현대 사회학에 가장 큰 영향을 끼친 인물 중 하나인 파슨스(T.Parsons)는 사회가 유지되기 위해서는 4가지의 기본적인 기능이 수행되어야 한다고 주장한 바 있는데, 환경에 대한 적응(adaptation), 목표의 달성(goal attainment), 사회의 통합(integration), 그리고 문화와 가치의 보존을 통한 새로운 세대에의 전수(이를 파슨스는 잠재성(latency) 혹은 패턴 유지(pattern maintenance) 기능이라고 불렀다)가 바로 그것이다. 이러한 파슨스의 시스템을 그가 주장한 4가지의 필수적 기능의 머릿 글자를 따서 'AGIL 시스템'이라고도 부른다. 파슨스에 의하면 사회의 각 영역 중 경제적 하위 체계가 적응의 기능을, 정치적 하위 체계가 목표 달성의 기능을, 사회의 여러 공동체들이 사회 통합 기능을 담당하는 것으로 생각했다. 그리고 잠재성 혹은 패턴 유지의 기능과 관련하여서는 교육 및 사회화를 담당하는 체계들의 작용이 중요한데, 여기에는 종교 또한 중요한 역할을 한다. 파슨스에 의하면 사회가 질서와 안정을 유지하기 위해서는 도덕적 함의가 매우 중요한데, 이를 위해 기능하는 것이 바로 종교이다. 즉, '공통의 가치 체계와 관련된 개인의 통합'이 '제도적 규범의 정당성, 행위의 공통적이고 궁극적인 목표' 등에 표명되는데, 이러한 모든 현상들은 '공통의 가치 통합'으로 거슬러 올라가 여기에서 중요한 역할을 하는 것이 바로 종교이다(알렉산더, 1993: 40).

〈표 4-1〉 파슨스의 AGIL 체계

기능	사회 체계	체계의 관계성
잠재성(latency) 통합(integration) 목표 달성 (goal attainment) 적응(adaptation)	문화/종교 시스템 사회 시스템(공동체) 정치 시스템 경제 시스템	정보 ↑ 조건지움 │ 조종 ↓ 힘(에너지)

하지만, 이와 같은 공통의 가치 통합은 현대의 많은 다종교 사회에서는 쉽지 않다. 이에 대하여 '시민종교'라는 개념을 통하여 다종교 사회의 공통적 가치 통합을 얘기한 것이 바로 파슨스의 제자인 로버트 벨라이다.

2) 시민종교의 개념

시민종교라는 개념은 본래 벨라 이전에 이미 루소(Jean-Jacques Rousseau)와 뒤르껭(Emil Durkheim)에게서 사용된 바 있다. 루소는 그의 책 '사회계약론' 8장에서 근대 사회에 필수적인 도덕적, 영적 기반으로서 사회 통합에 중요한 기능을 담당하는 것으로서 '시민종교'에 대하여 기술하였는데,

그에 의하면 '시민 종교'는 ① 신의 존재, ② 내세, ③ 덕에 대한 보상과 악에 대한 징벌, ④ 종교적 불관용의 배제를 중요한 교리로서 지녀야 한다. 이러한 루소의 시민종교 개념은 사회학에 있어 기능론적 입장의 시조라고 할 수 있는 뒤르껭을 거쳐, 벨라를 통하여 미국 사회에 적용되면서부터 현대 사회학에서 중요한 개념으로서 사용되고 있다.

루소의 사회계약론(1792년판)

벨라는 시민종교를 "모든 사람이 생활에서 발견하게 되는 종교적 차원"이라고 정의하고 있는데, 이러한 기본적인 개념은 미국 역사상의 '거룩한' 사람들, '거룩한' 경험들, 전통들, 의례들을 토대로 한 일련의 종교적 믿음과 상징들을 통하여 나타나게 된다. 벨라는 그러한 예로서 미국의 국경일, 국가적 인물에 대한 기념, 국가적 성소들에 대한 방문 들을

현충일은 미국의 시민 종교의 중요한 의식 중 하나이다. 이에 대한 논의를 하는 사이트가 bible prophecy upda- te.com 이라는 점도 흥미롭다.

들고 있는데, 이와 같은 요소들은 미국의 제도 발전에 중요한 역할을 해 왔고, "정치적 영역을 포함한 미국 삶의 전체적 구조에 대한 종교적 차원"을 제공한다는 것이다(이원규, 2006: 155). 이와 같은 미국의 시민 종교가 민족주의적인 성격을 지니며, 국가의 의미가 강조되지만, 이러한 논의 뒤에는 출애굽, 선민, 약속된 땅, 새 예루살렘, 희생적인 죽음과 재생과 같은 기독교적인 원형들이 중요하게 사용되고 있다. 하지만 이러한 원형들은 또한 그 본래의 기독교적 맥락을 넘어서 순수하게 미국 사회의 특징과 결합되어 있기도 하다. 이와 같이 시민종교는 "일련의 공통된 관념, 이상, 의례, 상징을 마련해 줌으로써 다원적인 사회에서 구성원들과 집단들 사이에 하나의 포괄적인 응집력과 일체감을 조장할 수 있다"는 것이다(앞의 책, 156).

이를 통하여 시민종교는 결국 특정 사회의 가장 깊은 경험들을 요약하는 전통과 신화를 회복해 주고, 나아가 한 사회의 전체성에 대한 기반을 제공한다는 것이다. 그리고 이는 한편으로는 현재의 사회구조들을 성화시키는 기능을 담당하기도 하지만, 다른 한편으로는 사회에 대한 비판과 이상의 기초를 제공해 주기도 한다.

3. 글로벌 사회의 시민종교

1) 글로벌 사회의 시민종교의 가능성·필요성

그렇다면 이와 같은 벨라의 시민종교 개념이 다른 사회, 나아가 글로벌 사회에 적용될 수 있을까? 벨라의 시민종교 개념은 미국 사회의 다양한 종교, 즉

클리포드 기어츠
(1926-2006)

개신교, 가톨릭, 유대교 등을 하나로 묶어 주는 역할을 하고 있다. 이러한 역할은 글로벌 사회에 있어 더욱 다양한 종교로 확대될 수 있을까? 미국 시민종교의 경우 결합은 사회 내의 다양한 종교를 포괄함에도 불구하고, 기본적으로 유대-기독교적 전통이라는 공통적 요소를 지니고 있음을 부정할 수 없다. 그렇다면 이러한 공통적 요소를 지니지 못한 불교와 기독교, 이슬람교와 힌두교 사이에도 그러한 결합이 가능할까?

미국의 인류학자 기어츠(C. Geertz)는 종교는 "에토스와 세계관을 융합시킴으로써 가장 강제적인 필요가 있는 일련의 사회적 가치들을 마련해 준다"고 주장한다. 또한 "거룩한 의식과 신화들 가운데서 가치들은 주관적인 인간의 선택으로 보여지는 것이 아니라, 하나의 특수한 구조를 가지고 있는 세계 안에 함축된 삶의 조건들로 보여지게 만듦"으로써 그러한 가치에 신념이 굳건하게 뒷받침 될 수 있다(Geertz, 1973: 131. 이원규, 2006: 240에서 재인용). 비록 종교가 각기 다른 문화에 따라 다양한 형태와 범위를 지니고 있지만, 글로벌 사회가 형성되고 유지되기 위해서는, 나아가 현재의 주제인 글로벌 시민정신의 형성을 위해서는 이러한 형태와 범위를 포괄하는 보편적인 기능, 의미, 영향을 지닌 글로벌 시민종교의 형성이 필수적이라고 할 수 있다.

2) 대화: 종교 vs. 세속, 종교 vs. 종교

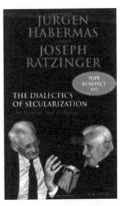

하버마스와 라칭거 추기경의 대화 (2005)

2004년 1월 19일 독일 뮌헨에서는 현재의 시대정신을 대변하는 철학자이자 사회학자인 하버마스(J. Habermas)와 2005년 현재의 교황 베네딕토 16세로 선출된 대표적인 가톨릭 신학자 라칭거(J. Ratzinger) 추기경 사이에 의미 있는 대화의 밤이 개최되었다. 이날 대화의 주제는 '자유 국가의 정치 이전의 도덕적 토대들'로서, 다원화된 현대 사회에서 어떻게 공동의 연결고리들을, 공동의 관습들을 인식하고 인정할 수 있을까하는 문제가 중요하게 다루어졌다. 세속화된 현대 사회 이전에서 이러한 토대의 역할은 주로 종교에 주어졌다. 결국 종교의 세속화는 이러한 토대 혹은 타당성의 위기를 가져왔고, 어떻게 이러한 토대를 다시 마련할 수 있는가 하는 것이, 이 날 '대화의 밤'의 중요한 주제였다.

하버마스는 단순히 아는 것만으로는 이러한 도덕적 내용들, 가치들이 작용하기에 충분치 않음을 다음과 같이 기술하고 있다.

> 도덕적 통찰 그 자체만으로는 그리고 대대적인 인권 침해에 대해 전 세계가 다 같이 도덕적으로 분노하는 것만으로는 정치적으로 조직된 세계사회시민들을(언젠가 그러한 사회가 존재하게 된다고 하더라도) 겨우겨우 통합시킬 수 있을 뿐입니다. 정의의 원리들이 문화적 가치 지향들의 복합체들 속으로 더욱 깊숙이 파고들어갈 수 있는 때에야 비로소 시민들 사이에서 추상적으로나마, 즉 법에 의해 매개되는 연대감 정도라도 생겨날 수 있을 것입니다(하버마스/라칭거. 2009: 41).

즉, 도덕적 가치의 작용에는 인지적 요소를 넘어서는 정서적 요소, 연대감이 필요하다. 그리고 이 연대감이야말로 뒤르껭이 얘기한 종교의 중요한 역할이며, 앞서 기어츠가 얘기한 종교만이 갖는 특수한 기능이기도 하다. 물론 하버마스는 현대 사회에서 전통적 종교가 이러한 역할을 여전히 감당할 수 있다는 것에 대하여 부정적으로 평가한다. 하지만 그럼에도 불구하고, '특정한 종교 공동체를 초월해 종교를 믿지 않거나 다른 신앙을 가진 일반 대중도 […] 접근할 수' 있는 성서 해석의 필요와 '규범의식과 연대감을 불어 넣는 모든 문화적 원천들을 소중하게 다루는 것'에 대하여 긍정적으로 평가하고 있다(앞의 책, 50-51). 나아가 '공공의식을 근대화' 하려면 "일정 단계에서는 세속적 멘탈리티 못지않게 종교적 멘탈리티를 흡수하고 이를 성찰적으로 변형시켜야 한다"고 주장한다(앞의 책, 52). 보편적인 법 질서와 사회 도덕이 사회 안에 깊숙이 자리 잡기 위해서는 종교 공동체의 에토스와 연결되어야 한다. 특히, 자연주의적(과학주의적) 세계관이 모든 것을 설명할 수 있을 것처럼 얘기되었던 근대와는 달리, 종교적 견해를 포함한 다른 세계관에 대하여 명백한 우위를 누리지 못하고 있는 현재의 포스트모던 사회에서는 더욱 그러하다고 할 수 있다.

이러한 하버마스의 논의를 이어 라칭거 추기경은 앞서 얘기한 공통적 토대의 형성을 위한 대화와 경청을 촉구한다. 현재 글로벌 사회에서 종교는 앞의 강의에서 언급한 것처럼 오히려 배타성과 테러 행위를 조장하거나, 혹은 그 반대로 잘못된 보편주의로 오도하는 경향이 있다. 이러한 상황에서 라칭거 추기경은 '종교는 과연 치유하고 구제하는 힘인가?'라고 질문한다. 그리고 종교가 치유하고 구제하는 힘으로 존재하기 위한 대화의 필요성을 역설한다. 물론 이러한 대화는 종교에 따라 다른 이름으로 불리기도 한다. 인도 종교는 이를 '다르마'라고 부르기도 하며, 중국에서는 '하늘의 이치'라고 부르고, 기독교에서는 '창조와 창조주'가 그러한 대화의 주제가 될 수 있을 것이라고 라칭거 추기경은 언급한다. 그리고 이러한 대화를 위하여는 먼저 서구의 거대한 두 전통, 즉 기독교적 신앙과 세속적 합리성이 실제로는 보편적인 것이 아니라는 것에 대한 인정과 다른 '위대한 종교적 전통들에 기꺼이 경청하는 자세'가 필요하다. 즉, 새로운 토대의 형성을 위하여서는 '경청하기를 배우는 것'과 종교를 통한 '다른 문화들과의 진정한 상호관련성을 받아들이는 것'이 필요함을 라칭거 추기경은 역설한다.

4. 마무리: 글로벌 시민사회의 형성과 종교

이제 '종교를 통해 배우는 시민정신'의 강의를 마치면서 지금까지의 논의를 정리해 보자. '글로벌 시민정신'이라는 강의의 중심 주제는 세계화라는 최근의 현상에서 비롯되었다. 본 장에서는 먼저 이러한 세계화의 현상이 나타나게 된 제반 조건과 양상에 대하여 살펴보고, 이러한 상황에서 종교가 갖는 의미에 대하여 생각해 보았다. 현재 글로벌 세계에서의 종교는 우리의 기대와는 달리, 헌팅턴, 혹은 라칭거 추기경이 말한 것처럼 글로벌 사회의 조화와 통합에 기여하기 보다는 오히려 배타성과 테러 행위를 조장하거나, 혹은 그 반대로 잘못된 보편주의로 오도하는 경향이 있다. 하지만, 글로벌 시민사회라는 우리가 지금까지 경험하지 못했던 새로운 사회가 출현하기 위해서는 이 사회를 하나로 묶어줄 수 있는 종교(들)의 출현이 요구된다 할 것이다. 우리는 시민종교의 개념을 통하여 이러한 글로벌 시민정신의 형성에 기여할 수 있는 종교에 대하여 생각해 보았다. 이제 본 장을 마치면서 이러한 글로벌 시민종교의 형성에 필수적인 덕목을 현 교황인 라칭거 추기경의 주장을 통하여 생각해 보았다. 그것은 바로 종교와 세속적 전통 간의, 그리고 종교와 종교 간의 대화이다. 일방적 자기 주장이 아닌 '경청하는 자세'를 토대로 한 이러한 대화를 통해 우리는 '다른 문화들과의 진정한 상호관련성'을 받아들이게 되고, 이를 통해 의미 있는 글로벌 시민정신을 형성해 나갈 수 있을 것이다.

생각 열기

1. '경청하는 자세'를 위해 '나', '우리 나라', '우리 종교'가 구체적으로
   바꿔야 할 생각, 태도, 행동은 무엇인가?

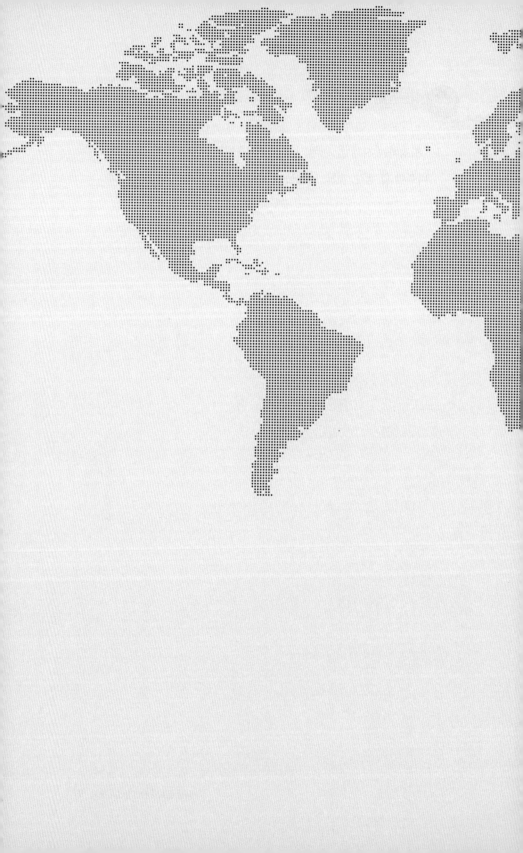

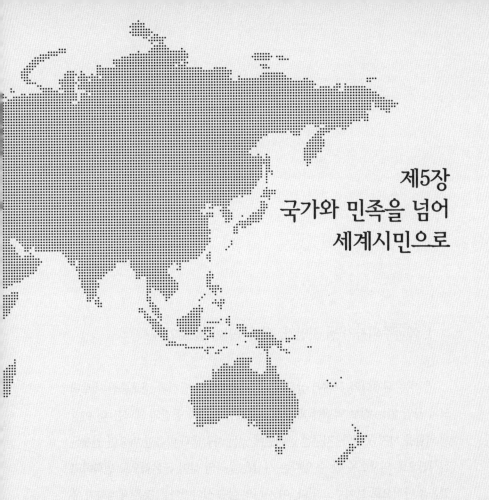

제5장
국가와 민족을 넘어
세계시민으로

 생각 꺼내기

글로벌 사회에서 민족주의와 세계시민주의가 충돌하는 사례를 찾을 수 있는가?

1. 애국주의자가 될 것인가, 세계시민이 될 것인가?

우리는 세계화의 시대에 살고 있다. 과학기술의 발전과 정보통신 네트워크의 끊임 없는 진보 덕택에 과거에 존재했던 시간과 공간의 제약은 더 이상 제 역할을 하지 못한다. 지구촌 반대편에 있는 사람들과 마음만 먹으면 언제든 실시간으로 의사소통 할 수 있다는 사실은 우리의 삶이 근본적으로 변화하고 있음을 단적으로 보여주고 있다. 이 시대의 삶을 살아간다는 것은 세계화가 우리에게 가져다주는 변화에 적응할 것을, 그리고 세계화가 우리에게 요청하는 도전에 응답하기를 요구한다.

국가와 민족이라는 경계선은 점점 무너져 가고 있다. 대학만 보더라도 과거에는 상상도 할 수 없었던 다양한 국제적 교류가 활성화 되어 있으며, 그 결과 캠퍼스와 강의실에서 외국인을 만나고 수업을 듣는 다는 것은 더 이상 특별한 일이 아니다. 2009년 김영환씨는 캐나다로 망명신청을 하였고, 현재 캐나다에 거주하며 캐나다의 시민권을 기다리고 있는 중이다. 그는 동성애자인데, 그의 생물학적 특성과 신념을 유지하며 한국에서 병역의 의무를 마친다는 것이 불가능함을 느끼게 되었고, 그래서 그는 자신의 국가를 바꾼다는 결정을 내렸다. 자신의 자유와 권리를 위해서는 국가도 바꿀 수 있다는 생각은 세계화 이전에는 불가능한 것이었다. 과연, 김영환씨의 선택은 옳았는가?

2012년 런던 올림픽 축구경기에서 국가대표 박종우는 일본과의 3-4위전 경기를 마치고 "독도는 우리땅"이라는 피켓을 들고 승리의 세리머니를 펼쳤다. 이것이 문제가 되어 국제올림픽위원회는 박종우 선수에게 동메달 수여를 거부하고, 박종우 선수에 대한 징계여부를 심사 중이다. 국가적 측면에서 볼 때 박종우 선수는 애국적 행위를 하였음에 분명하다. 하지만 세계평화와 친선을 목적으로 하는 국제적 무대에서 벌어진 '독도 세리머니' 사건은 일본 국민들과 타 국가 국민들의 눈에는 올림픽 정신에 반하는 배타 행위로 보였을 지도 모른다. 박종우의 행위는 과연 글로벌 시민정신에 위배되는 것이었을까?

본 장에서는 사회−정치적 관점에서 글로벌 시민정신의 의미와 과제에 대해 탐구하고자 한다. 그 과정에서 우리는 위에서 언급한 것과 같은 세계화 시대에 발생할 수 있는 여러 가지 문제들의 해결책들을 심도 있게 논의할 수 있을 것이다. 우리는 우선 '세계시민주의'에 대한 여러 학자들의 이론들을 살펴보고, 국가와 민족을 넘어 세계시민주의의 이념을 실현하기 위한 사회−정치적 쟁점들을 검토해 볼 것이다. 그리고 세계시민주의가 우리에게 요구하는 조건이 무엇인지, 윤리적 관점에 초점을 맞추어 살펴보게 될 것이다. 그 과정에서 우리는 글로벌 시민정신의 사회−정치적 단면들을 이해하고, 국가와 민족의 경계선을 넘어 세계시민으로서의 나의 정체성을 되돌아 볼 수 있는 계기를 마련하게 될 것이다.

2. 세계시민주의 논쟁: 세계 정치체제 건설을 위한 논의들[1]

세계화가 진행되면서 세계시민주의를 적극적으로 실현하려는 입장과 이를 반대하고 현존의 국가중심 질서체계를 옹호하려는 입장이 대립되어 왔다. 한편 세계시민주의의 급진적 실현이 가져올 부작용과 국가중심 체제의 한계를 극복하기 위해 양자를 절충하여 점진적 세계화의 실현을 고민하는 중립적 입장도 설득력을 갖고 논의되고 있다. 이러한 입장들을 급진적 세계시민주의, 반세계시민주의, 그리고 온건한 세계시민주의로 나눌 수 있는데, 다음에서는 세계시민주의 이론가들의 입장을 간략하게 살펴보도록 한다.

세계시민주의자들은, 급진적 입장이든 온건한 입장이든, 근대적 국가중심의 체제는 세계화의 시대에 그 정당성을 더 이상 유지할 수 없다는 입장에 동의한다. 이들의 관점에서 본다면 세계화의 현 시대를 살아가는 개인은 한 국가의 시민으로서 더 이상 만족하지 않고 세계시민으로 살아가기를 원한다. 그래서 세계시민주의자들은 기존의 개별 국가체제가 더 이상 개인의 권리와 자율성을 담보하지 못한다는 한계성을 지적하고, 세계적 차원의 정치체계와 사회시스템의 필요성을 다양한 방식으로 역설하고 있는 것이다.

대표적인 세계시민주의자인 싱어(Peter Singer)는 근대의 이념인 국가주권의 절대성을 거부하고, 근대의 국가체제가 세계화에 기반한 신자유주의적 경제를 통제하지 못하고 있음을 근거로 세계화 시대에 적합한 정부를 개발해야

한다고 주장한다. 세계화 시대에는 경제를 움직이는 자본이 국가의 경계를 넘어 탈영토화 되고 있으며, 인간 개인의 삶과 사회 전반을 움직이는 이러한 거대한 시스템의 변화는 기존의 국민국가가 감당할 수 없는 초국가적인 법에 근거한 새로운 정치체제의 등장을 요구한다는 입장이다.

〈피터 싱어〉

앨브로우(Martin Albrow)는 보다 급진적이다. 그에
따르면 근대 민족국가가 낳은 도구적 합리성, 관료제, 자
연 파괴의 문제 등을 제대로 극복하기 위해서는 이런 근
대성에 기초하고 있는 국가와 결별하고, 이들 문제를 지
구적 차원에서 다루는 정부, 이른바 '세계국가'를 마련
해야 한다는 것이다.

〈마틴 앨브로우〉

보다 온건한 입장도 있다. 하버마스(Jürgen Habermas)는 세계시민사회
의 필요성에 무게를 두면서 국가의 자율성에 제한을 두려는 입장을 취한다.
그는 세계시장의 출현과 생태계의 위협 등으로 인해 현재의 국민국가나 민족
국가가 더 이상 지탱할 수 없는 상태에 놓여 있다고 진단하고, 그렇다고 국민
국가를 당장 철폐할 것은 아니지만 ─ 철폐한다는 것이 현실적인 것도 아니지
만 ─ 지금의 '민족적 연대'는 '(세계)시민적 연대'로 지양되어야 한다고 주장
한다.

국제 분쟁과 세계경제의 불균등, 그리고 국제인권과 환경파괴의 문제 등,
세계화 시대의 현안을 해결하기 위해 구체적으로 하버마스는 전 세계적 차원
에서 평화를 유지하고 인권을 실현하며 환경을 보호하기 위해서는 유럽연합
과 같은 모델에 따라 정치적 공론장을 활성화하고, 기존의 유엔총회가 세계시
민의회를 구성하여 (각국의) 시민대표가 참여하는 '국제의회'를 설립해야 할
것을 강조한다. 세계정부의 구성이 불가능하거나 힘들지 모르지만, 국가의 대
표가 아닌 세계시민의 대표기구로서 '국제의회'는 반드시 필요한 조건으로 인
식하고, 입법기관으로서의 국제의회가 제정한 세계시민법은 개별 국가의 정
부를 구속할 수 있는 정도의 권한을 부여하여 국제의회를 제도화해야 할 것을
주장한다. 이렇게 함으로써 실질적인 세계평화를 담보할 수 없었던 고전적인
국제법 질서를, 세계의 모든 국가를 구속력 있게 묶을 수 있는 세계적 수준의
'헌법'을 갖춘 새로운 세계시민 중심의 질서체계로 바꾸는 것이 필요하다고

보았다.

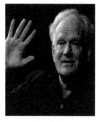

〈울리히 벡〉

벡(Ulich Beck) 역시 세계시민적 국가의 건설을 세계화 시대의 대안으로 생각한다. 그는 경제적 관점에서 국가권력을 수단으로 생각하는 '신자유주의' 체제에 반대하며, 특히 미국과 같은 하나의 강대국이 세계의 인권, 정의, 평화의 문제를 일방적으로 지배하려는 것에 대해 강하게 거부한다. 그러나 하버마스와는 달리 벡은 민족이나 개인의 특수성을 인정하면서도, 초국가적 연대를 통한 민족국가의 역량을 강화하여 세계화 시대의 신자유주의적 경제권력에 대항하는 "세계시민적 현실정치"를 지향하는 것이 특징이다.

〈오트프리트 회페〉

회페(Otfried Höffe)의 경우 기존 국가의 해체는 인류의 풍요로운 자산을 훼손시킬 뿐 아니라 인간의 정체성을 위협하는 것이므로, 국민국가를 해체하는 방식으로의 세계국가 건설은 바람직하지 않은 것으로 보고, 그 대안으로 "부드러운 세계공화국(soft world republic)"의 필요성을 주장한다. 부드러운 세계공화국이 범세계적 문제를 해결하는 데 필요한 세계시민법은 기존 국가의 시민법을 폐기하지 않고 이를 존중하고 보완하는 방식으로 기여해야 한다고 본다. 그리고 시민의회인 세계의회와 국가의회인 세계상원으로 구성된 세계입법부와, 세계형법을 관장하는 세계법정으로 제도화된 '(부드러운) 세계공화국'이 현존 국가 차원에서 해결할 수 없는 문제를 조율하고 보조하는 역할을 함으로써, 세계공화국이 (국민)국가의 주권과 관련하여 보조성의 원칙에 충실할 수 있는 제도로 확립되는 것이 필요하다는 주장이다.

그런데 세계시민주의에 입각한 이러한 입장들은 그것이 급진적인 것이든 온건한 것이든, 국민국가와 민족국가를 옹호하는 반세계시민주의자들로부터 많은 비판을 받는다. 특히 슈미트(Karl Schmidt)와 같은 학자들은 세계시민주의 사상에 반영된 인권의 보편성과 지구적 정의 개념이 또 다른 강대국을 양산하여 약소국인 제3세계를 식민지화하는 전략적 관점으로 전락하고 말 것이라고 보고, 세계시민사회의 필연성을 전제하고 그 속에 민족적 공동체를 예속시키는 것은 절대 찬성할 수 없는 일이라고 주장한다.

〈칼 슈미트〉

롤즈(John Rawls)의 경우 슈미트처럼 세계시민주의 자체를 적극적으로 반대하는 것은 아니지만, 세계시민주의와 그에 기반한 세계정부의 구성없이도 국제주의적 관점을 유지할 수 있는 가능성에 대해 언급하고 있다. 그는 자신의 '정치적 자유주의' 관점에 입각해 적극적인 세계

〈존 롤즈〉

시민사회를 모색하기 보다는 국가들 사이에 발생하는 갈등을 최소화하는 안정된 만민사회를 지향한다. 이러한 입장은 세계시민주의 정신과 필요성에 동참하는 것은 아니지만, 자유주의에 입각한 국제주의를 지향하는 것으로 해석할 수 있겠다.

지금까지 우리는 세계화 시대에 등장하는 초국가적 문제를 해결하기 위한 방안으로, 그리고 국민국가의 한계를 극복하고 세계시민의 권리와 자유를 보장하기 위한 다양한 정치—사회적 논의들을 세계시민주의를 찬성하는 입장과 반대하는 입장으로 나누어 살펴보았다. 우리는 분명 세계국가론이나 세계정부론이 지닌 전체주의적 위험도 피해야 하고, 또한 국가주의가 안고 있는 글로벌 시대의 한계도 극복해야 한다. 따라서 국민국가, 민족국가와 세계시민사회를 새롭게 조화시키는 길을 모색하지 않을 수 없다. 과연 우리는 한 국가의 국민으로서, 그리고 세계의 시민으로서 어떤 입장을 옹호해야 할 것인가? 어떠한 선택이 세계화의 시대 인류의 미래를 밝게 할 것인가?

3. 세계시민주의가 우리에게 요구하는 조건들
  : 피터 싱어의 세계시민주의[2]

하나의 세계에서 세계시민주의를 실현하기 위한 윤리적 기준은 무엇일까? 우리가 살아가는 이 세계에는 비참한 정도의 가난으로 살아가는 10억 이상의 사람들이 있다. 현재 세계인구가 약 65억 정도이니, 가난으로 고통 받는 10억 이라는 숫자는 우리들의 상상을 초월하고도 남는 숫자이다. 그런데 "자선은 가정에서부터 시작된다"라고 사람들은 말한다. 이것을 보다 명확히 표현하면, "우리는 해외의 가난을 돕기에 앞서 우리나라의 가난부터 돌보아야 한다"는 주장이다.

우리는 우리나라 국민의 이익을 다른 나라 국민의 이익보다 훨씬 더 우위에 둔다. 그러면서도 한편으로 우리는 모든 인간이 어떤 권리를 가지고 있으며, 모든 인간 생명은 동등한 가치를 가진다는 인권 선언을 의심의 여지없이 지지한다. 이런 서로 다른 태도는 조화를 이룰 수 있을까? 민족과 국가를 넘어 세계시민으로서의 윤리적 기준을 우리는 충족할 수 있을까? 이러한 질문에 대답하는 과정에서 우리는 '하나의 세계', '세계시민'이라는 개념을 고찰하는 데 한걸음 나아가고자 한다.

우리가 외국인보다 우리 동포와 국민을 더 선호한다면 거기에는 합당한 근거가 있는 것인가? 국가에 대한 몇몇 견해에 따르면 동일한 국가의 구성원이 된다는 것은 가족과 친족이 확정되는 것과 같은 원리에서이며, 이러한 친족주의가 확장된 형태가 국가라는 견해를 보여준다.

만약 우리와 같은 인종의 사람들 혹은 '우리와 같은 피를 가진' 사람들을 우선해야 한다는 생각을 거부한다면, 모든 국민은 같은 민족 또는 인종이므로 국민이 일종의 확장된 친족이라는 의미에서 우리는 같은 국민을 옹호해야 한다는 직관을 옹호하기 어렵다. 국민이라는 것과 민족이라는 것은 너무나 밀접하게 연결되어 있기 때문이다.

그러나 우리가 살아가는 공동체가 반드시 친족 중심적인 배타적 성격만을 갖는 것은 아니다. 우리는 우리 자신의 안전과 영속성을 보장받기 위해 우리의 이웃에게 특별한 의무를 갖는다는 상호주의의 원칙에 입각해 공동체를 유지하는데, 이러한 상호주의의 원칙은 친족 중심적 배타주의를 필연적으로 전제하는 것은 아니다. 공동체를 유지하는 상호협력망은 국가 정체성의 원천이 되고, 이는 민족중심의 소극성과 국가의 경계를 넘어 확장될 수 있는 가능성을 충분히 함축하고 있다.

국가주의의 경계에 머물러 있어야만 하는 어떠한 이유도 세계시민주의의 필요성을 약화시키지는 않는다. 타 국민의 생존을 위협하는 빈곤 앞에서 자국민의 이익을 우선시 할 수 있는 어떠한 논리도 정당화될 수는 없으며, 우리에게는 얼마 되지 않는 비용을 가지고 실로 곤궁한 타인의 복리에 절대적으로 중요한 변화를 일으킬 수 있을 때마다 발생하는 의무보다 우선할 수 있는 것은 없다.

이러한 논거에 비추어 볼 때, 해외원조는 자국민의 이익을 모두 실현하고 그 다음에 고려해야 할 부차적인 문제가 아니다.

이제 우리는 지구 공동체의 삶을 시작하고 있다. 세계의 거의 모든 나라가 온실가스 배출에 대한 강제력 있는 합의에 도달했다. 전 지구적 경제가 세계무역기구(WTO), 세계은행, 국제통화기금(IMF)을 만들어냈다. 그리고 국제사법재판소가 전 지구적 차원의 문제를 해결하기 위해 법적인 지위를 행사하고 있다. 그 결과 세계시민의 인권 문제와 타국에 대한 군사적 개입에 대해 예전과 다른 생각을 하게 되었다. 이러한 변화는 우리가 지구 공동체로 발전해 가는 과정에 있다는 것을 보여준다.

전 지구적 해결을 요하는 문제가 점점 더 늘어날수록, 어떤 나라가 독립적으로 그 나라의 미래를 결정할 수 있는 여지는 줄어들게 된다. 따라서 우리는 전 지구적 결정을 하는 기구들을 강화할 필요가 있다. 그리고 그러한 기구의 영향을 받는 사람들에 대해 그 기구들이 더욱더 책임감을 느끼게끔 만들어야 한다. 이러한 생각을 구체화 할 때, 우리는 세계시민이 직접 선거를 통해 구성하는 입법부를 갖춘 지구 공동체에 대한 구상이 헛된 것이 아님을 실감하게 된다.

아마도 이런 구상은 유럽연합(EU)의 노선에 따라 점진적으로 발전할 것이다. 우리는 어떻게 전 지구적 기구들이 위험한 독재체제나 자기 팽창적인 관료주의를 방지하고, 효율적이면서도 세계시민의 필요와 요구에 민감하게 대응하는 기구를 건설해 낼 것인가?

급진적 변화는 인류에게 더 큰 위협을 불러올 수도 있다. 그러나 우리는 국경의 중요성을 약화시키고 더 커다란 전 지구적 통치를 향해 점진적으로 다가가는 실용적인 접근방식을 채택할 수 있을 것이다.

15~16세기는 세계가 둥글다는 것을 증명한 탐험여행으로 유명하다. 18세기는 보편적 인권을 최초로 천명했다. 20세기의 우주정복은 인간이 지구 위의 어느 지점에서가 아니라 지구 바깥에서 우리 지구를 보는 것을 가능케 해 지구를 말 그대로 하나의 세계로 보게 만들었다. 이제 21세기는 바로 이 단일한 세계에 적합한 형태의 정부를 개발하는 과제에 직면해 있다. 이것은 도덕적, 지적으로 힘겨운 도전이지만, 우리가 떠맡지 않을 수 없는 일이다. 세계의 미래는 우리가 이 도전에 얼마나 잘 대처하는가에 달려있다.

4. 토론 및 수행 과제

1) '총각'이라는 단어의 사전적 의미는 '결혼하지 않은 성년 남자'이다. 즉, 어떤 사람 X가 총각이라는 조건을 만족하려면 그 사람은 미혼이어야 하고, 성

년이어야 하며, 성별이 남자이어야 한다. '총각' 개념에 대한 분석을 다음과 같이 표현할 수 있다.

$$X는 총각이다. \quad \rightleftharpoons \quad ① X는 미혼이다.$$
$$② X는 성년이다.$$
$$③ X는 남자다.$$

그렇다면 '세계시민주의' 개념은 어떻게 규정할 수 있을까? 앞에서 기술된 내용을 바탕으로 자신의 입장이 ⑴ 반세계시민주의, ⑵ 급진적 세계시민주의, 그리고 ⑶ 온건한 세계시민주의 중 어떤 입장인지 결정하고, 자신의 입장에 맞는 세계시민주의자의 조건들을 아래에서 찾아 완성해보자.

나는 (   ) 세계시민주의자이다.
$$\rightleftharpoons \quad ① X는 \underline{\hspace{4cm}}.$$
$$② X는 \underline{\hspace{4cm}}.$$
$$③ X는 \underline{\hspace{4cm}}.$$
$$④ X는 \underline{\hspace{4cm}}.$$
$$⑤ X는 \underline{\hspace{4cm}}.$$

2) 지난 런던 올림픽 축구 3-4위 결정전에서 한국이 일본을 이긴 직후 국가대표 축구선수 박종우는 "독도는 우리땅"이라는 글자가 적힌 종이를 들고 세리머니를 펼쳤다. 그런데 국제올림픽위원회(IOC)의 올림픽 헌장에 따르면 "올림픽 도중 어떠한 시위나 정치적, 종교적, 또는 인종차별적 선전도 금지한다"고 명시되어 있다. 이에 따라 IOC는 박종우 선수가 올림픽 헌장에 명시된 규정을 위반하였다는 이유로 징계여부를 심사하고 있으며, 동메달 증명서

는 발급하였지만 동메달은 아직 수여하지 않고 있다(최근에 수여되었음). 국제
축구연맹(FIFA)은 같은 이유로 박종우 선수에게 FIFA 징계 규정 57조, 런던올
림픽대회 규정 18조 4항 위반으로 대표팀의 공식경기 2경기 출전정지와 3,500
스위스 프랑(약 410만 원)의 벌금 처분(2012. 12. 3일 FIFA 결정)을 내렸다. 박종
우 선수를 징계하는 것은 과연 정당한가? 애국주의적 관점과 세계시민주의적
관점으로 나누어 박종우 선수의 행위가 어떤 의미를 갖는지 토론해보자. 그리
고 세계시민적 관점에서도 박종우에 대한 징계가 부당하다고 판단한다면 그
근거들을 논증문의 형식으로 작성해보자.

3) 김영환씨는 평화주의 신념과 동성애 지양(止揚)을 이유로 병역을 거부
해오다 지난 2009년 7월 캐나다로 망명하게 되었다. 캐나다 정부는 "동성애자
인 김영환씨가 한국의 군대에 입대할 경우 정황상 학대받을 가능성이 높고, 한
국에서는 동성애자가 사회적으로 혐오의 대상으로 간주되기 때문"에 김영환
씨의 망명을 인정하는 결정을 내렸다. 김영환씨는 현재 캐나다에서 바텐더로
일하며 학업을 계속하고 있다. 아래의 표를 작성하면서 김영환씨 망명의 정당
성과 부당성을 평가해보자. 애국주의적 관점과 세계시민의 관점에서 김영환
씨 망명의 정당성과 부당성을 동료들과 토론하고, 애국주의과 세계시민주의
가 충돌하지 않는 가장 적절한 해결방안을 생각해보자(과제 수행을 위해 스마트
폰으로 기사를 검색해도 좋다).

	정당성	부당성
애국주의 관점	1. 2. 3. 4. 5.	1. 2. 3. 4. 5.
세계시민의 관점	1. 2. 3. 4. 5.	1. 2. 3. 4. 5.

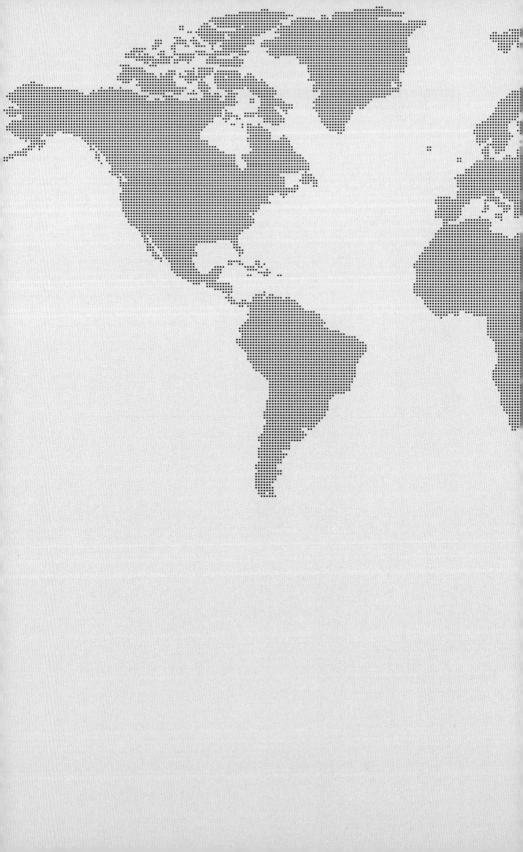

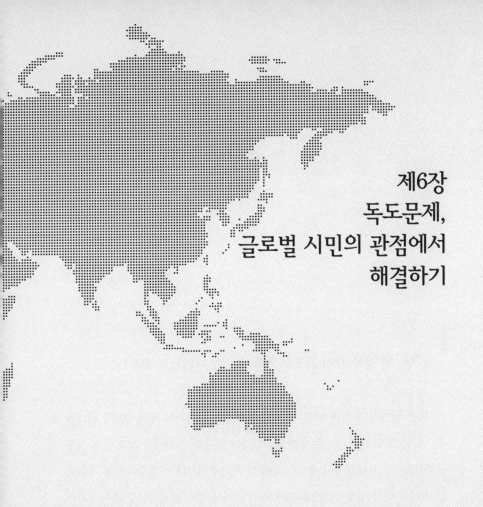

제6장
독도문제,
글로벌 시민의 관점에서
해결하기

 생각 꺼내기

글로벌 시민으로서 갖추어야 할 사회·정치적 조건은 무엇인가?

1. 한·일 양국 간의 독도분쟁과 글로벌 시민으로서의 나

이전 장에서 우리는 사회-정치적 문제들과 관련하여 세계시민이 된다는 것, 세계시민의 관점으로 문제를 해결한다는 것이 어떤 의미를 갖고 있는 지를 살펴보았다. 그 과정에서 우리는 단순히 애국주의자나 민족주의자에 머무르는 것이 아니라 세계시민이 되어야 하는 근거에 대해 세계시민주의 사상가들의 이론을 바탕으로 알아보았다. 기존의 국가 개념과 국가의 역할을 초월하는 국제 관계의 중요성과 글로벌한 차원에서의 문제인식과 그 해결이 중요함을 느낄 수 있었고, 특히 국제법과 국제기구에 대한 이해가 세계화의 시대를 살아가는 "세계시민으로서의 나"를 발견하는 데 필수적인 것임을 이해할 수 있었다.

본 장에서는 전 장의 내용을 바탕으로 현재 우리에게 가장 큰 이슈가 되고 있는 문제들 중 하나인 독도 영유권 문제를 세계시민의 관점에서 해결할 수 있는 방안에 대해 고민해보려고 한다. 독도문제와 관련하여 우리들은 지금까지 민족적 시각과 국가주의의 시각에서 크게 벗어나지 못하면서 감정적으로만 대응해 왔던 것이 사실이다. 그러나 사회-정치적 영역까지도 세계화가 진행된 현실에서 독도 영유권의 문제를 민족적, 국가적 차원에서 해결할 수 있다는 생각은 더 이상 실효성을 갖지 못하는 것 같다.

지금까지 우리는 독도가 한국의 영토임을 당연시하고 독도를 분쟁지역화하려는 일본의 시도에 감정적 대응만을 해왔을 뿐, 독도가 왜 한국의 영토인지 그 근거에 대해 분쟁 상대인 일본과 제3국의 국민들에게 논리적으로 설득하려는 노력은 게을리 해 온 것이 사실이다. 그러나 이러한 태도는 세계화 시대를 살아가는 세계시민의 관점에서 볼 때는 반드시 극복해야 할 과제이다. 이를 극복하기 위해서는 우선 독도 영유권 문제와 관련한 국제 관계와 국제법의 문제를 잘 이해하고, 독도가 분쟁지역화 되었을 경우, 우리가 국제무대에서 국제기구의 역할을 통해 해결할 수 있는 방안에 대해 준비되어 있지 않으면 안 될 것이다. 우선 독도 영유권 문제와 관련한 한·일 양국의 입장을 국제관계와 국제법의 차원에서 살펴본다.

이를 위해서 우선 2012년 10월 14일 KBS에서 방영한 다큐멘터리 "일본은 독도를 포기했다"(이인수 PD 연출, KBS 미디어 기획·제작)를 시청하고, 다큐멘터리의 주인공으로 등장하는 호사카 유지 교수(세종대학교 독도연구소 교수)의 논거를 정리해본다. 그리고 독도 영유권의 문제가 일본의 주장대로 국제사법재판소에서 국제법의 심판대에 오를 경우를 가정해보고, 독도 영유권의 진실을 국제무대에서 확고히 할 수 있는 방안에 대해 심도 있게 논의해보기로 한다.

2. 독도문제, 국제법과 국제관계의 시각에서 분석하기

2-1. 시청각 자료로 사용하는 "일본은 독도를 포기했다"의 내용 요약
[KBS스페셜 2부작 한·중·일 역사 분쟁]
"제2편, 일본은 독도를 포기했다"의 내용[3]

독도는 국제법적으로 일본영토이다? 일본은 국제사회가 독도를 일본 영토로 인정했다며 이달 중 독도 문제의 국제사법재판소(ICJ) 단독제소를 추진하기로 했다. 그에 더해 국제사법재판소의 강제관할권을 수락하라며 한국을 압박하고 있다. 독도를 명실상부한 분쟁지역으로, 국제여론을 완전히 일본 편으로 만들고 있는 그들만의 국제법 논리와 치밀한 홍보전략, 세계인의 머릿속에 대한민국 독도가 사라지고 있다! 본격적으로 시작된 국제법 전쟁. 우리는 이제 독도를 지키기 위해 일본이 강력하게 주장하고 있는 국제법적 근거들을 정면으로 반박하는 탄탄한 국제법적 근거를 준비해야 한다!

■ 대한제국의 독도 실효지배를 입증할 새로운 증거문서 최초공개!

그동안 1905년 일본의 시마네 현 독도 편입을 입증하는 시마네 현 고시는 국제법적으로 인정받는 증거문서이다. 하지만 우리는 1905년 이전에 독도를 지배했다는 확실한 증거가 없었다. 취재진은 6개월간의 추적 끝에 대한제국의 독도 실효지배를 입증하는 강력한 증거문서를 발굴했다. 일본인이 독도에서 잡은 전복, 강치에 대해 울릉도 도감이 세금을 징수한 사실! 이는 대한제국이 독도를 확실하게 관리하고 있었다는 증거이다.

■ 샌프란시스코 평화조약은 과연 독도가 한국 영토임을 부정하는가?

일본은 샌프란시스코 조약 2조 a항 '일본이 포기해야 할 한국의 영토'에 독도가 없고, 이는 미국과 연합국이 독도를 일본 영토로 인정한 것이라며 이를 전 세계에 대대적으로 홍보하고 있다. 과연 독도가 빠진 조약의 영토조항은 일본의 국제법적 근거가 될 것인가? 세계적인 국제법학자들의 진단과 일본 대표적 학자의 양심고백, 그리고 KBS스페셜 제작진이 미국 국립문서보관소에서 발굴한 국무부 비밀문서를 통해 마침내 진실을 밝혀낸다. 그 과정에서 드러난 또 하나의 비밀. 조약문을 작성하면서 독도를 놓고 벌어진 치열한 외교전들을 추적했다.

> "당시(6.25전쟁) 한반도 정세는 이승만 대통령의 망명처를 생각할 정도로 어려운 상황…… 그래서 조약 초기에는 독도를 한국영토로, 나중에는 시볼트의 의견서까지 수용하면서 독도를 일본영토로 생각……"
>
> – 와다 하루키 / 도쿄대학교 명예교수

■ 방송 사상 최초로 러스크 서한을 정면으로 반박한다!
일본 비장의 무기, 딘 러스크 서한의 비밀

"통상 무인도인 이 바위섬은 우리들의 정보에 의하면 한국의 영토로 취급된

적이 결코 없으며, 1905년경부터 일본의 시마네 현 오키섬 지청의 관할 하에 있다…… 후략"

               – 딘 러스크 서한(1951.08.10.)

  딘 러스크 서한은 평화조약과 더불어 최고로 강력한 일본의 무기였다. 러스크 서한은 평화조약에 독도를 한국영토로 명기해 달라는 우리 정부의 요청을 거절하면서 독도는 일본영토라고 답변한 미 국무부의 비밀문서다. 이제껏 한국 외교부와 대부분의 학자들은 이에 대한 언급 자체를 꺼려 왔다. 그것이 한국에 불리한 결정적 근거라고 생각했기 때문이다. 러스크 서한은 과연 독도가 일본 영토라는 국제법적 근거가 될 수 있는가? KBS 스페셜에서는 방송 사상 최초로 이를 정면 반박한다. 딘 러스크 서한이 나오기까지 일본과 미국에 어떤 이야기가 오갔으며, 독도에 대한 미국의 진의는 무엇인가?

 ■ 우리나라 독도 실효지배의 시작, 1952년 이승만 평화선!
  그리고 65년, 일본은 독도를 포기했다.
  방송 최초로 공개되는 사토 수상의 충격 발언은 무엇인가?

  1953년 독도에서 한일 간에 총격전이 벌어졌다. 일본인들이 독도에 박아 놓은 말뚝 때문이었다. 그러나 일본 정부는 이 사건을 묵인했다. 이런 일이 가능했던 이유는 52년 발표된 이승만 평화선 때문이었다. 1952년 샌프란시스코 조약이 발표되기 직전 우리 정부는 평화선을 통해 독도가 대한민국의 영토임을 전 세계에 선언했다. 일본의 강력한 항의에도 불구하고 14년간 독도를 지킨 이승만 평화선, 우리나라 독도 영유권의 정치적 정당성을 확보한 이승만 평화선을 재조명한다.
  1965년 체결된 한일기본회담에서 가장 어려운 문제는 바로 독도였다. 일본 정부는 독도를 명백한 분쟁지역으로 규정하고 이를 국제사법재판소에 회부할 길을 마련하려고 했다. 그러나 한국 측 역시 한 치도 양보하지 않았고 자칫하면 일본과의 국교 정상화 자체가 무산될 뻔했던 위기상황, 당시 한일 양국의 치열한 신경전을 실무자들에게 직접 들었다. 이들이 밝히는 한일기본회담의 내막, 그리고 독도에 관한 사토 수상의 충격 발언! KBS 스페셜에서는 한일기본회담에서 일본정부가 사실상 독도를 포기했음을 보여주는 비밀문서를 방송 최초로 공개한다.

> "'독도를 포함한'이라는 그 구절을 일본 수상이 지워버린 겁니다. 일본 총리가 지웠어요."　　　　　　　　　　　　　　－오재희 전 외무부 차관
> "그것은 엄청난 문제발언이었습니다. 그 말이 나온 이유는 사실상 포기했기 때문에 할 말이 없는 거예요."
> 　　　　　　　　　　　　　　－호사카 유지 / 세종대학교 독도연구소 교수

2-2. "일본은 독도를 포기했다" 영상에 등장하는 호사카 유지 교수의 논거 정리

KBS 스페셜 다큐멘터리 "일본은 독도를 포기했다"의 주인공 역할로 등장하는 세종대학교 독도연구소 호사카 유지 교수의 논거를 다음과 같이 일본 측 주장에 대한 반박과 이에 맞서는 한국 측 주장의 국제법적 근거들로 요약할 수 있다.

〈일본 측 주장 1〉
1951년 샌프란시스코 평화조약에서 연합국 49개국이 독도를 일본의 영토로 승인하고 서명했다.

〈일본 측 주장 1에 대한 반박〉

1. 샌프란시스코 조약 원본의 영토조항에는 2차 세계대전 종식 후 일본이 반환해야 할 영토에 독도가 포함되어 있지 않을 뿐, 독도가 일본 영토라는 기록은 없다. 반환해야 할 영토에 독도가 포함되어 있지 않다는 것을 가지고 독도가 일본 영토라고 주장하는 것은 영토조항에 대한 확대해석이다.

2. 조약 초안에는 독도가 한국의 영토임이 명시되었으나 이후 일본의 영토로 수정되었다. 그러나 이것은 일본이 당시 미 국무부 정치 고문인 지볼트를 로비한 결과이다.

3. 미국을 제외한 다른 연합국들은 독도를 한국의 영토에서 제외한다는 조약 초안에 서명하지 않았다. 오직 미국만이 자국의 이익을 위해 입장을 변경했을 뿐이다.

4. 미국에 샌프란시스코 조약에서 독도를 한국 영토에서 제외한 것은 독도가 일본 땅임을 인정한 것이 아니라 독도를 자신의 전략적, 군사적 목적으로 활용하려는 목적이었다.

〈일본 측 주장 2〉

미국은 샌프란시스코 협정 체결 당시 '러스크 서한'을 통해 독도가 일본의 영토임을 확고히 했다.

〈일본 측 주장 2에 대한 반박〉

1. 러스크 서한은 미국의 입장일 뿐, 연합국 전체의 합의를 거친 것이 아니었다.

2. 당시 미국은 독도 문제 해석에 대한 어떠한 법적 권한도 갖고 있지 않다. 러스크 서한에는 단지 미국 측의 입장만이 반영되어 있을 뿐 법적 구속력이 있는 것은 아니다.

3. 러스크 서한은 한국과 일본에만 비밀문서로 통보되었을 뿐, 다른 연합국에는 보고조차 하지 않았다.

〈한국 측 주장 1: 스카핀 677조의 국제법적 효력〉

샌프란시스코 협정 이전에 일본은 '스카핀 677호'(일본이 패전하면서 한국에게 반환해야 할 영토에 관한 연합국 법령)에 서명하였으며, 여기에는 독도를 한국에 반환해야 한다는 조항이 들어 있었다. 스카핀 677조는 명시적 변경의 사유가 없다면 계속 유지되는 것이 법해석이며, 샌프란시스코 협정에 스카핀 677조를 부인하거나 수정해야 한다는 조항이 없으므로 스카핀 677조는 유효하다. 그리고 스카핀 677조는 서명 후 각서의 형태로 일본 정부에 전달되었으며, 일본 정부는 이를 수용하였으므로 독도에 대한 포기 의사가 법적으로도 분명한 것이다.

〈한국 측 주장 2: 국제해양주권 선언, 이승만 평화선〉

한국전쟁 당시 이승만 초대 대통령은 한국의 영토가 다른 나라에 넘어갈 위험이 있음을 예상하고 '이승만 평화선(Lee Seungman Peace Line)'을 선포하여 독도를 합법적인 한국의 영토로 명시하였다. 이승만 평화선 선언 후 일본은 전례가 없고 불법적이라고 반발하였다. 그러나 해양주권 선언에 관한 선례는 얼마든지 있다. 1945년 미국은 '연안 어업에 대한 선언'과 '해저와 지하자원에 관한 선언'을 통해 자국의 영토에 대한 영유권을 법제화 한 적이 있었으며, 다른 유사 사례가 존재한다. 그리고 당시 일본의 수상인 하토야마 이치로는 이승만 평화선에 대한 어떠한 반대의견도 공표하지 않았으며, 따라서 정황상 이승만 평화선을 인정했다는 해석이 가능하다.

〈한국 측 주장 3: 한일 기본협정에서 일본 수상이 직접 독도 조항 삭제
명령〉

한일 기본협정 당시 일본은 독도를 한일 간의 영토분쟁지역으로 보고 분
쟁을 법적으로 해결하자고 주장했으나, 한국 측은 독도를 분쟁지역으로 인정
하는 것 자체를 끝까지 거부하였다. 일본 측은 한일협정이 좌초되는 것을 우려
하였고, 결국 수상이 직접 협정 문서에서 독도 조항을 삭제할 것을 지시했다.
따라서 한일 기본협정에는 독도 영유권과 관련한 어떠한 조항도 없으며, 이
는 일본이 독도 영유권을 사실상 포기했음을 시사한다. 다만, "분쟁이 있을 경
우 제3국의 '조정'으로 해결 할 수 있다"는 조항이 남아 있지만, 제3국에 의한
'조정'은 국제법상 아무런 법적 효력을 갖지 못한다.

3. 국제기구를 통한 독도문제 해결가능성 모색

앞서 기술한 바와 같이 우리는 독도 영유권 문제를 한국과 일본 양자의 문
제가 아닌 국제관계와 국제법의 차원에서 독도 영유권의 진실을 논리적으로
분석해보았다. 독도의 문제가 한·일 양자 간의 문제에 머물지 않고 국제분쟁
으로 인식될 경우, 우리는 어떻게 대응해야 할 것인가? 물론 독도 문제를 국제
분쟁화하는 것이 일본 측의 의도이긴 하지만, 그렇다고 해서 그러한 도전에 대
응하여 준비조차 하지 않는 것은 영토주권을 지키기 위한 적극적인 자세라고
할 수 없을 것이다.

또한 우리가 고민해야 할 것은 대한민국의 국민으로서 자기 것을 지키려
는 노력과 함께, '세계시민'으로서 우리는 이 문제를 어떻게 해결하는 것이 바
람직한가라는 물음에 대답하는 것이다. 국민의 입장에서는 국가의 영토주권

을 지키기 위해 최선의 노력을 다하는 것이 마땅한 일일 것이다. 그렇다면 '세계시민'으로서 우리는 과연 무엇을 해야 할 것인가? 전술된 내용에서 우리는 그 단서를 찾을 수 있었다. 현재 우리는 글로벌 사회에 살고 있으며, 따라서 모든 문제는 국가의 경계를 초월한 글로벌한 차원에서 해결 될 수밖에 없다. 독도 문제도 마찬가지이며, 독도 문제를 세계시민의 관점과 글로벌한 차원에서 해결하기 위해서 우리는 국제기구를 통한 독도 문제의 해결 가능성을 살펴보게 될 것이다.

1) 국제연합(UN)과 국제사법재판소의 역할과 독도 영유권의 문제

유엔은 국가 단위에서 해결할 수 없는 국제적인 차원에서의 평화와 안전을 유지하는 데 목적을 두고 설립된 국제기구이다. 따라서 유엔이 갖고 있는 임무와 권한은 첫째 "평화에 대한 위협, 평화의 파괴 및 침략행위가 발생하면 이를 중지하기 위한 유효한 집단적 조처를 하는 것"과, 둘째로는 "평화의 파괴로 우려되는 국제적 분쟁이나 사태가 발생하면 분쟁당사국의 평화적 수단을 이용하여 분쟁을 해결하도록 돕는 것"[4]으로 요약할 수 있다.

유엔을 구성하는 기구에는 '안전보장이사회'와 '총회'가 있다. 국제분쟁이 발생할 경우 안전보장이사회는 국제평화와 안전의 유지를 위해 이사회가 주도하는 사실조사를 실시할 권한이 있다. 또한 안전보장이사회는 유엔헌장 제33조에 규정된 성격의 분쟁 또는 유사한 성격의 사태와 관련하여 지속되는 법률적 문제를 국제사법재판소에 회부하도록 권고할 수 있는 권한도 갖고 있다.

총회는 유엔 회원국과 비회원국에 의해 회부된 국제평화와 안전을 위협하는 사태에 대해 토의할 수 있으며, 결정된 사항을 당사국과 안전보장이사회에 권고할 수 있는 자격과 역할을 갖고 있다. 그리고 유엔총회 주도하에 유엔헌장의 범위 내에서 다룰 수 있는 사항을 토의하고, 결의한 사항에 대해 유엔 회원 국과 안전보장이사회에 대해 권고할 수 있는 권한을 갖고 있다.

국제사법재판소는 분쟁 당사자로부터 독립된 지위에 있는 제삼자로서의 재판기관으로 국제법에 근거해 국제분쟁을 해결하는 역할을 한다. 최초의 국제상설재판소는 1907년 중미 5개국이 설립한 중미사법재판소로 알려져 있는데, 엄밀히 말해 국제사회의 요구로 국제연맹의 규약에 따라 창설된 국제사법재판소는 1920년에 설립된 상설국제사법재판소(Permanent Court of International Justice, PCIJ)이다. 현재의 국제사법재판소(Internation al Court of Justice, ICJ)는 1945년 채택된 유엔헌장과 재판소 규정에 의해 새롭게 창설된 것인데, PCIJ 헌장을 그대로 계승하여 연속성을 유지하고 있다. 그러나 현재의 국제사법재판소인 ICJ가 PCIJ와 다른 점은 유엔헌장 92조에 의거 유엔의 정식 기구로 인정받게 되었다는 점이다.[5]

국제사법재판소는 15명의 재판관으로 구성되며, 재판관이 될 수 있는 사람들은 덕망이 높고 자국에서 최고의 재판관에 임명될 자격이 있거나, 국제법에 정통한 권위있는 법학자이어야 한다. 재판관의 국적은 상관없으며, 유엔 비가맹국의 국민이라도 국제사법재판소의 재판관이 될 수 있다. 그러나 동일 국적자 2인 이상이 국제사법재판소의 재판관이 될 수는 없다.

국제사법재판소는 자체 규약에 의하여 강제적 관할권을 수락하지 않는 한 양 당사자가 법원에 사건 해결을 부탁하기로 합의해야만 사건을 심사할 수 있다. 독도 분쟁처럼 일본이 원해도 한국이 응하지 않고, 유엔이 나서지 않으면 강제적 관할권이 없어 국제사법재판소에 제소되지 않는 것이 원칙이다. 실제로 1945년 9월 25일 일본이 독도 영유권 문제를 국제사법재판소에 제소하자고 한국 정부에 제의했지만, 한국 측의 거부로 무산된 전례가 있다.[6]

일단 국제사법재판소의 판결이 나면 그 결과는 최종적인 것이며 상소할 수 없다. 일반적으로 국제법원의 판결을 무시하면 국제사회에서 고립되기 마련이며, 이를 함부로 무시하는 정책을 시행하는 것은 개별국가로서는 쉽지 않은 일이므로 우리는 국제사법재판소에 독도문제를 제소하는 것 자체에 대해 거부하는 입장을 취해왔던 것이다. 하지만 현재 일본은 독도 문제를 국제분쟁으로 쟁점화하고, 이 문제를 국제사법재판소에 가져가기 위한 모든 수단을 강구하고 있는 실정이다. 국제법을 잘 이해하고 국제기구를 통한 해결방안에 대해 적극적인 자세를 취하지 않는다면 국제 사회에서 더 큰 영향력을 행사하고 있는 일본의 논리에 승복할 수밖에 없는 상황이 발생할 수도 있을 것이다.

2) 독도영유권 문제와 국제법적 쟁점 몇 가지
(1) 일본 정부는 1905년 독도(다케시마)를 시마네현에 편입하여 영유의사를 재확인함.

〈일본의 입장〉

시마네현 오키도민인 나카이 요자부로의 독도 편입 청원을 접수한 일본 정부는 1905년 1월 각의 결정으로 독도를 영유한다는 의사를 재확인하였으며, 2월 시마네현 지사는 독도가 오키도사의 소관이 되었음을 고시함과 동시에 당시 신문에도 게재하여 널리 일반인에게 알렸다. 일본은 독도를 관유지대장에 등록하고 독도 인근에서 강치 포획을 허가제로 하여 1941년 2차 세계대전으로 중지될 때까지 강치 포획을 계속하였다. 1900년 대한제국 칙령 제41호의 석도를 독도라고 하는 데는 의문이 있으며, 의문이 해소된다고 하더라도 한국이 독도를 실효적으로 지배했던 사실은 없다.

〈한국의 입장〉

1905년 시마네현 편입조치는 러일전쟁 중인 한반도 침탈과정에서 이루어진 것이며, 이미 확립된 대한민국의 독도 영유권에 대해 행해진 불법적 조치이다. 대한제국 칙령 제41호(1900년 공포)를 통해 독도의 행정구역을 재편하는 등 한국의 독도 영유권은 확고하였고, 1905년 당시 독도는 무주지가 아니었으므로, 일본의 독도편입 조치는 국제법상으로도 불법이다. 한국은 일본의 조치 사실을 안 즉시 독도가 한국의 영토임을 재확인 하였으나 을사늑약(1905년 11월)에 의해 외교권이 박탈된 상태였으므로 단지 외교적 함의를 제기하지 못했을 뿐이다.

(2) 샌프란시스코 평화조약 기초과정에서 한국은 일본이 포기해야 할 영토에 독도를 포함하도록 요구하였으나, 미국은 독도가 일본의 관할 하에 있다고 보고함으로써 한국의 요구를 거부함.

〈일본의 입장〉

1951년 9월 서명된 샌프란시스코 평화조약에서 일본은 조선의 독립을 승인함과 동시에, 일본이 포기해야 할 영토로 제주도, 거문도와 울릉도를 포함한 조선으로 규정하였다. 이때 한국이 독도와 파랑도의 영유권 문제를 제기하였으나 미국 측이 한국의 입장을 거부하였고, 한국 측은 사실상 미국의 입장을 수용하였다. 그 당시 미국의 입장에 따르면 독도는 역사적으로 일본의 영토이며, 샌프란시스코 평화조약에서 일본이 포기한 섬들에 독도가 포함되지 않았으므로 일본의 영토로 유효하다는 것이다.

〈한국의 입장〉

당시 연합국 최고 사령부는 일본 점령 기간 내내 다른 특정한 명령을 내린 바 없이 연합국 최고사령부지령(SCAPIN) 제677호를 적용하였으며, 샌프란시스코 평화조약 체결 직후 일본 정부도 당시 독도가 일본의 관할 구역에서 제외된 사실을 확인하였다. SCAPIN 677호는 독도를 울릉도와 함께 일본의 통치대상에서 제외되는 지역으로 규정하였다. 1951년 10월 일본 정부는 샌프란시스코 평화조약에 근거하여 일본 영역을 표시한 '일본영역도'를 국회 중위원에 제출하였는데, 그 지도에 분명하게 선을 그어 독도를 한국의 영역으로 표시하였다. 연합국이 2차 세계대전 후 샌프란시스코 평화조약 체결 때까지 독도를 일본에서 분리하여 취급한 것은 카이로선언(1943년) 및 포츠담 선언(1945년) 등에 의해 확립된 연합국의 전후 처리정책을 실현한 것이다. 즉, 독도는 일본의 본격적인 영토침탈 전쟁인 러일전쟁 중 폭력과 탐욕에 의해 약취된 한국의 영토이기 때문에 당연히 일본이 포기해야 하는 지역이다. 그리고 일본이 주장하는 미국의 해석은 효력이 없으며 조사 또한 잘못된 것이었다.[7]

(3) 일본은 다케시마 영유권에 관한 문제를 국제사법재판소에 회부할 것을 제안하였지만, 한국 측이 이를 거부함.

〈일본의 입장〉

한국의 다케시마 영유권 주장이 불법이므로 일본은 1954년 9월 국제사법재판소에 회부할 것을 제안하였으나 한국 측이 거부하였고, 1962년 한일외상 회담에서도 이 문제를 재차 제기하였지만, 한국은 이를 받아들이지 않은 채 현재에 이르고 있다.

〈한국의 입장〉

일본은 센카쿠열도나 남쿠릴열도에 대해서는 국제사법재판소 회부를 거부하면서 유독 독도에 대해서만 회부를 주장하고 있는 모순적 태도를 보이고 있다. 독도는 일본 제국주의의 한반도 침략과정에서 침탈되었다가 되찾은 역사의 땅이다. 독도는 명백한 대한민국의 영토이며, 국제사법재판소에 회부할 어떠한 이유도 없다. 오로지 일본이 침략의 역사에 근거한 독도 영유권 주장을 중단하는 것이 진실을 규명하는 길이다.

4. 토론 및 수행 과제

(1) 독도 영유권 문제가 실제로 국제사법재판소에 회부되는 상황을 가정해 보자. 그 경우 우리가 강구해야 할 방안에는 어떠한 것들이 있을까? 영토분쟁으로 국제사법재판소에 회부된 선례들을 조사하고, 사법재판소에서 이루어지는 재판과정에서 우리 측에 유리한 결정을 이끌어내기 위해서는 어떤 준비를 해야 할 것인가? 또한 국제기구를 통해 국제—정치적인 문제로 해결해야 한다면 어떤 절차와 과정이 필요한지 조사해보자.

(2) 지금까지는 독도 영유권 문제를 대한민국 국민의 입장에서 생각해왔을 것이다. 세계시민의 입장에 서려면 어떠한 관점의 변화가 필요할까? 만약 독도 영유권의 문제가 국제사법재판소에 회부되어 국제법상으로 일본의 영토로 확정된다면, 당신은 국제사법재판소의 결정을 받아들일 것인가, 아니면 거부할 것인가? 자신의 입장을 설득력 있게 주장할 수 있도록 논리적 근거를 정리하여 논증문으로 작성하고 동료들과 토론하자.

(3) 세계시민의 일원으로서, 다른 세계시민들과 소통하는 자세가 필요하다. 수행과제 (1)과 (2)를 바탕으로 독도 영유권 문제를 세계시민들과 소통할 수 있도록 인터넷 홍보자료를 만들어 보자. 글로벌 시민 네트워크(www. globalcitizens.org)나 옥스팜 글로벌 시티즌 교육네트워크(www.oxfam.org.uk/ education)에 제작한 자료를 게재할 수 있도록 프로젝트를 진행한다.

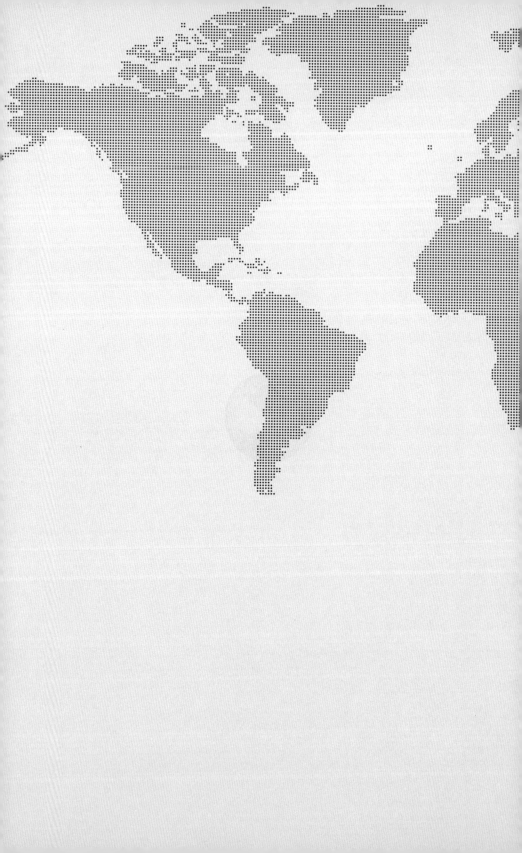

제7장
과학기술과
글로벌 시민정신 Ⅰ

-과학주의과 인문학주의 소통가능성-

 생각 꺼내기

과학주의는 인문주의와 소통이 가능한가?

1. 과학과 기술 그리고 인문학

다음과 같은 질문에 답해 보자.

▶ 과학이란 무엇인가?
▶ 기술이란 무엇인가?
▶ 그럼 인문학은 무엇인가?

우선 사전에서는 과학이란 단어를 다음과 같이 정의하고 있다.

> 영어와 프랑스어 'science'는 모두 어떤 사물을 '안다'는 라틴어 'scire'에서
> 연유된 말로, 넓은 의미로는 학(學) 또는 학문(學問)과 동일한 의미로 사용되
> 기는 하지만 독일어의 'Wissenschaft'는 학문(Wissen)과 명백히 구별되어
> 과학을 의미하며, 철학·종교·예술과 대립되는 개념으로 쓰이는 일이 많다.
> 좁은 의미로는 모두 자연과학을 뜻한다. 즉, 과학은 어떤 가정 위에서 일정

한 인식목적과 합리적인 방법에 의해 세워진 광범위한 체계적 지식을 가리키는 동시에 자연 연구의 방법과 거기에서 얻어진 과학지식이 축적되어 온 까닭에 자연과학과 같은 뜻으로 쓰인다. 보다 넓은 의미로는 인간의 욕구나 욕망에 적합하도록 주어진 대상을 변화시키는 모든 인간적 행위를 말한다."

여기서 우리가 알 수 있는 것은 과학이라는 것이 자연을 이해하고 알아가고자 하는 인간의 욕구에 부응하는 체계적인 지식이라는 것이다. 이미 고대 철학자인 아리스토텔레스(Aristotle)는 그의 책 『형이상학(Metaphysics)』에서 모든 인간은 본성적으로 무엇인가를 알고자 한다고 적고 있다.

〈아리스토텔레스〉

다시 말해 인간은 그 무엇인가를 알고자하는 과학적 동물이다. 현대인들의 일상적인 대화에서 과학이라는 용어는 무엇에 대한 강한 믿음을 주거나 혹은 그것을 넘어 참이나 진리를 의미하기도 한다. 그래서 한 침대 광고에서도 더 이상의 침대는 가구가 아닌 과학으로 선전하고 있다. 왜 일까? 그것은 그만큼 과학이 지닌 힘이 현대를 이끌기 때문이며 우리 사회에서 과학이 신뢰받을 수 있는 지식으로 특권적 지위를 누리고 있음을 단적으로 보여주는 것이다. 물론 과학은 그러한 대접을 받을 만한 특징을 가지고 있다. 인간 생존을 위한 과학의 발달은 현대과학, 특히 자연과학에 있어서는 매우 정교한 연구방법과 실험을 동반하고 있다. 그리고 물질과 생명의 다양한 영역들을 체계적으로 탐구하고 있기 때문이다. 과학이 자연과 세계를 관찰과 실험에 기반하여 이론적으로 탐색한 결과는 지금과 불과 몇 년 전을 비교해 보아도 우리 삶에 극적인 변화의 원인임을 부인하기는 어렵다. 과학은 세계에 대한 풍부한 지식을 제공해 줌과 동시에 우리 인류에게 많은 혜택, 발전은 물론 생존의 길을 열어 주었다.

이제 기술이란 단어의 사전적 정의를 살펴보자.

"기술(technology)이란 그리스어 '테크네(technē)'에 유래되어 유럽계 언어의 번역어로 정착되서 사용되었고, 어원적으로는 예술·의술 등도 포함하나 오늘날은 주로 생산기술의 뜻으로 사용된다. 즉, 보통 물적 재화를 생산하는 생산기술의 뜻으로 사용되고 있다. 이러한 의미의 기술은 자연의 생성이나 인간의 생산적 사고 등과는 구별된다. 이러한 의미로서의 기술의 개념을 체계적으로 고찰한 최초의 철학자는 고대 그리스의 아리스토텔레스로서, 그는 인간정신의 진리를 파악하는 한 방법으로 테크네를 프로네시스[思慮]·에피스테메[認識]·소피아[知慧]·누스[理性]와 같은 선상에 놓고 그 이동(異同)을 논하여, 테크네를 외적인 것의 생산을 목적으로 하는 프래크시스[製作]라고 정의하였다.

이 정의는 고대·중세를 거쳐 산업혁명 시대까지 가장 포괄적인 것으로 알려져 왔으나, 산업혁명에 의한 기계문명의 출현으로 기술의 새로운 정의가 요구됨에 따라 기술이란 무엇인가 하는 문제가 흔히 논의의 대상이 되었다. 가령 영어의 테크닉(technique)이나 테크놀러지(technology)도 반드시 엄밀하게 구별되어 사용되는 것은 아니다. 이와 같이 기술의 개념을 어떻게 규정할 것인가를 주로 논하는 학문분야를 기술론이라고 한다. 현재 유력한 설은 다음의 2가지이다. 그 하나는 의식적용설인데, 인간의 생산적 행위에 객관적 법칙을 의식적으로 적용하는 것, 즉 과학의 응용이라는 설이며, 인간행동의 목적의식성과 합법칙성을 지적하고 인간행동의 주체성을 강조하는 설이라 할 수 있다.

다른 하나는 수단체계설이며, 인간의 생활 활동에 있어서의 노동수단과 그 체계를 기술이라고 보는 설이다. 이러한 입장에서는 기술을 '어떤 사회적 체계 내에서 발전하는 노동수단' 또는 '자연에 관한 인식에 의지하여 인간에 의해 창조되는 노동수단의 총체' 등으로 규정하기도 한다. 한편, 기술은 언제부터 발생하여 어떻게 발달하여 왔는가에 대해 오늘날 활발히 연구가 진행되고 있다. 벤자민 프랭클린(B. Franklin)은 인간을 '도구의 창조자'라고 하면서 기술의 역사는 인간의 역사와 같이한 것으로 추정한다. 이와 같은 기술발달의 역사적 법칙을 구명하는 학문을 기술사라고 한다."

이 사전에서도 잠깐 언급하고 있듯이 사실 초창기의 기술의 의미는 어떤 사물을 잘 다루는 방법이나 인간의 숙달된 능력이라고 할 수 있다. 하지만 과학혁명과 산업혁명 이후 기술(technology)은 과학 이론을 실제로 적용하여 자연과 사물을 인간생활에 유용하도록 하는 수단으로 정의되고 이해되어왔다. 즉 전통적 의

〈영화 '싸움의 기술' 포스터〉

미에서의 기술이 도구를 다루는 인간의 솜씨와 숙련도였다면 새로운 기술은 과학이론의 응용이라 할 수 있겠다.

그렇다면 인문학은 어떤 이미지로 우리에게 다가올까? '인문학(Humanities)'이란 단어와 연관된 단어나 구절은 대개 철학, 문학, 문과, 역사, 시, 솔직히 돈이 안 되는 학문, 취업하기 어려운 전공, 말장난, 추상, 학생들이 필요성은 인정하지만 전공하기에는 좀 그런 학문, 실용성 떨어지는 학문 등등이다. 이것들은 필자가 수업시간에 인문학에 대한 대학생들이 가장 많이 대답한 것을 나열한 것이다. 이러한 단어나 구절들이 지니는 의미가 동시대를 살고 있는 그들에게 긍정적이든 부정적이든지 간에 인문학이 많은 이미지를 동반하는 학문임은 틀림없다. IMF 이후 우리나라에서 '위기'와 '열풍'이라는 두 단어를 통해 세간의 주목을 한 몸에 받은 학문도 바로 인문학이다. 사실 백과사전에 의하면 인문학은 인간의 조건(the human condition)에 관해 탐구하는 학

문이다.[8] 전통적으로 인문학은 문/사/철(문학, 역사, 철학)로 대표되지만 고고학, 신학, 언어학, 종교학, 여성학, 예술과 같은 영역들도 넓게는 인문학에 포함된다. 그렇다면 의학이나 생물학, 자연학, 일련의 사회과학들도 인간의 조건을 탐구하거나 연구하고 있음에도 불구하고, 왜 그것들은 인문학 영역에 포섭되지 않는 것일까? 아마 그것은 인간의 조건을 탐구하는 방법적 차이에 있을 것이다. 왜냐하면 후자의 학문들은 비판적이거나 사변적인 방법보다는 실험적이고 실증적인 방법을 중심적인 방법론으로 하는 학문들이기 때문이다. 그렇다면 이러한 인간 조건에 대한 방법론적 차이를 고려해 본다면 인문학은 비판과 사변, 즉 경험보다는 순수하게 생각이나 이성의 작용으로 어떤 앎을 얻으려는 방법을 주로 사용하여 인간의 조건을 탐구하려는 학문적 태도라 할 수 있다.

여기서 인문학의 의미를 보다 분명히 하기 위해 사전적 정의에서 말하고 있는 '인간의 조건'이 어떤 의미를 지니는지 분석해 볼 필요가 있다. 우선적으로 인간의 조건은 우리말로 정의하여 '사람을 사람으로 성립하게 하는 요건'으로 이해해 볼 수 있다. 물론 인간의 조건이 이러한 의미를 지닌다 하더라도 그것은 또 다른 다양한 해석을 동반한다. 예를 들어, 정의에서 말하는 '인간의 조건'이 인간의 외형적 조건을 말하는 것인지 아니면 생물학적 조건을 말하는 것인지, 인간의 내면적 조건을 말하는 것인지가 분명하지 않다. 그렇지만 이런 다양한 해석과 입장들도 다른 우주의 대상들과 비교하여 오직 인간만이 가지는 어떤 독특한 특징을 찾으려는 시도들에 하나다. 그렇다면 지금까지 논의된 내용으로 인문학이 어떤 학문이지를 정리해 보면, 인문학은 인간이 사변이나 생각의 방법을 중심으로 인간만이 가지는 어떤 독특한 특징을 찾으려는 학문이라 이해할 수 있겠다.

2. 과학과 인문학의 관계

우리가 살아가고 있는 현대는 과학중심의 사회다. 그래서 우리는 어떤 사건이나 현상의 근본적인 문제에 대한 해결을 우선적으로 과학에서 찾는다. 아마도 그 이유는 기술을 동반한 현대 과학이 제시하는 설명이나 해법이 여타의 대안들 보다 신뢰성을 준다는 믿음에서다. 더욱이 과학기술이 제공하는 현상에 대한 설명과 해결은 그 동안 인문학에서 다루었던 이해나 해석의 방식과는 달리 사실적 증거에 의존하기 때문에 현대를 과학기술중심시대로 이끄는 강한 동기가 되었다. 지난 200년 간 과학기술이 우리에게 보여준 빛나는 성과와 힘은 과학에게 미래의 모든 희망을 걸기에 충분하였다. 그렇지만 우리는 미래에 대해 과학의 계속적인 발전에 기대면서도 그것에 따른 우려와 근심이 가중되는 상반된 경향을 동시에 보인다.

과학과 인문학의 속성과 지향하는 바가 서로 다르다는 것이 우리의 일반적 견해다. 자연과학을 위시로 한 과학적 방법의 특징이 사실 지향성, 연구대상의 일반화와 보편화, 그리고 법칙 정립과 비역사성에 있다고 한다면 인문학은 가치 지향적이고 연구대상의 구체화와 내용화, 그리고 개성적 기술과 역사성을 그 특징으로 하고 있다.[9] 그러나 과학의 놀라운 결과에 힘입어 인문학 및 여타의 학문을 과학으로 대체하려는 시도가 등장하게 되었는데, 그것이 바로 과학에 대한 무한한 신뢰감을 절대적인 수준으로까지 진행시키는 과학주의(Scientism)다.

그리고 이러한 신뢰감에 근거하여 과학기술이 사람들의 의식과 생활방식에 영향력을 미치면서 형성된 문화가 바로 과학문화(science culture)라 하겠다. 하지만 과학주의를 근거로 하고 있는 과학문화 역시 문화적 이질성 속에서 우리의 과학이론이 기술하고 있는 세계를 기본적 존재론으로 하고 있는 한, 초자연적이고 초월적인 세계를 받아들이지 않은 인간들의 의식적인 창조활동에 의해 만들어진 문화인 셈이다. 따라서 인문학을 중시하는 사람들은 인간의 의식적 창조활동이 담긴 모든 문화는 여전히 인문학에 바탕을 두어야 하며 과학주의뿐만 아니라 과학문화, 과학 그 자체에도 우려의 목소리와 함께 반-과학주의적 경향의 비판적 태도를 취한다. 이러한 인문학주의(반-과학주의)와 과학주의 간의 대립과 갈등은 과학과 인문학의 관계를 이질성에서 배타성으로 확장시켰으며 종국에는 의사소통이 단절된 두 문화를 형성하는 밑거름이 되었다. 여기서 우리는 과학과 인문학의 관계는 어떻게 정립해야 하는가? 라는 과제와 더불어서 과학문화와 인문학문화로 대표되는 두 문화 간의 의사소통이 과연 가능한지의 문제와 마주하게 된다.

3. 공약불가능성 개념과 그 적용

'공약불가능성'이라는 용어는 쿤이 그의 주저인 『과학혁명의 구조』에서 패러다임이 서로 공약불가능적임을 주장하며 유행시킨 용어다. 쿤에 의하면 서로 대립하고 있는 두 패러다임에 속한 과학자들이 완전한 접촉을 이루지 못하는 근본적인 이유가 그 이론을 구성하는 용어들의 공약불가능성에 있다.[10] 그리고 실제 과학사에 등장하는 굵직한 과학혁명들은 언제나 패러다임간의 공약불가능성을 가질 때에 완결되었고, 패러다임의 이행 과정은 언제나 이론들 간의 공약불가능성이 전제되었다. 그래서 호이닝엔 휘네(P. Hoyningen-Huene)는 공약불가능성을 개별적 개념이 아닌 관계적 개념으로 조망해야 한다고 조언한다.[11] 즉 쿤의 공약불가능성은 혁명 이전의 전통 A와 이후의 전통 B사이에서 성립되거나 성립되지 않는 그러한 개념이라는 것이다. 공약불가능성 개념을 과학적 문제 풀이와 연관하여 보면, 과학혁명 이후의 임의의 한 이론이 다루어야 할 과학적 범위와 이미 혁명 이전에 다루어진 문제들 사이에 공

약불가능성이 위치한다. 즉 이전의 전통에서 큰
해결을 이루지 못했던 문제들이 이후의 전통에서
특별한 의미를 지니거나 역으로 이전의 전통에서
중요하게 다루어진 문제가 이후에 사소한 것으로
간주되는 현상을 말한다. 둘째 과학적 방법 및 개
념과 관련하여 과학혁명 이후에도 혁명 이전의 개
념이나 방법 대부분이 사용되고 있지만 혁명 이전

〈토마스 쿤〉

과는 동일한 방식으로 사용되지 않았다는 의미에서 혁명 이전과 이후의 과학
은 공약불가능하다.[12] 쿤이 말하는 공약불가능성이 지니는 또 하나의 특징은
많은 논란을 낳았던 쿤의 유명한 구절인 '서로 다른 패러다임의 추종자들은
각기 다른 세계에서 자신들의 작업을 수행한다.'[13]에서 비롯된다. 이 구절의
의미는 다음의 쿤의 부언으로 이해할 수 있다.

> "하나의 세계에서는 물체들이 어떤 제약 하에서 천천히 낙하하고 있다고 말
> 하는 반면 다른 세계에서는 진자가 끝없이 운동을 반복하고 있다고 한다. 또
> 한 한쪽은 용액이 화합물이라고 하고 다른 쪽은 혼합물이라고 한다. 그리고
> 한쪽은 공간의 평면에 위치해 있고, 다른 한쪽은 곡면에 위치해 있다고 한
> 다. 이들은 서로 다른 세계에서 활동하고 있기 때문에 두 과학자 집단은 동일
> 한 점에서 같은 방향으로 본다하더라도 결국 서로 다른 것을 보는 것이다."[14]

쿤과 파이어아벤트(P. Feyerabend)[15]가 말하는 공약불가능성은 서로 다른
패러다임이 단지 어떤 문제들에 대해 견해를 달리한다식의 나약한 공약불가
능성이 아닌 그 이상의 심각한 문제이다. 그들이 말하는 다른 담론체간의 공약
불가능성은 하나의 담론체에서 이루어진 주장이 다른 담론체에 속한 사람들
에게는 전혀 이해되지 못할 정도이다. 이러한 의미의 공약불가능성은 서로 다

〈파이어아벤트〉

른 패러다임의 신봉자들 사이에 의사소통의 단절까지 포함한다. 이렇게 강한 의미의 공약불가능성이 바로 쿤과 파이어아벤트가 말하는 총체적 공약불가능성(Global Incommensurability: GI)이다.

쿤이 말하는 *GI*의 특징은 하나의 패러다임에 속한 모든 진술이 다른 패러다임에서는 의미를 가질 수 없으며 그 두 담론체간에는 의사소통이나 이해를 동반한 번역은 전면적으로 불가능하다는 것이다. 서로 다른 패러다임에 종사하는 사람들은 무엇이 해결해야 될 문제인지에 대해서도 서로 다른 의견을 지니며, 그들이 설령 동일한 용어나 실험 장치를 사용한다손 치더라도 각기 다른 담론체에 종사하는 사람들에게 그 용어는 다른 의미를 지닌다. 따라서 다른 담론체에 종사자들은 세계 구성물에 관한 다른 세계관을 조망한다. 결국 서로 경쟁적인 패러다임을 지지하는 사람들은 서로 다른 세계에서 작업을 수행하고 있는 셈이며 동일한 사물을 동일한 각도에서 보더라도 그들이 보고 있는 대상은 서로 다르다. 전면적인 의사소통이 가능하기 위해서는 이른바 담론체들은 패러다임의 전환(paradigm shift)을 겪지 않으면 안 된다.

하지만 쿤은 *GI*를 둘러싼 반박들이 거세짐에 따라 그 대안으로 패러다임이 다르더라도 이론들 간의 비교 선택이 가능하고 용어들의 전면이 아닌 부분적인 공약불가능성을 선택한다. 이것은 이전의 주장에 비해 상당히 완화된 입장이다.[16] 즉 한 패러다임이나 담론체 안에 있는 중요개념들이나 진술 가운데 일부가 경쟁하고 있는 다른 담론체와 패러다임의 개념이나 진술로 번역될 수 없다는 입장을 들고 나온 것이다. 위에서 살펴본 것처럼 패러다임은 문제 풀이를 위한 도구로 그 역할을 수행하는데, 패러다임이 다르더라도 과학이론들은 어떤 문제 풀이를 위해 고려할 만한 몇 가지의 비교 자료가 있을 수 있다. 혹연 패러다임의 혁명적인 교체로 과학이론의 변화가 일어나더라도 문제 풀이 도구로서 가지고 있던 능력에 의해 과학은 발전하며, 심지어 과학이 진보적으로 발전한다는 것을 보여주는 진화론적 계통수까지 있다는 것이 쿤의 생각이다. 이런 맥락에서 수정된 공약 불가능성은 전면적 번역 불가능성을 함축하지 않으며, 중요 개념이외에 대다수의 용어들과 문장들은 번역과 이해를 동반한다. 이러한 공약 불가능성을 쿤은 '국소적 공약 불가능성(Local Incommensurablity: LI)'이라고 부르며 자신이 본래 의도했던 공약불가능성의 개념이 사실은 약한 의미의 공약불가능성 개념이라고 술회하고 있다.[17]

4. 두 문화와 과학기술

자연과학과 인문학 사이에 존재하는 문화적 이질성에 관한 문제제기는 스노우의 1959년 캠브리지 대학에서의 리드강연(강연 제목은 "두 문화와 과학혁명"이었다.)과 그것을 책으로 엮은 『두 문화(1963)』에서 이루어졌다. 스노우는 강연과 책을 통해 두 종류의 문화, 즉 과학적 문화(scientific culture)와 인문학적 문화 간의 심각한 갈등을 고발하고 있다. 두 문화의 구성원들 간의 몰이해와 불신은 의사소통의 단절이 그 원인이며 결국 이것은 전 인류의 문화적 위기를 가지고 왔다는 것이다. 『두 문화』에는 과학적 문화에 속한 과학자들의 행동경향, 생활습관, 과학 공동체의 행동경향들과 인문학자들의 행동경향, 생활습관 등이 대조점을 나열함으로 두 문화가 상이함을 보이고 있다. 하지만 스노우의 주장이 많은 파장을 불러일으킨 주된 이유는 두 문화를 공정한 잣대로 평가하기 보다는 과학을 예찬하고 그 당시 인문 지식인들과 그들의 문화를 폄하하는 식의 뉘앙스가 더 많이 풍긴다는 점이다.[18] 스노우는 "과학 속에 속하는

〈스노우〉

사람들은 서로를 완전히 이해할 필요도 없고 그렇게 하기 어렵다고 한다. 그러면서도 과학자들은 공통의 태도, 행동상의 공통적인 기준과 패턴, 공통의 연구방법과 가정 설정 같은 것이 있고 이런 경향은 놀랄 만큼 깊고 넓게 과학자들에게 침투해 있으며 그 밖의 정신적인 패턴, 예들 들어 종교라든지 인종과 같은 패턴도 꿰뚫고 있다.”[19]라고 말한다. 따라서 과학에 속한 구성원들은 하나의 문화를 형성하게 되었고, 그들의 문화는 지적인 것을 넘어 인류학적의 의미에서 진정한 문화라고 그는 평가한다. 반면에 전통 문화에 속하는 비-과학자들은 과학자들이 인간의 조건을 알지 못하며 천박한 낙천주의자들이라는 뿌리 깊은 선입견을 버리지 않고 있다. 그래서 과학자들을 무지한 전문가로 평가한다. 이런 비-과학자들, 즉 인문학문화에 속한 지식인[20]들은 과학을 전혀 이해하지 못한다. 그러면서도 그들은 자신들의 전통 문화가 문화 전체를 대변하고 자연법칙과 같은 것은 존재하지 않는다고 생각한다. 결국 인문학문화가 과학문화의 출현에 별 상처를 입지 않은 채 여전히 서구세계를 지배하고 있다고 그들은 믿는다.[21] 따라서 한쪽의 문화에서의 공감은 다른 쪽의 문화의 반감이 되며 이들은 서로 만날 곳이 없는 위기와 심각성에 스노우는 주목한다. 이러한 위기의 원인을 그는 두 문화의 구성원들 상호간에 대화를 나누지 못하는데 있으며 만남의 기회는 거의 진공상태에 놓여 있다고 말한다. 상호간의 몰이해는 결국 의사소통의 단절로 이어지는데 이것은 두 문화 간의 소통관계가 *LI*를 넘어서는 것으로 보인다.

반면에 리비스(F.R. Leavis)는 스노우의 두 문화로의 구분에 대해 자신의 구분을 제시하고 그것이 인문학의 대응이라고 주장한다. 그가 제시하는 것은 응용과학의 산업화를 중심으로 하는 외재적 문명(external civilization)의 가속화 운동과 이에 상응하는 인간 세계의 창조 문화와의 구분이다. 인간 세계의 창조 문화는 외재적 문명을 이끌며 인간 세계의 창조가 인간의 과학적 고안물에 선행한다. 리비스의 구분은 스노우의 구분에 비해 과학기술이 인문학 문화를 전제될 때에 보완될 수 있음을 토대로 한다. 하지만 그의 주장도 문화 간의 공약불가

〈리비스〉

능성에 동조하면서 인문학이 과학문화를 이끌어야 하는 측면만 강조하고 있을 뿐이다. 다시 말해 두 문화에 대한 리비스의 대안은 두 문화 간의 의사소통에 대한 어떠한 언급도 없기 때문에 두 문화 간의 *LI*을 넘어서는 주장으로 보인다. 이러한 분석에 동의하듯 소렐(T. Sorell)도 이들의 주장이 상호 일방적이라고 평가한다.[22] 어떤 의미에서 두 문화가 서로 상호적이어야 하는지에 대한 논의가 이들에게는 전혀 없다. 다시 말해 인간 세계의 창조의 부진이 과학 발전의 부진을 가져온다든지 혹은 과학의 발전이 인문학의 발전을 가져온다와 같은 상보적인 논의가 전혀 없다. 오히려 스노우는 더 일방적 논의로 일관한다. 그에게는 왜 인문학 문화가 개진되어야 하고 과학문화를 보완할 수 있는가에 대한 논의가 전혀 없기 때문이다. 이처럼 과학문화와 인문문화를 둘러싼 스노우와 리비스의 논쟁은 두 문화가 서로 자신의 입장만을 고수할 뿐이다. 결국 두 문화를 둘러싼 이들의 논쟁은 두 담론체들 간의 의사소통이 *LI*보다는 오히려 *GI*로 진행되고 있음을 보여준다.

5. 과학주의 v.s 인문학주의

과학주의란 무엇인가? 브리태니커 사전에 의하면 과학주의란 자연과학의

방법이 철학, 인문학 사회과학을 포함한 모든 연구 분야에 적용되어야 하며 그것이 지식의 추구에서 유일한 효과적인 방법이라고 간주하는 견해라고 명시하고 있다. 또한 라이더(M. Ryder)는 『과학 기술과 윤리학 백과사전』에서 과학주의를 "자연과학의 방법의 효과가 연구의 모든 영역(철학, 사회과학, 그리고 인문학)에 적용된다는 과장된 신념"이라고 정의하고 있다.[23]

사실 과학주의는 여러 가지 변형들로 존재해 왔다. 이런 변형들은 크게 두 가지로 정리될 수 있는데 그 하나는 과학이 세계에 대한 지식의 획득과정에서 우월성을 지닌다는 관점에서 인식적 과학주의(Epistemic Scientism: ES)다. 또 다른 하나는 그 동안의 과학적 성공에 기대어 자연과학의 방법론을 여타의 학문의 것보다 강조하는 방법론적 과학주의(Methodological Scientism: MS)다. 전자의 요점은 세계에 대한 지식에 있어 과학은 독점 또는 우월한 지위와 권한을 가진다는 것이라면 후자의 요지는 자연과학 방법 혹은 과학의 방법이 여타의 학문 또는 인간의 모든 지적 탐구에 확대 적용될 필요가 있다는 것이다.

자연과학과 대비되는 인문학(인문과학)은 이러한 과학주의에 대해 어떠한 입장을 취하는가? 대부분의 인문학주의자들은 인문학이 과학과는 다루는 대상과 방법에 있어 완벽한 차이를 보이기 때문에 학문적 독자성을 지닌다고 주장하며 오히려 반—과학주의적 양상을 보이거나 인문학 우월주의를 보인다. 인문학주의자들은 인문학의 대상이 인간의 의식 현상 혹은 심리적 현상 내지는 그것의 소산으로 나타나는 현상인 반면 자연과학은 인간의 어떤 의도나 의식이 작용하지 않는 객관적인 현상을 다룬다는 측면에서 구별된다고 주장한다. 따라서 과학이 관찰과 실험이라는 경험적인 방법을 통해 얻어진 법칙에 의한 현상의 설명인 것에 반해 인문학은 언어에 의해서 표현되는 의미의 세계이고 이러한 의미의 세계를 이해라는 방법을 통해서만 포착될 수 있다는 것이다. 반면 강의의 전개상 인문학은 자연과학의 세계에 대한 지식 획득 과정과는 다른 방식을 취하기 때문에 그 우월성을 논의 할 수 없다는 측면에서의 인식적

인문학주의(Epistemic Humanities: EH)와 과학의 방법이 인문학적 방법과는 다르며 인문학적 방법론이 과학적 방법에 선행하거나 자연과학 방법론의 확대를 거부하는 입장을 방법론적 인문학주의(Methodological Humanities: MH)로 구분된다.

과학주의와 인문학주의에 입각한 논의들은 여러 유형으로 등장한다. 여기서는 위에서 제시된 변형의 구분에 따라 각 입장의 대표적 논의들만을 간추려 살펴보고자 한다. 우선 현대 철학 속에서 *ES*의 세부적 내용은 콰인(W. V. O. Quine)이 주장하는 자연화된 인식론(Naturalized Epistemology: NE)을 둘러싼 논쟁에서 찾을 수 있다. 또한 *MS*의 내용은 과학적 경험주의(Scientifical Empiricism: SE)의 통합과학 기획으로 설명될 수 있다.[24] *NE*의 핵심은 전통 인식론에 자연과학의 도입이라고 할 수 있다.[25] *NE*를 주장하는 철학자들은 앞으로의 인식론은 세계에 대한 인식에 있어 전통적 인식론의 선험적이고 규범적 방식을 넘어서야 한다고 주장한다. 이러한 인식론의 자연화 계획은 인식론과 자연과학 간의 벽을 허물자는 것이고 그래서 인식론을 과학화하자는 견해이며 자연과학의 연장선에서 인식론을 이해하는 것이다.

*SE*는 어떠한 주장을 하는가? 20세기 과학의 성공에 힘입어 논리실증주의자들은 과학에 대한 자신들의 맹신을 과감하게 표현한다. 대표적으로 카르납(R. Carnap)은 과학이란 말을 모든 이론적 지식을 포괄하는 용어로 확대사용하고 형식과학과 경험과학이라는 구분으로 과학을 재분류하기에 이른다. 카르납의 분류에 의하면 인문학은 심리학과 사회과학에 속하며 일반적으로는 행태학 범주에 속하게 된다. 그리고 넓게는 유기체를 대상으로 하는 생물학에 분류된다. 즉 인간의 사고와 행동을 연구하는 것은 유기체의 사고와 행동을 연구하는 것과 방법론적

〈콰인〉

〈카르납〉

으로 차이가 없다는 것이다. 카르납은 논리실증주의에서 넓게는 전통 경험주의에 입각하여 과학적 방법이 모든 인문학적 방법을 넘어서다는 것에 동조한다. 그래서 그는 기존의 학문을 과학적 방법으로 통합하려는 입장을 취함으로 논리실증주의 보다 *SE*라 명명할 것을 건의한다.[26] 따라서 *SE*가 과학 방법론을 인문학 방법론으로 확대 적용한다는 측면에서 *MS*를 대표한다 하겠다.

과학주의의 등장과 20세기 과학의 발전에 대한 인문학의 위기, 철학의 위기를 느낀 인문학주의자들은 지식의 획득과정에서 있어 인문학이 과학과는 다른 방식을 취하고 있음을 주장하고 있다. 이러한 입장, 즉 *EH*을 잘 대변하는 철학적 입장을 논자는 현상학(Phenomenology)에서 찾고자 한다. 또한 인문학적 방법론의 특징, 즉 *MH*를 새롭게 모색하려 철학내의 논의는 역사주의를 중심으로 하는 해석학(Hermeneutics)에서 이루어진다. 우선 *EH*을 대표하는 후설(E. Husserl)의 현상학은 자연과학이 주는 과학적 태도를 자연주의적 태도로 규정하고 그것의 중지로부터 시작된다. 여기서 자연주의적 태도란 사물을 자연과학적 입장에서 보는 태도로, 모든 물리현상을 넘어 인간의 정신현상들조차도 물리적 인과법칙으로 간주해 버리는 태도를 말한다. 후설에 의하면 자

〈후설〉

연주의적 태도는 물리학적 객관주의라는 형태로 현대의 문화와 인간을 위기로 몰고 있다는 것이다. 그래서 후설의 현상학은 이러한 자연적 태도를 괄호 속에 넣은 다음(현상학적 판단중지(epoche)), 남아 있는 순수 의식의 본질을 추구한다. 경험과학이 사실학이라면 자신의 현상은 본질학이라고 후설은 주장한다.

과학주의가 자연주의적 원리에 입각한 것이라
면 인문학주의의 전형적 방법론으로는 역사주의
(histrism)를 말할 수 있다.[27] 역사주의는 반-자연
주의로 자연과학과 인문-사회과학의 방법론의 상
이성을 주장하는 방법론적 이원론 또는 다원론이
라 할 수 있다. 따라서 역사주의는 MH의 입장을 대
변한다. 인문학은 자연과학적 방법론과는 달리 어

〈딜타이〉

떤 현상의 법칙이나 일반적 원리를 구축하는 것이 아니라 그 현상이 지니는 개
성, 의미, 지향 또는 가치 등을 파악하는 것에 중점을 둔다. 이러한 역사주의
에 입각하여 인문학의 정신과학적 방법론을 주창한 이가 딜타이(W. Dilthey)이
다. 그는 자연과학적 방법론을 정신과학의 방법론으로 간주하려는 콩트의 실
증주의에 반대하며 정신과학의 독자적 방법을 구축하려 하였다. 딜타이에 의
하면 역사적 세계의 연관에 대한 지식의 가능성을 설명하는 정신과학은 이해
(Verstehen)라는 개념에 정초된다. "우리는 자연을 설명하고 정신을 이해한
다."는 그의 명언은 자연과학에 대한 정신과학의 특징을 잘 보여준다. 이 말은
정신과학의 인식을 이해를 근거로 하며 자연과학의 인식에 대한 설명과는 대
비된다. 따라서 이해는 현실에 적용되는 방법론적인 형식이고 설명은 이에 상
응하는 보충적 형식이 된다.[28] 그는 이러한 이해와 체험, 추체험(Nacherleben)
을 실현하는 철학적 방법으로 기존의 기술심리학을 넘어서는 해석학을 주장
하게 된다. 위에서 살펴본 과학주의와 인문학주의의 철학적 논의들은 스노우
와 리비스가 펼친 과학문화와 인문학문화 간의 갈등 고발과는 매우 다른 측면
을 지닌다.

우선 ㉠ 과학주의의 변형인 ES나 MS는 그 구체적인 철학적 논의에 있어
강한 과학주의를 주장하기에는 많은 한계점과 문제점을 인정하고 있다. 특히
ES를 대표하는 NE는 인식의 규범성과의 순환성 문제를 인정하고 전통적 규

범성과의 공조를 논의하고 있다. 또한 *MS*를 대표하는 *SE*는 결국 통합과학의 기획을 포기하기에 이른다.

반면에 ⓛ 과학적 발전에 대한 반발로 등장한 인문학주의도 여전히 자연과학의 객관성과 설명에 대해 현상학적 의미세계와 정신과학의 이해가 우선함을 제공하고자 하였다. *EH*와 *MH*의 논의는 그러한 모습에서 일관된다. 특히 *EH*의 입장에 서있는 현상학은 세계 인식에 있어 자연주의적 태도를 포기하고 현상학적인 환원을 주장한다. 하지만 자연주의적 태도의 부정, 즉 판단중지로 시작한 현상학적 환원은 생활세계와 주관 구성적 상호주관성이라는 개념을 둘러싼 논의로 전개된다. 그 과정에서 우리는 일상적 경험과 과학적 경험 간의 경계선을 긋는다는 것은 그리 쉬운 문제가 아님을 알 수 있다. 그리고 후설과 그 이후의 현상학은 인문학주의가 반자연주의 입장을 취하기는 하지만 반드시 반과학적 태도를 취하고 있는 것이 아님을 보여 준다. 또한 *MH*에 서있는 해석학 역시 인간이 자연을 이해하고 설명할 수 있는 그러한 역사적 존재라는 것에는 동의하고 있다.

이제 ㉠과 ㉡을 공약불가능성과 공약가능성 개념으로 논의해 보자. 이미 우리는 위에서 쿤이 제시한 공약불가능성 개념을 그 범위와 정도에 따라 *GI*와 *LI*로 구분하였다. 이러한 구분은 상대적으로 두 가지 공약가능성의 개념이 존재할 가능성도 함축한다.[29] 그 하나는 두 담론체에서 사용되는 용어의 의미가 동일한 번역과 매체를 공유할 수 있기 때문에 완전한 의사소통이 가능하다는 총체적 공약가능성(Global Commensurability: *GC*)이다. 다른 하나는 한 담론체 안에 있는 중요개념들이나 진술 가운데 일부만이 다른 담론체의 개념이나 진술로 번역될 수 있다는 의미에서 국소적 공약가능성(Local Commensurability: *LC*)이다.

결국 현대에 등장하는 ㉠의 논의는 과학과 인문학이라는 두 담론체 간의 *GC*를 구축하려는 기획(인문학의 자연화 기획)이 포기된 것으로 보인다. 결국 이러한 *GC*의 한계는 *LI* 혹은 *LC*로 그 입장을 수정하게 만든다. 반면 ⓛ의 논의는 두 담론체간의 *GI* 저변에 언제나 *LI* 혹은 *LC*가 가능함을 인정하는 것으로 보인다.[30] 물론 *LI*와 *LC*는 그 개념적 차이가 있다. *LI*가 두 담론체 간에 사용되는 대다수의 용어에 의미는 보존되지만 중요 개념의 의미가 공약되지 않기 때문에 서로 상이한 세계를 조망한다는 의미라면 *LC*는 두 담론체들 간에 사용되는 대다수의 용어에 의미는 보존되지는 않지만 중요 개념의 의미가 공약할 수 있는 매개체가 있기 때문에 서로 유사한 세계를 조망할 수 있다는 의미라 하겠다. 하지만 여기서 중요한 것은 *LI*와 *LC* 양자 모두가 두 담론체의 의사소통의 가능성을 전제로 한다는 점이다.

5. 마무리

우리는 지금까지 과학문화와 인문학문화 간의 의사소통의 단절과 철학적 논의 속에 등장하는 과학주의와 인문학주의를 공약불가능성이라는 개념을 통해 분석하였다. 그 분석의 결과는 과학과 인문학의 문화적 갈등은 과학주의와 인문학주의라는 철학적 논의에 그 근거를 두고 있다는 것이다. 그리고 철학적 논의를 매개로한 두 문화는 *GI*와 *GC*에서 *LI*와 *LC*로 그 입장이 바뀌고 있다. 따라서 양자의 어떠한 입장도 인식적으로나 방법론적으로 절대적 우월성을 강조할 수 없다. 이러한 결과는 과학과 인문학이라는 담론체간의 의사소통 가능성을 그 토대로 하고 있다. 결국 과학과 인문학과의 관계가 전면적 대립이 아닌 국소적인 상보의 관계를 지닌다고 할 수 있다.

세계시민을 향해하는 현대에 있어 인문학과 과학의 관계는 과거와는 매우 다르다. 특히 현대 인문학 지식인들은 냉전시대의 스노우가 우려했던 것과 같은 더 이상의 러다이트(luddite)들이 아니다. 그리고 인문학이 과학기술적 변화에 둔감하거나 무조건적으로 거부하는 입장만을 고수하지 않는다. 인문학 문화에 속한 지식인들이 과학을 전혀 이해하지 못하거나 무지한 지식인으로 과학자들을 대하지 않는다. 오히려 그들은 과학문화를 누리며 살고 있고 과학적 지식에 오히려 민감하다고 해도 과언이 아니다. 그리고 과학을 대상으로 하는 인문학(과학학 또는 과학 사회학, 메타 과학)의 등장은 이러한 인문학의 변화를 말해준다. 또한 과학자들 역시 스노우 시대와는 다른 모습을 보인다. 호킹(S. Hawking), 굴드(S.J. Gould), 윌슨(E.O. Wilson), 도킨슨(R. Dawkins)과 같은 대중적으로 잘 알려진 과학자들은 인문학문화에 속한 지식인들에게는 물론이거니와 일반 대중 독자들에게 직접적으로 말을 건네고 있다. 더구나 과학은 과학 스스로에게 한계를 지우고 있는 특징을 보여준다. 예를 들어 특수상대성 이론은 속도에, 양자역학은 미시영역의 확실성에, 카오스 이론은 예측 가능성에, 괴델 불완전성의 정리는 완전한 수학적 기술에, 그리고 진화 생물학은 우리의 존재 이유에 대해 극복할 수 없는 한계가 있음을 인정하고 있다. 따라서 과거 종교가 그랬던 것과는 달리 신화화된 과학주의는 현재 과학의 참 모습이 아니다.

오히려 생활세계에서 과학보다는 기술이 더 큰 비중을 차지해 나가고 있다. 특히 지금의 과학은 기술을 동반한 과학이기보다는 기술에 의존하는 과학이다. 과거 근대과학이 우리의 세계관을 변화시키고 삶의 방식과 사유의 방식으로 다가올 때 철학을 비롯한 인문학은 자기 정체성에 대한 더 깊은 반성이 이루어졌다. 또한 과학 역시 인문학적 반성에 의한 세계 창조 문화를 받아드리는 모습도 보여주었다. 하지만 이제는 기술이다. 철학을 비롯한 인문학과 과학은 자기의 정체성을 반성해야할 시대적 과제를 다시 맞이하게 되었다. 과학과 인문학은 인간이 세계를 바라보는 두 길이다. 그 길은 가끔 교차한다. 하지만 중요한 것은 과학이건 인문학이건 간에 결국 인간이 하는 일 아닌가! 마지막으로 칸트의 유명한 명언에 빗대어 인문학과 과학의 관계를 정리해 보고자 한다.

　　"인문학 없는 과학(즉 과학주의)은 맹목이며 과학을 무시하는 인문학은 공허

하다."

1. 과학과 인문학의 공통점과 차이점을 조사해 보자.

2. 국소적인 개념들 때문에 서로 소통이 되지 않았던 사례를 발표하자.

3. 이과 문과의 구분에 대한 자신의 견해를 말해보자.

4. 매우 상반되는 것이지만 상호 보충이 되는 경우들을 일상에서 찾아
   보자.

5. 세계 시민 정신의 관점에서 볼 때 과학만능주의가 지닌 문제점은 무엇
   인가?

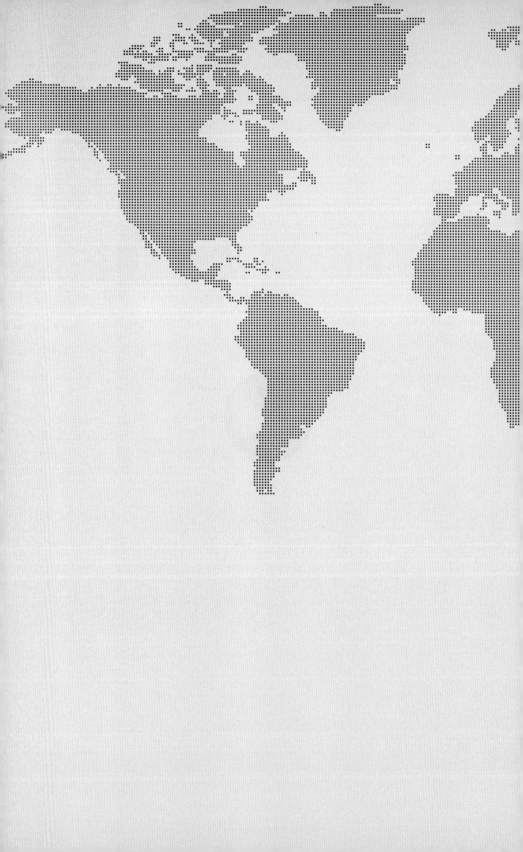

제8장
과학기술과
글로벌 시민정신 Ⅱ

-과학기술의 발전과 인간 소외-

 생각 꺼내기

과학기술은 앞으로 인간과 사회를 어떻게 변화시킬 것인가?

1. 과학기술과 사회문화

다음과 같은 질문에 답해보자.

▶ 과학기술과 사회는 어떤 관련이 있나?
▶ STS란 무엇일까?
▶ 과학기술과 인간소외문제는 어떤 연관이 있을까?

과학기술사회론(STS; Science, Technology and Society)은 과학기술을 사회의 상호작용을 통해 형성되는 복합적 구성물로 간주하면서 그 성격과 과정을 규명하려는 이론이다. 궁극적으로 기술사회적 쟁점에 대한 이해나 대처 능력의 향상을 목표로 하는 일련의 지적 과업을 의미한다. 이렇게 과학기술을 독립적·자율적 존재로 파악하는 대신 총체적 사회와의 연관성 하에서 고찰하고자 하는 STS는 과학기술에 대한 절대적 수용이나 무분별한 거부를 지양함으로써 과학기술에 대한 민주적 대응을 구조화할 수 있는 기틀을 제공할 것으로 기대된다. STS의 발전에는 여러 학문들이 관여해 왔으나, 초창기에는 철학, 역사학 및 사회학이 선도적 역할을 담당해 왔다. STS를 보다 심도 있게 이해하기 위해서는 과학부분과 기술부분을 각각 철학과 역사 그리고 사회학 영역에서 간추린 역사를 우선적으로 조사해 볼 필요가 있다.

1) 과학 부문

(1) 과학철학

〈헴펠〉

과학철학은 철학의 한 갈래로, 자연 과학의 성과를 분석하고 반성하여 과학적인 개념을 규정하고 과학의 전제를 세우며 방법을 탐구하는 분야다. 20세기 초반에 접어들어 많은 학자들은 물리학을 중심으로 한 자연과학의 위상이 고조되면서 자연과학의 연구 결과를 근대 지식의 전형으로 간주하였다. 철학자들도 예외가 아니었다. 그 당시에 과학철학자들은 자연 과학 인식에 준거한 실증주의 과학 모형이 지식 세계 일반에 적용될 수 있으리라 확신하였다. 그러나 헴펠(C. Hempel)이나 콰인(W.V.O. Quine)과 같은 철학자들은 과학이론의 구성 요소들을 서로 유기적으로 연결되어 있는 상호 의존 연결망의 일부로 이해해야 한다는 주장과 더불어 과학 현상의 맥락에 대한 중요성을 강조함으로써 '과학 객관성'의 과도한 신화를 거부한다. 특히 콰인은 "주어진 이론을 절대적으로 입증하거나 반증할 수 있는 실험을 설계하는 것이 사실상 불가능하다"고 주장하였는데, 쿤(T. Kuhn)의 과학혁명론은 바로 이러한 콰인의 영향을 받은 것 같다.[31]

(2) 과학사회학

과학사회학은 사회체계로서의 과학을 연구하는 사회학의 한 분야로, 과학

〈로버트 머튼〉

과 사회 사이의 상호작용을 분석하는 학문이다. 과학지식에 관한 맥락적인 접근은 과학연구 전역에서 찾아볼 수 있지만, 그것이 가장 특징적으로 드러난 곳은 사회학 분야였다. 제2차 세계대전 이전까지 과학사회학 역시 과학철학의 경우와 마찬가지로 과학지식은 사회학 탐구 대상이 되기에 적절치 않다는 실증주의와 밀착되어 있었다. 1940~50년대에 과학을 보다 가까이 정찰하기 시작한 소수 사회학자들 중에 가장 선각자적인 역할을 수행했던 인물이 기능주의자인 머튼(R. Merton)이다. 비록 과학을 객관 탐구의 방법으로 인정하여 과학 자체를 사회학 탐구에서 배제하기는 했지만, 머튼은 과학의 기능을 제도론적, 조직론적으로 설명할 수 있는 방법을 사회학에서 모색하고자 노력했다. 머튼의 관점에 따르면, 과학은 다음과 같은 네 가지 규범체계-보편주의, 공유주의, 조직적 회의주의 및 불편부당성-하에서 객관 진리를 산출한다는 것이다.[32] 하지만 1960년 초반에 이르러 쿤의 영향에 힘입은 과학 사회학자들이 머튼의 해석에 회의를 품었다. 그래서 멀케이(M. Mulkay)는 과학지식이 사회 맥락에 의해 영향을 받는다는 상대론 입장을 견지하면서, 물질의 실재가 과학으로 통하는 유일한 길은 아니라고 주장했다. 또한 '강한 프로그램(strong programme)'의 주창한 블루어(D. Bloor)는 보다 강고한 상대주의 입장에서 '과학의 세계에서는 '참된' 믿음이든 '거짓된' 믿음이든 동일한 근거에 의해 설명되어져야 함을 역설하기도 하였다.[33]

(3) 과학사

자연세계에서 인류의 역사적 발전을 연구하는 학문이 과학사다. 사실 과학사학자들 역시 STS의 출현에 중요한 역할을 담당한다. 일차적으로는 과학이나 기술을 역사 연구 주제로 삼은 그들의 입장 자체가 그렇다. 또한 사회학의 사례 연구나 철학 성찰을 위한 구체적인 자료를 제공했다는 점에서도 과학사학자들의 공로로 인정해야 한다. 영어권의 과학사 연구는 케임브리지 대학교 트리니티 칼리지의 휴웰(W. Whewell)에 의해 시작되었다. 그는 특히 정밀과학(exact sciences: 수학이나 물리학 등의 정량 과학)의 역사를 개괄하는데 관심이 많았다. 19세기에 영국과 유럽에 많은 과학사학자들이 출현했지만, 과학사를 현대 학술분야의 하나로 정초한 사람은 사튼(G. Sarton)이다.

1915년 벨기에를 떠나 미국으로 건너간 그는 하버드대학교에 자리 잡기 전에 오늘 날까지 과학사를 선도하는 학술지로 평가되는 〈아이시스(Isis)〉를 창간하였다. 이 저널은 새로운 인본주의(new humanism)를 내건 사튼과 후원자들에 의해 설립된 과학사학회(History of Science Society, 1924)의 공식지다. 프랑스 실증주의자 콩트(A. Comte)로부터 큰 영향을 받은 사튼은 과학지식이 점진적이고 누적적으로 성장한다는 진화론적 관점을 주장한다. 하지만 사튼과 같은 제1세대 과학사들은 특정한 역사 사건이나 인물에 집착한 채 사회정치 맥락에는 이렇다 할 관심을 기울이지 않았다. 2차 세계대전 직후 대부분 역사학자들은 과학을 추상적이고 이론적인 탐구활동으로 간주하였다. 이러한 입장을 대표하는 인물이 코아레(A. Koyre)다. 그러나 과학의 힘이 꾸준히 증가하고 있다는 사실에 고무된 과학사가들은 자신들의 분과가 학생들에게 과학자로서의 경력을 부여해 줄 뿐 아니라, 일반 대중에게 과학 가치를 널리 전파하는데 전념하였다. 1950~60년대에 과학계 출신들이 역사학에 대거 등장하였고 오히려 과학발전의 진보적 선형 성장모델에 의심을 품는 회의론도 등장하였다.[34]

2) 기술 부분

(1) 기술사

기술사(技術史)는 도구와 기법의 발명의 역사이며, 세계의 역사와 다양한 형태로 연결되어있다. 사람들은 지식을 기반으로 새로운 것을 만들어 낸다. 비록 소수에 불과하지만 역사학계 내부에는 기술을 주제로하는 뿌리깊은 연구가 존속해 왔었다. 그러나 기술에 관심을 보인 초창기 역사가들의 대부분은 기술의 사회복지에 대한 공헌하는 진보적 입장이었다. 또한 1862년 영국의 작가인 스마일스(S. Smiles)는 『공학자들의 삶(Lives of the Engineers)』이라는 저서에서 발명가, 기업가, 공학자들을 칭송한 바 있다. 1차 세계대전 종료 직후 영국 학자들은 뉴코먼 공학사와 기술사연구학회(Newcomen Society for the Study of the History of Engineering and Technology)를 설립하였다. 그리고 과학기술의 급진적 발전에 그 당시의 기술사학자들 대부분은 기술결정론 관점을 지지하였다.

이러한 기술결정론의 주류와는 다르게 멈포드(L. Mumford)는 총체론적 관점을 지향하였다. 그는 기술이 인간의 의식이나 문화 맥락과는 무관한 자체 논리에 의해 진화한다는 그릇된 관념을 깨뜨리고자 노력했다. 멈포드는 후기 저작 『기술과 문명(Techics and Civilization)』에서 기술을 단순한 '자율체계'로 간주하는 대신, 그것을 활용하는 집단이 기술을 어떻게 구사하는가에 따라 선용되거나 악용되는 '인간 문화의 한 요소'로 서술하고 있다.[35] 이러한 멈포드의 선각적인 통찰에도 불구하고, 기술사학자들이 과학사학자들의 헤게모니에 도전을 가할 수 있었던 것은 1950년 후반에 이르러서였다. 대표적인 학자와 저서로는 화이트(L. White)의 『중세기술과 사회변화(Medieval Technology and Social Change)』가 있다.

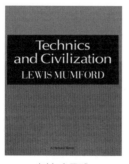

〈기술과 문명〉

(2) 기술사회학

기술사회학은 기술이 사회에 미치는 영향을 실증적으로 연구, 분석하기도 하고, 개별기술이 어떠한 과정을 통해서 개발되었는지, 그 과정에서 사회는 어떤 기여를 했는지를 심층적으로 연구한다. 기술사회학의 성과는 기술이 무엇인가를 묻는 기술철학의 논의와 밀접하게 연결된다. 기술사회학은 기술사보다는 학문적 역사가 짧다. 물론 마르크스(K. Marx)가 사회 속에서의 기술의 역할에 대해 논의한 것은 명백한 사실이지만, 그의 주된 관심은 자본주의 경제 체계지 기술 자체는 아니었다. 따라서 20세기 초의 오그번(W. Ogburn)이 기술 사회학의 시조로 간주되는데, 그는 『문화와 원(原)자연에 관한 사회변화(Social Change with Respect to Culture and Original Nature)』에서 기술 발명 과정이 사회체계에 대한 발명의 영향을 기술진화 관점에서 규명하고자 했다.

오그번의 기술결정론 관점은 오늘날 크게 비판받고 있지만, 그의 기술 사회학 통찰은 길필란(C. Gilfillan)에게로 계승된다. 그 후 기술사회학은 거의 한 세기 동안 휴면기를 지니다가 1980년에 들어 "기술로의 전환(the turn to technology)"이라는 구로아래 재 등장한다. 사회학자들의 기술에 대한 본격적인 관심은 멕켄지(D. MacKenzie)와 와츠먼(J. Wajcman)이 편집한 『기술의 사회 형성(The Social Shaping of Technology)』과 바이커(W. Bijker), 휴즈(T. Hughes)와 핀치(T. Pinch)가 공동 편집한 책자 『기술체계의 사회구성(Social Construction of Technological Systems)』이 출간된 이후다. 오늘날의 기술사회학 연구들에는 사회적 요소들이 기술발전의 결과물인 동시에 기술발전은 사회변동의 소산이라는 상호성을 강조한하는 사회 구성주의(social constructivism)가 주류를 형성하고 있다.

(3) 기술철학

기술철학은 종교철학, 과학철학, 정치철학, 사회철학 등으로 세분화 할 수

〈책임의 정명〉

있는 철학의 한 분야로, 현대 기술에 대한 철학적 물음을 제기함으로써 현대 기술이 나아갈 방향을 탐색하는 학문이다. 기술철학의 출발점은 독일 철학자 캅(E. Kapp)이 『기술철학의 개요』(Grundlinien einer Philosophie der Technik)에서 해당 용어를 사용했던 19세기 후반으로 소급된다. 향후 캅의 영향 하에 공학지향의 철학을 공부한 엥겔마이어 (P. K. Engelmeier)나 데사우어(F. Dessauer) 등은 '공학 기술철학(engineering philosophy of technology)'이라는 학파를 형성하는데, 그들은 실증주의 기술관에 입각해 공학적 합리성을 사회 전체에 확산시켰다. 최근에는 "공학 기술철학"과는 대조적으로 비(非)기술 차원을 부각시키는 "인문학 기술철학"이 기술철학의 한 부류를 형성하고 있다. 이런 분야의 철학자로는 멈포드(L. Mumford)와 엘루(J. Ellull), 그리고 보다 전문철학자들인 가세트(J. O. Gasset)나 하이데거(M. Heidegger) 등을 포함될 수 있다. 최근의 기술철학자들은 기술윤리 문제에 주목하기 시작했는데, 그 대표자인 철학자와 책은 요나스(H. Jonas)의 『책임의 정명(The Imperative of Responsibility)』이다.[36]

2. 과학기술 시대와 소외와 행복문제들

현대가 과학기술사회라는 것에는 그 누구도 이견이 없다. 과학문명의 급속한 발달로 인해 대다수의 사람들은 과학이 미래에 보다 나은 삶을 줄 것을 확신하고 있으며, 결국 미래에 대한 모든 비전이나 인류의 미래 역시 과학기술 발전에 의존하고 있음은 주지할 만한 사실이다. 20세기 중반이후, 대거 등장한 많은 과학기술의 유입은 생활 응용적인 지식의 폭발적 증가와 맞물려 개인의 자유성이나 가치를 중요시하던 인문학적 소양을 대중들이 폄하하게 되는 기원이 되었다. 사실 근대이후 물질문명의 급속한 발전과 자본주의 생성시기와 맞물리며 발달된 과학기술은 인류에게 엄청난 힘과 편리성을 가져다주었다. 더욱이 그것은 우리 인간의 노동을 손쉽게 만들어 주었으며 물질의 생산성도 높여주었다. 그러다 보니 자연을 이해하고 유용하는 본래의 목적은 사라지고 새로운 물질적 재화를 창조하는 것이 과학기술의 주된 목적이 되었다. 이러한 측면에 있어 과학기술의 발전은 우리 인간에게 이전과는 달라진 형태로 다가와 있으며 그것이 또 다른 유형의 소외를 만들어 가고 있는 것이다. 그리고 인간의 행복 역시 이전과는 다른 성격으로 이해되고 있다.

소외(alienation)란 심리학적으로는 자신의 운명이 자기 스스로의 통제에 따르지 않고 외적인 힘이나 숙명, 또는 운이나 제도의 작용에 의해 결정된 것과 같은 무력감이나 삶에 대한 전반적인 목적 상실감들을 총칭하는 단어다. 또한 문화적으로는 사회의 기존가치들로부터 멀어져 있는 것과 같은 감정이라 할 수 있다. 그렇지만 철학에서는 인간소외 즉 인간이 본래 가지고 있는 인간성을 박탈당하여 비인간화되는 현상을 소외라는 주제로 다룬다. 기존에 있는 인간성의 상실이나 인간의 소외, 혹은 인간 행복과 관련된 연구들은 과학기술과의 연관성 보다는 자본주의 혹은 노동과 상품으로의 소외 등을 사회 철학적이거나 정치적 측면에서 연구되어진 것이 철학적 논의 대다수를 구성한다.

기존의 인간 소외에 관한 철학적 연구를 분류하여 굳이 서술하면, 우선적으로 이야기될 수 있는 것이 독일의 철학자 헤겔(G.W.F. Hegel), 마르크스(K. Marx) 그리고 현대의 프랑크프르트학파를 중심으로 하는 경제적 정치적 인간 소외 연구다. 이들은 소외를 인간이 노동을 통해 자신의 '종적인 존재'(species being)를 실현할 수 없으며 노동 속에서 인간의 본질이 실현되지 않는다고 해석한다.

이러한 마르크스주의 전통은 단지 현대사회의 소외에 관한 사상 가운데

〈에리히 프롬〉

한 가지 흐름을 대표하고 있을 뿐이다. 또 하나의 분류는 프로이트(S. Freud)와 에리히 프롬(E. Fromm)을 중심으로 하는 정신분석학적 인간 소외론이다. 그들은 인간 소외를 규범적인 개념으로 파악하고 인간의 본성이나 자연법 또는 도덕원리에 바탕을 둔 어떤 기준에 비추어서 기존의 상황을 비판하기 위한 하나의 도구로 취급하는데서 비롯된다고 주장한다. 이러한 소외이론들은 과학기술을 중심으로 하는 현대와 거리를 두고 있지만 소외가 인간의 문제를 다루는 한에 있어 현대적 소외이론의 강한 도움돌이 되는 것에는 의심의 여지가 없다.

하지만 인간의 소외문제와 과학기술과의 연관성에 관한 문제는 현대에 들어와서 그 사정이 좀 더 복잡해졌다. 과학기술 문명이 우리 인간을 소외시킬 뿐만 아니라, 인간에게 여러 가지 위험과 피해, 그리고 불행을 가져다주고 있다는 것은 사실이다. 동시에 과학기술에 의존하지 않고서는 지금의 인류는 현세와 미래에 대한 그 어떤 행위나 사태도 말할 수 없는 형편에 놓여있다. 그리고 그러한 우리의 현실이 소외에 대한 인문학적 이해의 한계성을 마련하는 계기가 된다. 단지 물질 풍요에 의존한 인간 행복의 이해가 근대 이후 우리 인류가 추구하는 삶의 이해인데, 이러한 것이 과학기술을 중심으로 하는 현대에 와서는 그 의미가 변하고 있다.

우선 현대는 물질적 풍요의 증대에도 불구하고 그것의 응용적 측면은 이러한 풍요의 이면을 상쇄하고 있으며 한계효용도 계속 낮아지고 있다. 미국과 영국, 독일의 국민들은 과거 50년 전보다 두 배 이상의 수입을 올리고 있지만 사회학 연구자들의 한결같은 결론은 그들의 삶의 질이 별로 증대되지 않았거나 심지어 감소한다는 것이다. 그리고 더욱 심각한 문제는 물질적 풍요를 증대시키려는 노력이 인간의 행복이나 삶의 질에 대해 부정적으로 작동하고 있는 측면이 있다는 것이다. 이는 주로 분배의 불균형 때문에 발생한다. 이러한 불행적 요소, 즉 과학기술 역시 그러한 불균형을 그대로 답습하고 있다. 더욱이 지금 우리나라는 물질적 풍요에서 과학기술의 풍요로 추구해가는 이행의 중심점에 서있다.

앞에서 살펴 본 것처럼 '과학기술'이라는 용어는 '과학'과 '기술'이라는 상호 이질적인 개념의 만남에서 이루어진 것이다. 이러한 이질적인 양자를 중매한 것이 역사적으로 보면 바로 물질적 풍요와 자본의 힘이다. 여하튼지 간에 과학과 기술은 서로 밀접히 연관되어 동일한 활동을 한다는 의미에서 '과학기술'을 현대를 사는 우리는 사용하고 있다. 결국 과학기술은 새로운 생산 수단을 개발하고 그 생산 수단을 다루는 방법을 익히며 자신의 기능을 높이는 행동의 총체를 말한다고 하겠다. 현대 과학기술의 출발점을 역사적으로 살펴보면, 17세기 서양의 근대과학의 출현과 맞물려 있다. 이전의 과학기술은 경험에 의해서 피라미드 같은 거대 건축물을 만드는 기능적인 활동과 자연현상과 우주현상을 설명하는 지적수준에 머물러 있었지만, 근대과학은 이것을 보다 응용하며 우리 인간에게 혁신적인 삶을 안겨 주었다. 이러한 변화는 인간의 행복에 대한 이해와 연관되어 있는데, 근대가 중세의 스토아적인 행복이나 중세의 신앙적 행복을 넘어서 물질적 행복에 기인하였음을 알 수 있다. 이러한 특징을 베버(M. Weber)의 『자본주의와 프로테스탄티즘』에서도 확인할 수 있다. 그는 이 책을 통해 "자본주의가 프로테스탄트적 세계관 속에서 추구되었다는 사실은 서양사회에서는 보다 명백해 보인다. 이처럼 자본주의가 제시하는 최후의 논리는 경제와 화폐가 결국 세상의 질서를 확립하고, 나아가 사회의 이상적 상태조차 정의할 수 있다는 것이다. 정치가 국가에 속한 국민의 행복을 창출하는 데에 그 목적을 둔다면, 자본주의

〈막스베버〉

의 정치가 보장하는 행복은 오로지 경제라는 우월적인 매개를 통해서만 가능해진다"고 말하고 있다.

따라서 현대에 있어 과학기술에 의한 불균형은 그 어떤 것의 불균형보다 인간의 불행과 소외를 초래하는 특징을 지닌다. 현대에 있어 과학의 연구결과나 개발된 기술 그 자체의 중요성은 두 말할 필요가 없으며, 어떤 측면에서는 여타의 것 보다 더 강한 힘을 지니고 있다. 진정한 인간실존을 위해서는 과학과 인간성, 과학과 윤리, 인문학 역시 과학이 동반되는 깊은 연구가 이루어져야 한다. 지금 우리는 과학기술과 인류평화와 소외극복과 관계에 대한 신중한 연구와 논의가 더욱 필요하다. 사실 기존의 과학기술이 지니는 이미지는 그것에 대한 어떠한 가치적 평가에 있어 중립적이다. 하지만 과학기술의 불균형이 이루어지고 있는 지금, 그것의 응용적 측면을 고려하면 더 이상 가치중립적이라고만 하기 어렵다. 오히려 과학기술에 대한 가치적 판단은 성격한 매우 논쟁의 대상이 되고 있다. 또한 인류 생존과 관련한 과학기술의 발전과 이와 관련된 선진국들의 노하우의 폐쇄문제는 현재 지구촌 사회 내뿐만 아니라 한 국가와 사회 내의 많은 갈등 문제를 암시하고 있다. 세계화 추세 속에 나타난 과학기술 분야에서는 인간학적인 요소를 포용하기 위한 노력이 이루어지고 있다.

3. 고전적 소외 – 노동과 물질

수세기에 걸쳐 '소외'라는 말은 여러 가지 다른 의미로 사용되어 왔다. 현대를 사는 우리들도 이 단어를 널리 통용하며 그 의미를 전달하고 있다. 그렇지만 통용되는 의미는 크게 두 가지 의미에서 뚜렷하게 사용된다. 우선되는 것으로 심리학적 혹은 정신의학적 의미를 말할 수 있다. 여기서 말해지는 소외란 개인의 정체성의 상실이라는 의미와, 사회와 타인으로부터의 고립, 자기격리, 접촉 상실, 또는 무감각 등을 의미한다. 또 다
른 하나는 마르크스에 의해 처음으로 소개된 것으
로 자본주의 시대에 있어 유적 본질인 인간에게 발
생하는 사회구조적인 소외와 인간 본질의 상실의
의미를 지닌 근대적 소외가 있다. 우선 그의 개념
적 배경을 살펴보기 전에, 소외 개념을 둘러싸고 등
장하는 여러 가지 서로 다른 철학적 맥락들을 간단
히 정리해 보고자 한다. 신을 중심으로 하였던 중세

〈마르크스〉

시대에 있어 소외란 자아를 넘어선 상태를 소외로 간주하였다. 중세 신플라톤
주의를 이끌던 철학자 플로티누스(Plotinus)는 명상의 극치를 인간의 소외 상
태라고 보았으며, 그의 영향을 이어받은 교부철학의 대부인 아우구스티누스
(Augustine)도 소외를 인간의 영혼이나 정신이 고양된 무아지경의 명상 상태
로 보았다. 결국 중세의 소외는 탈 자아로서의 소외 개념의 의미를 지녔다. 이
렇게 신 중심의 중세시대의 소외 개념은 인간이 자기 자신을 초월하여 혹은 자
기를 넘어서 자신을 발견하기 위해 자신으로부터 소외된다는 의미로 이해된
다. 여기서의 소외는 어떠한 부정적 평가를 내포하지 않고 있다. 하지만 이성
의 시대인 근세의 시작에 등장하는 소외는 그 의미가 매우 달랐다.

독일 관념론의 최종주자인 헤겔은 소외를 변증법적 이성 발전의 원동력이
며 이념의 고유한 활동으로 간주하였다. 즉 이념이 일단 자기를 부정하고 밖으
로 나간 것이 자연이며, 이러한 자연은 이념이 자기를 소외한 것, 타재(他在)의
형태에 있어서의 이념이다. 결국 이념이 자신을 소외(외화)해서 자연으로서 자
신을 해방한다고 말할 수 있다.

이념은 원래 정신적인 것이나 그런 이념도 자기 자신을 발전시키기 위해
서는 무의식적인 자연의 형태로 우선 나타나야 하는 것이다. 이런 '자연'이 다
시 자기로 돌아온 것이 정신이다. 다시 말해 이념은 자연의 자기소외를 지양해

서 자기에게로 되돌아 온 것(내화)이 정신이다.

헤겔과 달리, 마르크스는 헤겔의 의식의 자리에 노동과 물질을 대체한다. 노동이란 인간이 외적 자연에 대하여 도구를 사용하여 목적의식적으로 육체적, 정신적 힘을 가함으로서 외적 자연을 변형, 가공 창조하는 대상적 실천 활동이라고 할 수 있다. 인간이 도구를 사용으로 증대된 생산력은 원시 씨족사회에서 부족사회로 그리고 봉건사회와 다시 산업혁명을 통해 자본주의로 변혁하게 된다.

노동에 대한 인간적 이해는 노동은 자신을 긍정하고 창조하는 활동이다. 이것은 인간이 노동을 통해 자연을 대상화하고 인간은 자연을 향유하게 한다는 것을 말한다. 그것을 통해 존재의 의미를 깨닫게 되는 것이다. 대상화 후에 생산물이 인간에게 복귀하는 현상이 없을 때, 그것을 자신의 사물이 주체를 지배하는 현상으로 이것을 근세에서는 '소외'라고 한다. 따라서 마르크스는 『1844년 경제·철학 수고』를 쓰면서 네 가지 소외를 제시했다. (1) 인간의 자연으로부터의 소외, (2) 자기 생산 활동으로부터의 소외 (3) 종(種)적 존재로서의 인간으로부터의 소외 (4) 다른 인간으로부터의 소외. 마르크스는 이런 소외가 결코 '어쩔 수 없는 숙명'이 아니라고 강조했다.

4. 후기 산업사회 소외 – 인간이 로봇

프랑크푸르트 학파로 알려진 비판 이론가들은 자본주의라는 한 특수한 경제 질서가 아니라 이를 포함한 현대 문명 전반에 걸쳐 소외의 문제를 현대사회에 다시금 제기하였다. 다시 말하면 소외라는 말로써 이들이 비판하는 대상은 자본주의든 사회주의든 이른바 현대(후기)산업사회다. 이들은 현대사회의 기본 특징을 인간 이성의 도구화로 본다. 이들에 따르면 인간의 이성은 원래 종교나 신화로부터 인간을 각성시키는 계몽의 역할을 담당했는데, 역사가 흐르면서 이성의 계몽적인 힘은 점차 약화되었고 상대적으로 도구적, 기술적 합리성이 강화되어 이성을 장악했다고 한다. 그런데 이러한 도구적, 기술적 이성은 바람직한 목표를 반성하지 못하고 오로지 주어진 목표를 효율적으로 달성할 수 있는 수단에만 관심을 기울이는 이성이다. 만일 인간이 이러한 도구적 이성에 매몰되면 인간의 삶은 모든 면에서 효율성만을 지향하며, 스스로는 자신의 이성이 만들어 낸 효율성의 제도적 수단에 종속되는 위치로 전락하고 만다. 이들의 주장에 따르면 발달한 기계 장치와 거대한 관료 조직, 그리고 강력한 권위주의를 제도화한 현대산업사회가 바로 그런 사회라는 것이다.

현대산업사회 비판의 형태로 나타나는 이들의 소외론은 대체로 다음과 같이 두 가지로 요약할 수 있다. 첫째로, 과학기술의 발전과 관료 조직의 성장으로 인간이 일종의 로봇이 된다는 것이다. 인간은 기계의 한 부속품 내지 조직의 일원으로 기계가 명령하고 조직이 움직이는 대로 수동적으로 따르기만 한다. 다시 말해 인간은 거대한 기계 체계가 자신의 손을 떠나 그 자체의 법칙에 따라 작동하면 어쩔 수 없이 거기에 봉사하는 종의 위치로 전락하며, 또 거대한 조직의 힘에 이끌려 일차원화, 획일화되는 가운데 마침내 주체성을 잃어버린다는 것이다. 둘째로, 현대사회는 철저한 개인주의 사회이기 때문에 인간은 서로가 서로에 대해 단절되어 있다는 것이다. 혈연이나 자연과 같은 자연적인 유대를 상실한 인간은 자기 자신 이외에 자신을 돌봐 주는 사람이 아무도 없다. 따라서 공포와 불안의 심리로부터 하루빨리 벗어나기 위해서 어떤 보이지 않는 강력한 권위에 자신을 맡기고자 한다. 이들에 의하면 파시즘과 전체주의 국가는 바로 이러한 소외가 현실로 드러난 것이다.

이들은 루카치(G. Lukács)와는 달리 소외극복의 수단으로 더 이상 노동자 계급의 계급적 각성을 필요로 하지 않는다. 이들이 보기에 소외는 자본주의나 사회주의를 막론한 현대산업사회의 모든 인간들에게 공통되는 현상이며, 소외의 원천도 이성이 도구화된 현대 문명 자체에서 유래하는 것이기 때문이다. 그래서 이들은 소외극복에 대해 대체로 비관적인 견해를 취하거나, 아니면 대중의 '위대한 거부'라는 모호한 대안을 제시한다.

현대사회의 소외 문제를 이야기하는 사람들 중에는 기존의 소외론이 역사와 철학에서만 다루기 때문에 과학적이지 않다는 비판을 하는 사람들도 있다. 이들의 주장은 한마디로 정리하면, 소외를 확인 가능한 현상들만으로 연구대상으로 삼자는 것이다. 사물화니 비인간화니 하는 개념들은 현대사회의 복잡한 소외 현상을 분석하기에는 너무 단순하고 추상적이지 않느냐는 주장을 그들은 펼친다. 멜빈 시맨(M. Seeman)으로 대표되는 그들은 오늘날의 경험적 사회 과학자들 대부분이 바로 이런 주장을 펴는 사람들이다.

우선 그들은 소외라는 말을 지금까지 이야기한 것과는 전혀 다른 뜻으로 사용한다. 이들이 바라보는 소외란 '환경에 동화 내지 적응하지 못하는 개인의 주관적 심리상태'를 가리킨다. 즉, 소외란 가치 중립적인 사실에 대한 개인의 주관적 느낌이라는 것이다. 소외는 소외감과 같은 말이다. 대체로 이들이 거론하고 있는 소외감은 무력감이니, 무의미성이니, 무규범성이니, 가치상의 고립이니, 자기 소원이니, 사회적 고립감이니 하는 대중 사회에서 가지는 지극히 개인적인 차원의 느낌들이다. 이들이 제시하는 소외감이란 과연 어떤 것인지 간략히 살펴보자. 사람들마다 조금씩 다르게 이야기하지만 거칠게 정리하면 다음과 같다.

〈시멘〉

첫째, 무력감은 개인이 현대사회의 정치, 경제, 사회적 문제에 대해 아무런 영향을 끼칠 수 없을 때 발생하는 감정이다. 즉, 세상은 권력을 가진 소수의 사람들에 의해 움직이므로 나같이 하찮은 사람은 그것을 어떻게 할 수가 없다는 느낌이다. 둘째, 무의미성은 개인이 현재의 사회적 상황의 움직임을 파악하지 못할 뿐만 아니라 미래의 진행마저 예측할 수 없을 때 나타나는 감정이다. 즉, 세상이 너무나 복잡하여 나로서는 그것이 어떻게 돌아가는지 도저히 알 수 없다는 느낌이다. 셋째, 무규범성은 개인의 행동을 규제하는 사회적 규범이 붕괴되었을 때 나타나는 감정이다. 즉, 어떤 목표를 달성하기 위해서는 사회의 일상적인 규범에 따를 필요가 없다는 느낌이다. 넷째, 가치상의 고립은 사회적으로 통용되는 일반적인 가치를 거부할 때 발생하는 감정이다. 즉, 대중문화를 낯선 것으로 느끼거나 그것에 대해 반대하고 분노하는 느낌이다. 다섯째, 자기 소원은 개인이 자기 자신을 타인으로 느끼는 것이다. 예를 들어, 즐거워서가 아니라 오로지 먹고살기 위해서 노동하는 노동자는 자신의 노동을 자기 것이 아니라 마치 남의 것으로 경험하는 것이다. 여섯째, 사회적 고립은 개인이 집단으로부터 격리될 때 일어나는 감정이다. 이러한 감정은 혈연이나 지연 등 자연적 연대감이 상실될 때 나타난다.

이상에서 알 수 있듯이 주관적 감정을 강조하는 사회과학자들은 소외를 현대사회, 정확히 말하면 개인들의 집합에 불과한 대중사회에서 다양하게 나타나는 현상으로 보고 있다. 소외는 주관적 감정이기 때문에 동일한 환경 속에 있는 사람들이라 하더라도 누구는 그것을 의식하고 누구는 의식하지 못할 수도 있다. 설령 동일한 감정을 느꼈다 하더라도 이번에는 행동이 서로 다르게 표출될 수도 있다. 사회과학자들마다 같은 소외감에 대해 같은 목소리를 내기가 어려운 이유는 그러한 감정이 다양한 현상으로 나타나기 때문이다. 그렇지만 이들은 소외극복에 대해서는 모두들 입을 다물어 버린다. 할 말이 없어서가 아니라 할 필요가 없기 때문이라고 한다. 왜냐하면 소외의 원천인 사회 자체는 잘잘못을 가릴 수 없는 것이기 때문이다. 현대사회는 뭔가 잘못된 것이기에 뜯어고쳐야 한다는 생각은 과학적인 것이 아니라 철학적인 발상이라는 것이 그들의 주장이다. 이들은 항상 있는 그대로의 사실로부터 출발하며 현실에 대해 긍정적인 자세를 가진다. 왜냐하면 과학은 가치를 다루는 학문이 아니었기 때문이다.

5. 현대적 소외 - 과학기술의 부적응

지금 현대 세계시민들에게 삶의 만족감의 근원이 되는 주역은 당연 과학기술이 주는 편리함이다. 그래서 우리는 현대문명을 과학기술문명이라고 부른다. 물론 현대의 문화와 문명이 과거에 비해 과학기술만 발전한 것이 아니다. 여기에는 많은 인구의 증가라든지, 거대한 도시의 건설, 그리고 경제력과 생산 능력의 팽창, 사회의 조직화 등이 현대사회와 문명을 발전시켜 왔다. 하지만 현대사회가 과학기술을 하부구조적 원동력으로 삼고 있다는 점에는 누구도 이견이 없다. 현대 문명사회에 사는 우리는 우리의 모습이 하나의 기계 부품처럼 되어 가고 있다는 것을 목격하고 있다. 높은 빌딩의 꼭대기에 한 번 가서 도시 한복판에서 움직이는 인간들의 행렬과 동작을 관찰해 보면 이를 잘 느낄 수 있다. 이것은 과학기술이 만들어 놓은 작품이다. 그리고 과학기술은 인간의 마음과 태도마저도 변화시켰다. 인간은 과학기술의 시대를 살기 위해 스스로의 동작이나 사고방식이 과학기술적이 되지 않으면 안 된다. 기계처럼 정확해야 하고 동작이 빨라야 하고, 생각의 여유가 없고, 또 같은 동작을 반복해야 한다. 오늘날, 과학기술의 문제는 단지 과학이나 경제의 문제만이 아니라, 과학기술의 발전이 인간의 삶과 사고방식에 미치는 영향을 심도 있게 생각하지 않으면 안되는 시점에 놓여있다. 그래서 기술의 문제를 다루는 철학이 발전하게 되었는데, 기술의 철학은 곧 기술 세계가 요구하는 합리적이고 도구적(instrumental)인 사고방식의 문제를 반성하고, 기술문명이 만들어 놓은 대량생산, 자동화, 자연의 합목적적인 변화 및 이용 등의 문제를 생각하는 일을 하게 되었다. 더욱이 컴퓨터라는 생각할 수 있는 기계까지 나와, 경영을 하거나 관리하는 분야의 인간 노동까지 대행하는 양상을 보이고 있다.

〈러셀〉

따라서 이러한 현상들은 과학기술 문명의 비극과 위기로 볼 수 있고, 여기에 대한 반성과 경고가 여러 철학자들에 의해 제기되었다. 특히, 과학기술 문명이 인간의 자유와 욕구, 정서와 같은 인간성을 축소시키고 인간의 주체성을 유린하게 되자, 주인으로서의 인간을, 수단이 되어야 할 기술문명이 소외시켰다고 해서 인간 소외가 심각한 문제로 대두하게 되었다. 이미 러셀(B. Russell)은 '기계는 시간이 갈수록 인간에게서 인간의 행복의 핵심적 요소가 되는 두 가지를 빼앗아 가는데, 그 하나는 자발성이요, 다른 하나는 전환 가능성과 여유'라고 했다. 이렇게 과학기술 문명에 의한 인간 소외는 21세기에 들어와서 과학과 인문학의 중요한 부분을 이루고 있다.

인류의 역사에서 과학은 자연이라는 미지의 것을 설명하며 인간의 혼란을 방지하는 중요한 역할을 담당하였다. 그래서 과학은 어떤 측면에서는 정신적인 영역에 속하는 활동으로 이해될 수 있다. 반면에 기술은 자연환경 속에서 살아가는 데 필요한 도구와 같은 실용적인 도움을 주는 활동이었다. 현대로 오면서 과학은 이전의 자연 탐구보다 더 정교해지고 세밀하게 발전하였다. 큰 것에서부터 미세한 것으로 단순한 설명에서 복잡한 설명으로 그 지식의 깊이와 넓이가 확대된 것이다.

이러한 지식이 인간의 삶에 유용하게 활용은 산업혁명 기간을 거치면서 기술에 과학적 지식을 접목하는 활동이 활발하게 진행되었다. 이로서 과학은 기술이라는 도구를 통하여 우리의 삶에 없어서는 안 될 중요한 요소가 된다. 세계는 지금 과학기술 시대가 도래 하였으며 동시에 우리 인간에게 소외극복의 의미는 이전의 것과 다른 의미로 다가오게 되었다.

현대 과학기술 이전의 소외극복에 대한 인간의 이해는 다양한 주장들을 동반하고 있었다. 마치 소외극복을 감각적 쾌락과 동일시하거나 또는 이성적 기능이 최대한 발휘된 상태를 말하거나 심지어는 자연의 법칙을 순응하는 것이 행복을 동반한다고 주장한다. 과학기술시대 이전의 소외극복은 구체적으로 개인적 상황을 고려하는 심리적 개념으로 이해될 수 있다. 또한 중국 고대의 양자(楊子)나 서양 그리스의 에피쿠로스는 개인적 차원의 쾌락을 소외극복의 조건으로 보았다. 또한 소외극복을 개인을 넘어서 타인이나 집단의 관계 속에 경험되어지는 만족감이라 보았다. 그래서 소외극복은 합리적인 인생의 계획에서 총체적인 자아의 실현과정에서 오는 지속적인 경험의 일부라 할 수 있다. 이러한 과학기술 이전의 인간 소외와 소외극복에 관하여 롤즈(J. Rawls)는 "사람은 유지한 조건하에서 세워진 인생의 합리적인 계획이 성공적으로 수행되고 있는 동안 자신의 의도가 실현되고 있다는 확신이 있을 때 소외극복해 진다."라고 말한바 있다. 이렇게 보면 과학기술시대 이전에 소외극복은 합리적 인생의 계획 속에서 윤리적 의무의 수행을 다하며, 집단의 관계 속에서 총체적 자아실현을 이루어가는 만족감이라고 말할 수 있겠다.

과학기술과 인간의 소외극복과 행복은 어떤 연관성을 지니는가? 21세기는 과학기술이 세상을 보다 더 편리하고, 사람들을 소외극복하게 해줄 거라는 기대로 함께 출발되었다. 인터넷 등의 정보 과학기술의 발달은 정보의 흐름을 이전보다 훨씬 빠르게 만들었으며, 국가 간 국경 없는 무역을 촉진시켰으며, 부유한 자나 가난한 자나 누구나 쉽게 정보를 공유함으로써 인터넷 아래서 모두가 평등할 것이라는 기대에 부풀어 있었다. 그렇지만 빈부의 격차는 더욱 커졌고, 정

〈롤즈〉

보의 독점과 횡포 역시 더 심화되었다. 정보의 흐름이 빨라지긴 했으나 이 흐름을 따라갈 수 있는 사람과 따라갈 수 없는 사람간의 소득 격차는 급속하게 벌어졌고, 세계화가 급속도로 진행되면서 강한 나라와 약한 나라간의 경제적, 정치적 힘의 차이도 더욱 심화되었다. 여기서 우리는 현실에 등장하고 있는 이러한 불행적 결과들을 나열하는 것을 넘어서서 과연 과학기술과 소외극복이 지니는 가치적 측면도 고려해 보아야만 한다.

과학기술은 이전의 소외극복이나 행복의 의미였던 윤리적 의무나 당위의식을 확장시켜 주는가? 전반적으로 과학기술은 개인주의적 사고와 상대적 가치관, 개방적인 삶의 태도를 갖도록 유도하여 이기주의적인 경향과 경쟁의식을 고취하는데 일목하였다. 과거의 소외극복이 장기적인 합리적 인생과 그것의 총체적 자아와의 관계 속에서 이루어진 것이라면 과학기술시대의 과학기술은 인간 소외극복을 위해 어떠한 역할을 담당하고 있는가?

정보화를 이룩한 과학기술은 자아의 정체성과 심성의 변질에 영향을 가지고 왔으며 개인의 창조적 직관이나 이성적 판단에 의거한 소외극복을 추구보다는 정보교환의 객체로 전락한 개인들의 소외극복은 그 의미가 사뭇 다르다고 하겠다. 과거 산업사회에서 기계가 인간의 소외극복을 노동으로부터 소외한 것처럼, 지금의 과거기술 시대에는 과거기술의 진보가 인간의 행복을 소외하고 있다. 여기서 우리의 고민은 인간의 행복이 실현되는 미래가 과학기술에 의한 유토피아냐, 아니면 과학기술에 의한 디스토피아냐 하는 것이다. 그리고 우리가 살고 있는 세상은 거의 모든 것이 과학기술을 통해 우리가 이루어낸 것들에 의해 돌아가고 있기에 그에 대한 행복의 의미를 되새김은 매우 중요한 일이다.

6. 마무리

지금까지 우리는 현대사회의 소외 문제를 바라보는 두 가지 시각을 거칠 게나마 정리해 보았다. 하나는 역사 철학적 시각이었고 다른 하나는 경험 과학 적 시각이었다. 이 두 입장은 결국 소외 현상을 객관적 상황으로 보느냐 주관 적 심리 상태로 보느냐의 차이로 여겨졌다. 이 두 입장은 각각 장단점을 가지 고 있다. 상대방의 장점이 나의 단점이고 나의 단점이 상대방의 장점이다. 다 시 말해 역사 철학적 논의는 다소 추상적이기는 하지만 소외극복의 당위성을 강하게 제시한다. 반면 경험 과학적 논의는 매우 구체적이기는 하지만 소외극 복에 대해서는 침묵으로 일관한다.

사실 소외라는 말 자체가 이미 부정적인 의미로 쓰이고 있고, 우리 또한 소 외 현상을 하나의 사회 병리 현상으로 간주한다면, 정작 우리에게 중요한 것은 소외를 극복하는 방안일 것이다. 루카치의 사물화 이론은 이런 점에서 분명한 대안을 제시한다. 그의 이론 자체가 노동자의 계급의식의 각성을 꾀하고자 생 긴 것이기 때문이다. 그러나 오늘날의 사회는 루카치의 사물화 이론을 그대로 적용할 수 있는 그런 사회가 아니다. 자본주의 체제도 역사의 흐름에 무감각 하지만은 않았다. 오히려 겉으로 드러난 소외의 양상이나 소외의 원인만을 생 각하면 오늘날의 사회는 비판이론이 비판하는 산업사회나 경험적 사회과학이 가정하는 대중사회에 더 가깝다고 할 수 있다. 그러나 비판이론의 경우 소외극 복의 당위성은 제시하지만 그 방안은 모호하다. 경험적 사회 과학은 아예 당위 성마저도 언급하지 않는다.

소외와 소외극복은 서로 분리할 수 없는 것이다. 우리에게 정말로 필요한 미래의 세계시민적 덕목은 이 두 가지 모두를 상호이해하려는 자세뿐만 아니 라 철학과 과학을 융합하려는 태도에서 시작된다.

1. 마르크스가 말하는 네 가지 소외는 21세기 한국사회에도 존재하는가?

2. 급진하는 과학기술로부터 소외감을 느낀 사례를 이야기 해보자.

3. 현대의 과학기술은 우리에게 미래의 행복을 보장해 줄 것인가?

4. SF 영화 중 과학기술발전과 인간성의 갈등을 그린 영화를 찾아 발표해
   보자.

5. 미래 과학기술의 발전 방향을 세계시민의 관점에서 이야기 해 보자.

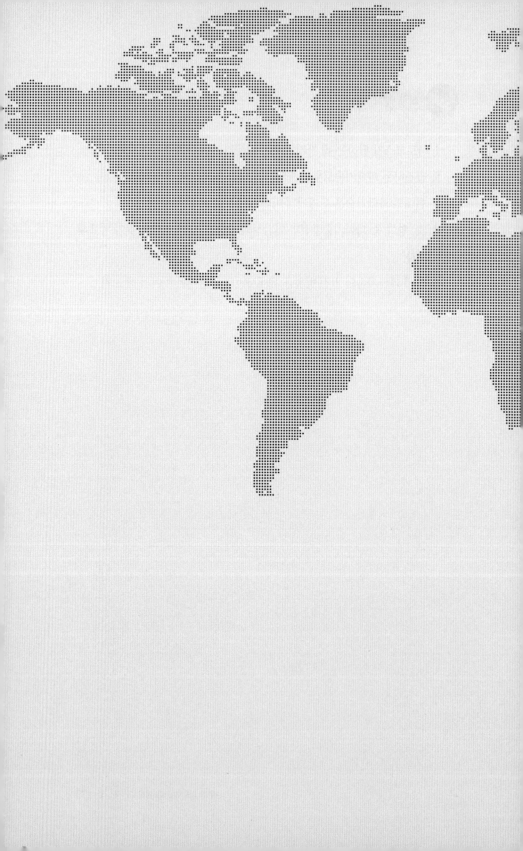

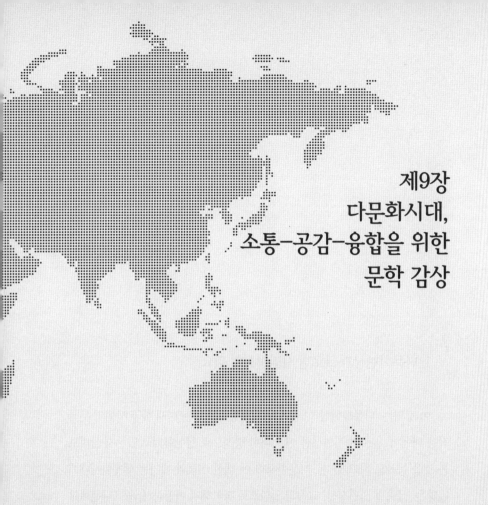

제9장
다문화시대,
소통-공감-융합을 위한
문학 감상

생각 꺼내기

한국 문학에서 '다문화사회'와 '글로벌 시민정신'은 어떻게 형성화되고 있는가?

1. 다문화현상과 글로벌 시민정신의 필요성

이 강의는 '다문화현상'이 급속하게 진행되고 있는 현재 한국 사회의 문학 작품 내에서 '글로벌 시민정신'이 어떠한 방식으로 형상화되고 있는지 살펴보는 것을 목표로 하고 있다. '다문화사회'에 대한 이해와 대처는 세계화시대에 걸맞은 '글로벌 시민정신' 교육의 일환으로 파악해야 마땅하다. 즉, '다문화교육'의 핵심 방향이 '세계시민교육'의 방식으로 전환되어야 한다는 말이다.

이때의 '세계시민'이란 글로벌 마인드를 지닌 사람을 말한다. 다시 말해, 서로 상이한 문화를 편견 없이 이해하는 열린 마음을 가진 사람만이 세계시민의 자격을 얻을 수 있다. 자신의 문화만을 최선이라고 주장하거나 지나치게 민족주의적이고 국수주의적인 시야를 가진 편협한 사람이 아니라 보다 거시적인 안목과 열린 시각으로 세계인들을 공평하게 대하는 사람이 바로 세계시민인 것이다.

우리가 다문화를 제대로 받아들이지 못한다면 한국이라는 좁은 공간에 고립된 채 세계시민으로 성장하기 어렵다. 외부의 이질적인 문화를 거부하는 자세는 글로벌 시민정신과 공존할 수 없다. 외부의 문화, 인종, 언어, 종교 등에 대해 역지사지의 자세로 존중하는 마음을 가지는 것이 국제사회에서 고립되는 것을 막을 수 있는 유일한 방책인 것이다.

이처럼 현대사회에서는 차이와 경계를 초월하는 세계시민적인 연대를 위한 규범이 절실하게 필요하다. 이러한 글로벌 시민정신의 핵심은 '인권존중'과 '공생공존'이다. 동등한 인격과 고유한 문화적 정체성을 가지고 있는 외부의 타자를 적극적으로 수용하고 인정하는 자세가 우리에게는 무엇보다도 시급하다. 이러한 문제의식 아래 한국 문학에 나타난 다문화사회의 양상과 이에 따른 글로벌 시민정신의 구현 방식을 비판적으로 고찰하기로 한다.

2. 글로벌 시민정신과 한국의 현대시

세계시민으로서 올바른 정신과 자세를 지니기 위해서는 문화나 이념을 달리하는 모든 민족이나 국가 사이의 화해와 협력을 지향하는 태도가 필요하다. 글로벌 시민정신은 기본적으로 하나의 문화가 다른 문화에 비해 우월하거나 열등하다는 생각을 파기하는 것으로부터 출발한다. 또한 글로벌 시민정신을 올바르게 구현하기 위해서는 세계의 문화에 대한 올바른 이해와 폭넓은 지식의 축적이 요청된다. 더불어 서로 다른 문화와 전통의 특수성을 이해하고 존중하는 자세가 필요하다.

한국 사회에서 체류 외국인이 100만 명이 훨씬 넘은 상황에서 낯선 외국 이주민을 바라보는 한국인의 시각에는 동정심과 적대감이라고 하는 양가감정이 교차하고 있다. 상호 존중과 이해를 바탕으로 열린 민족주의가 성립될 때 글로벌 시민정신이라는 이상이 구현될 수 있다. 하지만 현실에서는 이러한 소통과 배려 대신 명령과 굴종의 왜곡된 위계관계가 나타났던 것이 사실이다. 외국에서 이주해 온 사람들에게 한국적 특성을 주입해서 완벽한 한국인으로 변신하기를 바라는 '동화의 방식'은 오히려 역효과를 초래할 수 있다. 오히려 그들의 문화를 먼저 우리가 수용하고 이해한 뒤, 그들의 문화와 정서를 공감하는 역지사지의 과정이 필요하다.

이러한 가운데 하종오 시인은 10년이 넘게 외국 이주민에 대한 우리 사회의 배타성을 비판하는 시편들을 꾸준히 발표하였다. 『반대쪽 천국』(2004), 『국경없는 공장』(2007), 『아시아계 한국인들』(2007), 『입국자들』(2009), 『제국』(2011) 등 시집을 통해 한국에서 살아가는 외국 이주민의 비참한 삶을 사실적인 어조로 형상화하였다. 시인은 자본의 논리와 제국의 질서에 의해 억압하고 억압당하는 인간군상을 사실적으로 형상화함으로써 다문화현상과 식민지주의가 어떻게 공모하고 있는지 비판적으로 접근하고 있다.

요컨대 한국의 현대시에 나타난 다원화사회의 다양한 양상을 살펴보는 일은 글로벌 시민정신이 과연 무엇인지 우리에게 진지한 질문을 던지기 때문에 큰 의미가 있다. 글로벌 시민정신은 무엇보다도 '다양성'과 '다원주의'에 기초를 두어야 한다. 원만한 다원화사회를 성취하기 위해서는 세계시민이라는 공감대가 필수적이다. 세계시민으로서 상호 존중하는 데 필요한 지식, 교양, 태도, 가치 등을 사회적 합의를 통해 도출해낼 수 있을 때 한국의 다문화사회 정착은 앞당겨질 수 있을 것이다.

글로벌 시민정신이란 지난 수천 년 동안 특정한 '지역 민족'으로 살면서 형성된 한정된 정신 속에 '세계 민족'으로 살아갈 수 있도록 새로운 관념과 제도를 갖추는 일을 말한다. 세계시민은 사람들 사이의 차이를 인정하고 바로 그 차이에서 많은 것을 배울 수 있다는 자세를 지닌 사람이다. 과거 우리의 문학은 과도한 민족주의와 단일성에 대한 숭배의식에 사로잡혀 타자를 수용하는 방법을 제대로 표출하지 못한 감이 있다. 이처럼 배타적이고 국수적인 태도만을 고집하면 국제사회의 흐름에서 소외되고 말 것이다. 이를 극복할 수 있는 방안이 바로 지금까지 언급한 글로벌 시민정신의 함양인 것이다.

3. 다문화시대 한국의 현대시

1) 민족 개념의 변화와 새로운 공동체 사회의 모색

한국에서 '민족'의 개념은 매우 중요한 위상을 차지한다. 그러한 순혈주의적인 민족의 신화를 강화하기 위해서 '단일민족'이라는 용어를 개발하기도 하였다. 하지만 단일한 혈통과 역사와 문화를 기반으로 하는 '한민족'이라는 개념은 세계화가 가속화되고 있는 현 시점에 와서 그 절대적인 동력을 상실해가고 있다. 과거에는 흔치 않았던 결혼 이민자나 이주 노동자 등 외국의 타자들이 단일민족의 신화로 뭉친 한국 사회에 변화의 바람을 몰고 오면서 새로운 공동체 사회의 모색을 예고하고 있는 것이다.

한국인(Korean)과 아시아인(Asian)의 합성어인 이른바 코시안(Kosian)이라는 용어의 등장은 다문화사회의 실상을 분명하게 보여주고 있는 표지이다. 국제결혼을 한 부부의 자녀나 아시아 이주 노동자의 자녀를 가리키는 이 말은 한국의 농촌 총각들과 결혼한 아시아 국가의 여성들과 그 자녀로 구성된 '다문화가족'의 본격적인 등장을 명시적으로 보여주고 있다. 따라서 이제는 단일민족 신화의 재생산에 골몰할 것이 아니라, 그들과 융화하고 순혈주의적인 관념에서 벗어나 '다민족'을 받아들일 수 있는 자세가 필요하다. 일방적 동화주의의 발상에서 전환하여, 동화주의가 결혼 이민자에게 얼마나 힘겨운 문화 흡수를 요구하고 있는가를 비판적으로 성찰해야 한다. 그런 후에 다른 문화가 서로 존중받는 쪽으로 정책이나 인식이 따라가야 할 것이다."[37]

2) 다문화시대 현대시의 미적인 반응

이처럼 견고했던 '내셔널'의 개념이 점차 와해되어 가고 이제는 '트랜스내셔널'의 단계로까지 급격하게 변화하는 시대에 우리는 살고 있는 것이다. 그렇다면 단일민족 사회에서 다민족 사회로 나아가는 변화의 소용돌이에서 한국의 현대시는 과연 어떻게 미학적인 반응을 보이고 있는가?

"한국 현대시가 처음으로 다문화양상을 광범위하게 경험한 것은, 최근의 결혼 이민자 현상보다는 한국전쟁이나 베트남전 같은 장기전에서 비롯된 혼혈 현상이었다. 한국전쟁이 남긴 혼혈아 문제는 해방 후 우리 문학에 광범위한 상처로 진입한 제재였다고 할 수 있다. 그리고 제도 언론이나 대중 매체가 영웅화하려 했던 베트남전 역시 혼혈의 흔적을 우리 역사 안에 남겼다."[38] 김명인의 '동두천 연작'과 같은 초기 작품이 그 대표적인 사례이다.

▶ 김명인, 「동두천 4」, 『동두천』, 문학과지성사, 1979

내가 국어를 가르쳤던 그 아이 혼혈아인
엄마를 닮아 얼굴만 희었던
그 아이는 지금 대전 어디서
다방 레지를 하고 있는지 몰라 연애를 하고
퇴학을 맞아 고아원을 뛰쳐 나가더니
지금도 기억할까 그 때 교내 웅변대회에서
우리 모두를 함께 울게 하던 그 한 마디 말
하늘 아래 나를 버린 엄마보다는

나는 돈 많은 아메리카로 가야 된대요

일곱 살 때 원장의 姓을 받아 비로소 李가든가 金가든가

朴가면 어떻고 브라운이면 또 어떻고 그 말이

아직도 늦은 밤 내 귀가 길을 때린다

기교도 없이 새소리도 없이 가라고

내 詩를 때린다 우리 모두 태어나 욕된 세상을

이 强辯의 세상 헛된 강변만이

오로지 진실이고 너의 진실은

우리들이 매길 수도 없는 어느 채점표 밖에서

얼마만큼의 거짓으로나 매겨지는지

몸을 던져 세상 끝끝까지 웅크리고 가며

외롭기야 우리 모두 마찬가지고

그래서 더욱 괴로운 너의 모습 너의 말

그래 너는 아메리카로 갔어야 했다

국어로는 아름다운 나라 미국 네 모습이 주눅들 리 없는 合衆國이고

우리들은 제 상처에도 아플 줄 모르는 단일 민족

이 피가름 억센 단군의 한 핏줄 바보같이

가시같이 어째서 너는 남아 우리들의 상처를

함부로 쑤시느냐 몸을 팔면서

침을 뱉느냐 더러운 그리움으로

배고픔 많다던 동두천 그런 둘레나 아직도 맴도느냐

혼혈아야 내가 국어를 가르쳤던 아이야

4. 다문화시대 소통과 공감을 희망하는 하종오의 시 세계

1) 시인 소개

하종오 시인은 1954년 경북 의성에서 태어났다. 1975년 『현대문학』에 「허수아비의 꿈」과 「사미인곡(思美人曲)」 등이 추천되어 문단에 정식으로 등단하였다. 1980년 『반시(反詩)』 동인으로 활동하였으며 1983년 신동엽창작기금을 받았고, 2006년 제1회 불교문예 작품상을 받았다. 1981년 첫 시집 『벼는 벼끼리 피는 피끼리』 간행 이후 여러 편의 시집을 출간하고 있다.

특히 2009년도에 발간한 『입국자들』의 경우 제1부 「국경 너머」에서 탈북자들의 탈북 과정과 그 이후 그들의 가난과 고통의 일상을 묘사했고, 제2부 「사막 대륙」에서 몽고와 중국에서 한국으로 이주해온 사람들의 생활상을 노래했으며, 제3부 「이주민들」에서 동남아시아에서 건너온 사람들의 한국생활을 그렸고, 마지막 「귀환자들」에서는 한국에서 모국으로 귀환한 사람들과 한국에 입국한 사람들을 그리워하는 현지 가족의 실상을 표현하는 등 이주민의 생활과 다문화의 문제에 대해 집중적으로 조망하여 주목을 받은 바가 있다.

지금까지 이주민의 삶을 다룬 문학 작품들은 그들이 처한 불행한 현실만을 부각하면서 계몽적인 시선으로 묘사하는 경우가 많았다. 또한 이주민들을 선량한 사람들로 그리는 반면에 그들을 대하는 한국인들은 악의적 인물로 서술하는 경우도 많은 것이 사실이다. 하지만 하종오는 그러한 일방적인 흑백논리를 부정하고 이주민과 한국인들 사이에 발생할 수 있는 다양한 삶의 양태들을 사실적인 시각으로 서술하고 있다.

하종오는 현란한 시적 기교를 통해 이주민들의 생활상을 과장하지 않는다. 오히려 단순하고 무덤덤한 어조와 시적 구조로 이야기를 전달하는데, 이는 한국에서 생활하는 이주민들의 삶을 보다 솔직하고 정직하게 전달하고자 하는 의도가 담긴 것으로 보인다.

2) 주요 시집 소개

⑴ 하종오, 『국경없는 공장』, 삶이보이는창, 2007.

우리 사회의 기반을 이루는 민중의 세계에 대해 심도 있는 시적 사유를 보여준 하종오 시인은 이 시집에서 외국인 이주 노동자의 고단한 삶에 대해 노래하고 있다. 시인이 이 시집에서 주목하고 있는 것은 외국인 이주 노동자가 온몸으로 감내하고 있는 고통스러운 삶의 현장이다.

이처럼 그의 시는 한국 사회 내부에 분명 존재하고 있는 배타성이 어떠한

방식으로 외국인 이주 노동자들을 차별과 소외의 구렁텅이로 몰아가고 있는지를 구체적으로 고발하고 있다. 세계화와 더불어 심화되고 있는 신자유주의의 영향으로 노동시장은 말 그대로 글로벌화되었다. 이에 따라 값싼 외국인 노동력이 한국의 노동시장으로 대거 유입되면서 일어나는 낯설고도 다양한 문제들을 시인은 천착하고 있다.

⑵ 하종오, 『아시아계 한국인들』, 삶이보이는창, 2007.

이 시집은 한국의 국적을 합법적으로 취득하기 위해

한국인과 결혼하여 살아가고 있는 외국인 이주 여성들의 삶을 노래하고 있다. 더불어 이들에게서 태어난 2세들의 기구한 삶을 비판적으로 조망하고 있다. 한국 사회에 제대로 적응하며 살아가지 못하고 있는 이들 외국인 이주 여성들과 그 자녀들의 이야기는 다문화가 급속도로 진행되고 있는 현실의 짙은 그림자를 우리에게 생생하게 보여

주고 있다.

배타성과 차별성 때문에 고통을 받고 있는 이중의 타자인 이들 이주 여성과 아동에 대한 문제제기는 순혈주의를 강조하는 한국 사회의 일그러진 자화상을 고발하는 동시에 공생공존의 세계시민적 가치를 역설적으로 강조하고 있다.

3) 주요 작품 감상 및 생각해볼 문제
 (1) 하종오, 「불통」 전문, 『국경 없는 공장』
한국 공장에 일하러 와서
셋방 계약서 쓰고
장보며 사는
동남아인이 나와 마주쳐도
말이 통하지 않는다고 답답해할까

나는 동남아 관광지에 놀러 가서
골격이 다르고
용모가 다르고
복장이 다른
동남아인과 마주쳤을 때
말이 통하지 않는다고 답답해했던가

한국 공장에 일하러 온 사람과
동남아 관광지에 놀러갔던 사람은
마주쳐도 같이 나눌 이야깃거리 없고
말을 하고 듣기보다 돈을 주고받으면

더 빨리 통한다는 걸 피차 알지만
그런 경우도 안 그런 경우도
아직은 못 겪은 나와 동남아인은
거리에서 마주치면
그냥 지나치고 만다

〈생각해볼 문제〉

◆ 나와 동남아인은 왜 거리에서 마주쳐도 그냥 지나치는 것일까?

◆ '한국 공장에 일하러 온 것'과 '동남아 관광지에 놀러간 것'의 차이는 무엇일까?

◆ 한국인과 동남아인 사이에서 '소통'과 '불통'의 차이가 발생하는 이유는 무엇일까?

◆ 이 시에서 "말을 하고 듣기보다 돈을 주고받으면 더 빨리 통한다"는 표현은 무엇을 의미하는 것일까?

(2) 하종오, 「목욕」 전문, 『국경 없는 공장』

네팔 청년들은 당최 알 수가 없었다.
공중목욕탕에서 팬티 입고 샤워하는데
알몸으로 앉아 때를 미는 한국 사내들이
거울을 통해 은근슬쩍 쳐다보거나
고개를 돌리지 않고 힐끔거렸다
곁눈질할 만한 몸매라도 되는지
훔쳐볼 만한 몸짓이라도 되는지
두 눈에 담아놓을 만한 살결이라도 되는지
네팔 청년들은 갸우뚱하며 비누칠 할 뿐

한국 사내들을 되받아 보진 않았다

한국 사내들의 가슴은 자기네들보다 퉁퉁하다는 걸

한국 사내들의 배는 자기네들보다 불룩하다는 걸

한국 사내들의 다리는 자기네들보다 짧다는 걸

네팔 청년들은 공장에서 일하다가

눌리며 밀리며 걷어차이며 다 알아버렸다

변두리 동네 주택 지하 어패럴공장에서

날마다 야근하고 일주일에 하루 노는 날

공중목욕탕을 다녀오는 일요일마다

네팔 청년들은 산에서 흘러내리는 물길 조금만 돌려서

바위틈으로 줄줄 떨어지게 만든 낙숫물에

겉옷 입고 목욕해도 괜찮은 고향으로 돌아가고 싶어했다.

〈생각해볼 문제〉

◆ 왜 네팔 청년들은 목욕탕에서 한국 사내들을 당당히 바라보지 않을까?

◆ '보는 것'과 '되받아 보는 것'의 차이는 무엇일까?

◆ 상대를 '보지 않는 것'과 '보지 못하는 것'의 차이는 무엇일까?

◆ 네팔 청년들이 눌리며 밀리며 걷어차이며 다 알아버린 것은 무엇일까?

◆ 원주민인 한국인들과 이주민인 이주노동자는 평등한 관계일까?

◆ 이 시의 화자는 어떠한 태도로 네팔 청년과 한국인들을 바라볼까?

(3) 하종오, 「한국 아이」 전문, 『국경 없는 공장』

십 년간 한국에서 직장 다닌 아버지는

스리랑카로 돌아가고 싶어하고

아이는 한국을 떠나고 싶어하지 않는다

그곳에도 슈퍼에 가면 아이스크림이 있는지 없는지
게임도 할 수 있는지 없는지 알 수 없는
아버지의 모국이 아이에겐 다른 나라다
아이는 한국을 우리나라라고 말한다
우리나라에는 아는 친구가 많다
우리나라에는 아는 형이 많다
우리나라에는 아는 누나가 많다
한국인밖에 만난 적 없고
한국말밖에 할 줄 모르는 아이는
더 재밌는 놀이가 있다 해도
다른 나라에 가서 놀고 싶진 않다
아버지는 스리랑카에도 잘 사는 사람과
못 사는 사람이 있으나 이제 돌아가면
한국에서보다 훨씬 잘 사는 축에 든다고 달래지만
아이는 다닥다닥 붙은 집과 높은 담 사이
골목을 어슬렁거리는 개와 종종거리는 비둘기가
쫓고 쫓기며 지내지만
자신이 다가가기만 하면 일시에 흩어지는
한국을 떠나고 싶지 않다

〈생각해볼 문제〉

◆ "아버지가 스리랑카로 돌아가고 싶어 하지만, 아이는 한국을 떠나고 싶어 하지 않는" 이유는 무엇일까?

◆ 한국인과는 다른 피부를 가졌고, 스리랑카 말은 전혀 못하는 이 아이의 정체성은 어디에 있는가?

◆ "아이는 한국을 우리나라라고 말한다"는데, 이때 '우리나라'의 '우리'
  라는 개념의 경계와 범위는 무엇일까?

(4) 하종오, 「모국에서」 전문, 『국경 없는 공장』

찬바람이 골목으로 몰아쳤다

새벽에 드럼통에 폐자재를 태우며

현장 소장을 기다리는 외국인 인부들 틈에

혼혈인 인부가 끼어서 불을 쬐고 있었다

후줄근한 점퍼 차림에 빛바랜 금발

초점 풀린 푸른 두 눈의 혼혈인 인부가

공사 현장에 나온 지도 벌써 한 달

조선족 인부와는 무척 친해졌다

어딜 가나 튀기라서 외면당하다가

우즈베키스탄이나 카자흐스탄에서 온 인부들이 많아지면서

일거리 찾기도 훨씬 수월해졌다는 혼혈인 인부는

영어를 전혀 할 줄 몰랐다

육이오 중 부모님이 피난 갔던 연길에서

태어나서 자랐다는 조선족 인부와

육이오 후 문산에서 태어났지만

부모님이 누군지도 모르고 자랐다는 혼혈인 인부는

한국말이 잘 통해서 너나들이도 했다

두 사람 다 쉰을 넘긴 나이, 모국에서

사람대접 한번 받으며 살고 싶어했다

시집오려는 여자가 없었다는 혼혈인 인부는 더욱이나……

드럼통에 폐자재가 다 타버렸을 즈음

골목 끝에서 현장 소장이 나타나 핏대를 세웠다

〈생각해볼 문제〉

◆ 한국인들은 왜 혈통과 국적을 중시하는 것일까?

◆ 혈통과 국적에 있어서 결핍을 지닌 혼혈인과 조선족은 차별받아도 좋은 것일까?

◆ 혼혈인과 조선족은 왜 '한국말이 잘 통해서 너나들이'가 가능하다고 묘사될까?

◆ 이 시의 제목인 '모국'은 어떠한 의미를 지니고 있을까?

◆ 이 시의 화자는 어떠한 태도로 혼혈인과 조선족을 바라볼까?

(5) 하종오, 「동승」 전문, 『국경 없는 공장』

국철 타고 앉아 가다가
문득 알아들을 수 없는 말이 들려 살피니
아시안 젊은 남녀가 건너편에 앉아 있었다
늦은 봄날 더운 공휴일 오후
나는 잔무 하러 사무실에 나가는 길이었다
저이들이 무엇 하려고
국철을 탔는지 궁금해서 쳐다보면
서로 마주보며 떠들다가 웃다가 귓속말할 뿐
나를 쳐다보지 않았다
모자장사가 모자를 팔러 오자
천 원 주고 사서 번갈아 머리에 써 보고
만년필장사가 만년필을 팔러 오자
천 원 주고 사서 번갈아 머리에 써 보는 저이들

문득 나는 천박한 호기심이 발동했다는 생각이 들어서
황급하게 차창 밖으로 고개 돌렸다
국철은 강가를 달리고 너울거리는 수면 위에는
깃털 색깔이 다른 새 여러 마리가 물결을 타고 있었다
나는 아시안 젊은 남녀와 천연하게
동승하지 못하고 있어 낯짝 부끄러웠다
국철은 회사와 공장이 많은 노선을 남겨두고 있었다
저이들도 일자리로 돌아가는 중이지 않을까

〈생각해볼 문제〉

◆ '알아들을 수 없는 말'을 나누는 아시안 남녀를 바라보며 화자는 무슨
   생각을 할까?

◆ 주체와 객체 사이의 소통을 가능하게 하는 요소는 무엇일까?

◆ 한국인 남녀와 아시안 남녀의 차이는 무엇이었을까?

◆ 이 시의 제목인 '동승'이 의미하는 것은 무엇일까?

◆ 화자가 차창 밖을 바라보며 부끄러움을 느끼는 이유는 무엇일까?

◆ 이 시의 화자는 반성과 성찰과 공감과 소통이 가능한 세계시민적인 주
   체일까?

◆ 나의 무심한 시선이 타인에게 차별과 소외가 될 수도 있을까?

(6) 하종오, 「전후(戰後)」 전문, 『아시아계 한국인들』
월남 여자는 끝내 한국 병사를 찾지 못했다.

월남전 끝난 뒤 만삭이 된 월남 여자가
한국에 와서 낳고 키운 외아들이

베트남 처녀 데려와 장가가는 날
월남 여자는 비로소 웃으며
언제나 한국 여자들에게 외면당했던
아들이 색시와 마주 웃는 광경 본다.
시어머니는 동족의 며느리 들이고
며느리는 동족의 시어머니 모시게 되어
모국이 같은 고부는
남편들의 나라 한국에서
베트남계 한국인
자손대대로 이어갈테니
축복 많이 받아야 한다고 생각한다

귀국선 탄 한국 병사가 적어준 주소지로
월남 여자가 찾아갔을 땐
아무도 살지 않았다.

아직도 월남 여자는 한국 병사를
구릿빛 청년으로 기억하고 있다.

〈생각해볼 문제〉

◆ 앞서 감상했던 김명인, 「동두천 4」, 『동두천』(문학과지성사, 1979)과 이
  시를 비교해 볼 때 어떤 공통점과 차이점이 있을까?

◆ 한국 남자와 월남 여자 사이의 혼혈인인 아들은 왜 한국여자들에게 언
  제나 외면을 당했을까?

◆ "동족의 시어머니와 며느리"라는 표현에서 민족의 개념과 범위는 어떻

게 설정하는 것이 글로벌 시민정신에 부합하는 것일까?

◆ "남편들의 나라 한국에서 베트남계 한국인이 자손대대"로 축복을 받으며 이어나갈 수 있는 구체적인 방안은 무엇일까?

(7) 하종오, 「골목길」 전문, 『국경 없는 공장』

골목길에 목련꽃이 피어 있어서
무직 남자가 대문 앞에 나와 구경하는데
희디흰 목련꽃 아래 지나서
가무잡잡한 아시안 둘
모퉁이 돌아갔다
무직 남자는 무심결에 눈으로 뒤쫓았다.
아시안 둘 뒷덜미에서
꽃그늘이 자우룩이 내렸다.
무직 남자는 눈 끔벅이다가 부리나케 일어나
목련꽃 아래 지나서
아시안 둘이 왔던 쪽으로 걸어갔다.
그가 직장 다닐 때 미국 가서
주택가 어슬렁어슬렁 산책했던 적에
백인 남자가 그를 빤히 쳐다보았었다.
그날 기분을 그는 떠올려보았다.
무직 남자가 모퉁이 돌아가려다가 뒤돌아보니
꽃그늘이 자우룩이 내려 있었다.
집집마다 대문 앞에 나와
목련꽃 구경하던 이웃들이
무직 남자를 향해 눈 끔벅였다.

〈생각해볼 문제〉

◆ 바라보는 주체와 바라보이는 객체 사이의 차이는 무엇일까?

◆ '희디흰 목련꽃'과 '가무잡잡한 아시안 둘'의 색채적인 대립은 무엇을 의도할까?

◆ 무직 남자가 역지사지의 자세로 입장을 전환한 계기는 무엇일까?

◆ 무직 남자와 가무잡잡한 아시안과 백인 남자는 어떠한 관계망을 형성할까?

◆ 무직 남자에게 있어서 백인의 시선은 어떠한 것으로 기억에 남을까?

◆ 무직 남자는 무심한 주체일까 반성적 주체일까?

(8) 하종오, 「한 아시안」 전문, 『반대쪽 천국』

면목동 한갓진 골목길 걸어갈 때
거무스름한 한 아시안 다가와 말을 걸었다
파키스탄이나 스리랑카나 네팔 말로 들려서
나는 손 내젓고 내쳐 갔다

일요일 낮에 이따금 국제공중전화 부스에
줄 서서 통화하던 외국인 노동자들이
평일날 밤에는 목재공장 일마치고 거리에 나와
서로 알아듣지 못하는지 손짓발짓하며
내가 더욱 알아들을 수 없는 말들을 했었다
그 앞 지나며 나는 엉뚱한 목수를 생각했었다
같은 말을 하는데도 달리 듣는 이방인 때문에
평생 슬퍼한 사나이 지저스 크라이스트
젊은 한때 집을 떠나 다른 나라 떠돌며

나무를 다듬다 지치면 저렇게 떠들었을 거라고

오래 전 내가 워싱턴 디시 번화가에 갔을 때
백인에게 말을 걸자 두 손 펴 보이고 가버렸었다
발음 틀리게 주절거렸던 영어 단어가
한국이나 일본이나 중국말로 들렸었겠다 싶으니
거무스름한 한 아시안 너무 서툴게 우리말을 해서
내게 파키스탄이나 스리랑카나 네팔 말로 들렸다는 걸
큰길에 나와서야 알았다
다시 돌아가니 한 아시안 이미 없었다

〈생각해볼 문제〉

◆ 화자와 '거무스름한 아시안'과 '백인'은 어떠한 관계망을 형성할까?

◆ 소통 불능으로 '백인'에게 거부당했던 화자는 왜 '아시안'의 말을 거부
  했을까?

◆ 백인에게 있어 동일한 아시아 사람인 화자와 '거무스름한 한 아시안'은
  상호 교류할 수 없을까?

◆ 한국인-백인-아시아인 사이의 융합을 가로막는 소통의 부재는 어떻게
  극복할 수 있을까?

5. 김재영, 「코끼리」, 『코끼리』, 실천문학사, 2005.

1) 작가 소개

작가 김재영은 1966년 경기 여주에서 출생하였다. 학부는 성균관대학교를

졸업하였고 중앙대 예술대학원 문예창작 전문가 과정을 이수했으며 같은 학교 대학원의 문예창작과를 최종적으로 졸업하였다. 현재 중앙대 문창과에 출강중이다. 2000년 『내일을 여는 작가』 제1회 신인상에 「또 다른 계절」이 당선되면서 정식으로 등단하였고 대산문화재단과 문화예술진흥원의 창작지원금을 받았다.

2) 작품 소개

김재영의 『코끼리』는 2000년 등단한 이후 5년 동안 발표해온 작품들을 묶어낸 그의 첫 번째 소설집이다. 10편의 단편소설이 실린 이 소설집에서 가장 주목을 받고 있는 작품은 외국인 노동자들의 문제를 본격적으로 다룬 표제작 「코끼리」이다.

이 작품은 현대문학 교수가 뽑은 '2005 올해의 문제 소설'(푸른사상 주관)과 작가들이 뽑은 '2005 올해의 좋은 소설(도서출판 작가 주관)'에 선정될 정도로 출간 당시 많은 관심의 대상이 되었다.

3) 작품 줄거리

주인공인 '나'는 네팔인 아버지와 조선족 어머니 사이에 태어난 열세 살의 평범치 않은 소년 '아카스'이다. 네팔 말로 하늘이란 뜻인 소년의 이름은 반어적인 의미를 지니고 있다. 배타성이 강한 한국에서 '네팔인'과 '조선족'이라는 부계와 모계의 이질적인 혈통은 그의 인생 전체를 하층민으로 규정하는 거대한 압박으로 작용한다.

원래 고국에서 천문학을 공부하였던 네팔인 아버지는 한국에 입국해서 십 년 넘게 힘겨운 노동에 종사했지만 제대로 돈을 벌기는커녕 병든 육신만이 남았을 뿐이다. 더구나 조선족 어머니는 그러한 가난과 수모를 견디지 못하고 가정을 버린 채 다른 남자와 도망을 치고 말았다.

소년의 가정뿐만 아니라 이웃의 외국인 노동자들도 모두 마찬가지이다. 가난과 핍박으로 얼룩진 모습으로 죽지 못해 겨우 살고 있다. 공장에서 손가락을 잘린 사람은 목숨을 부지했기 때문에 그나마 행운에 속하는 경우다. 어떤 사람은 화재에 생명을 잃었으면서도 변변한 보상은커녕 제대로 된 장례식조차 받지 못한다.

반면 인도인 '노랭이'는 이 동네에서 유일하게 악착같이 돈을 모아 고국으로 귀국하려고 준비 중인 사람이다. 그는 화재로 이웃 노동자가 죽었어도 조의금은커녕 얼굴 한번 내밀지 않아 사람들에게 멸시의 대상이 된다.

소년은 어느 날 저녁 귀가하는 도중 귀국 선물을 사들고 기분 좋게 집으로 가던 '노랭이'가 습격을 당하는 모습을 어둠 속에서 목격하며 은색 코끼리 한 마리가 구덩이에 빠져 발버둥 치는 모습을 떠올린다.

4) 논제 제시

첫째, 우선 작품의 줄거리를 요약하고 이주 노동자와 결혼 이주 여성 등의 '인권' 문제를 바탕으로 다문화사회에 진입한 우리 사회를 성찰하도록 한다.

둘째, 작품의 줄거리를 바탕으로 한국 사회의 '차별' 문제를 분석하고 '글로벌 시민정신'의 입장에서 이에 대한 해결책을 모색해 본다.

셋째, '오리엔탈리즘'과 '옥시덴탈리즘'의 개념을 바탕으로 '세계시민'으로서 갖추어야 할 덕목은 무엇인지 고민해 보고 이를 보고서로 작성한다.[39]

넷째, 이주 노동자의 어린 자녀인 주인공이 느끼는 '인종적 차별과 배제의 양상'을 고찰해 보고 역지사지의 입장에서 반성해 보자.

다섯째, 우리 사회의 '다문화주의'와 '문화적 혼종성'을 생각해 보고 이에 대한 '세계시민'으로서의 입장과 태도를 성찰해 보자.

(1) 작품 중 주목할 부분

① 작품 개관

→ 김재영의 단편소설 「코끼리」는 네팔인 아버지와 조선족 어머니 사이에 태어난 13살 소년 '아카스'의 시선을 통해 코리안 드림을 꿈꾸며 한국에 건너온 이주 노동자들의 가혹한 현실을 사실적으로 포착해 내고 있다. 작가는 소용돌이 같은 혼돈스러운 삶 속에서 우리 사회를 떠받드는 코끼리 같은 존재가 되어버린 이주 노동자들의 정체성과 그 의미를 규명하는 데에 초점을 두고 있다.

② 고국 네팔에서의 삶과 타국 한국에서의 삶 비교

– 네팔 : "투명하고 생생한 햇빛, 푸른 티크나무 숲, 눈 덮인 안나푸르나, 잔잔하게 물결치는 페와호, 그리고 사탕수수를 빨아먹으며 웃고 있는 아이들"(9면), "네팔의 여름 햇빛은 정수리로 내려오고 가을 햇빛은 가슴에 와 닿지"(12면)

– 한국 : "벽에는 얼룩과 곰팡이와 낙서가 가득했고, 들뜬 황갈색 비닐 장판 위로는 뽀얀 먼지가 살얼음처럼 깔려 있었다."(10면), "이 마을에선 불행이 너무나 흔해 발에 차일 지경이다."(11면)

→ 두 장소에 대한 공간적인 배경의 대비에 그치지 않고 이주 이전의 삶과 이주 이후의 삶이 얼마나 다른가를 대조함으로써 이주 노동자들의 궁핍하고 고단한 삶을 강렬하게 제시하고 있다.

③ 탈색제

– "내가 바라는 건 미국사람처럼 되는 게 아니었다. 그냥 한국사람 만큼만 하얗고, 아니 노랗게 되기를 바랐다. 여름 숲의 뱀처럼, 가을 낙엽 밑의 나방처럼 나에게도 보호색이 필요했다. 남이 눈에 띄지 않고 조용히 살아갈 수 있도록. 비비총을 새로 산 남자애들의 첫번째 표적이 되지 않고, 적이 필요한 아이들의 왕따가 되지 않고, 달리기를 할 때 뒤에서 밀치고 싶은 까만 방해물로 비

춰지지 않도록. 나는 하루도 거르지 않고 탈색제를 썼다."(17~18면)

→ 피부를 하얗게 만드는 탈색제는 서술자인 '나'를 한국 사회에서 타자로 인식하게 하는 하나의 표식이다. 또한 이는 텍스트 속에서 이주 노동자들이 철저하게 타자의 역할을 수행하고 있다는 점을 잘 드러내 준다. 또한 한국사회의 모순적인 태도를 엿볼 수 있는데, 이주 노동자들을 포용하되 우리 울타리 안으로 포용하지 않고 외곽진 곳에 다른 울타리를 쳐 두고 그들만의 세계를 가질 것을 요구하며 그들을 타자화하는 모습을 보여준다.

→ "혼혈아인 아카스는 매일 탈색제로 세수를 하다가 아버지에게 종아리를 맞으며, 네팔 출신 쿤도 리바이스 청바지에 나이키 점퍼를 입고 머리를 노랗게 염색하고 다님으로써 미국사람처럼 보이려고 노력한다. 피지배주체인 아시아 유색인종은 백인처럼 되기 위해 파농이 말한 '검은 피부 위의 하얀 가면'을 쓰고자 하지만 주체는 타자를 결코 인정하지 않는다. 백인추종과 백인선호가 강한 한국사회는 피부색이 까만 빈곤국 출신의 이주노동자에게는 자신 속에 내재된 열등감을 내보이며 폭행과 폭언을 서슴지 않지만, 또한 이방인의 시선에 포착된 한국인의 천민자본주의와 식민주의적 태도를 통해 부끄러움에 직면한다."[40]

④ 지문과 손가락 무덤

– "아버지 손가락에는 등고선처럼 생긴 지문이 없다. 닳아버린 지 오래여서 지장을 찍으면 짓이겨진 꽃물자국 같은 게 묻어난다. 사람들은 지문이 없으니 영혼도 없다고 생각하나 보다. 그렇지 않다면 노끈에 꿰인 가자미처럼 취급당할 리 없다. 야 임마, 혹은 씨발놈아, 라는 외국인 노동자 한 꿰미."(13면)

– 나무 삭정이가 툭 부러진다. 순간 하얀 뼈다귀들이 무더기로 쏟아져 나온다. 나는 주머니에서 손가락을 꺼낸다. 휴지에 말렸던, 검붉은 손가락을 뼈다귀들 틈에 놓는다. "파괴의 신 시바님, 이 정도면 충분해요. 더는 제물을 바

라지 마세요."(20면)

→ 인간에게 주어진 고유한 몸의 이름인 지문의 상실로 인해 아버지는 인간의 고유성을 지니지 않은 철저한 타자의 모습으로 재현된다. 손가락 무덤은 이주 노동자의 수난사를 보여줌과 동시에 희망마저 단절된 현실을 상징한다.

⑤ 코끼리의 상징성

- "총탄에 맞은 것처럼 구멍 뚫린 벽, 그리고 땅에 매여 우주를 떠받치고 있는 코끼리의 짓눌린 등이 보인다."(35면)

- "비재 아저씨다. 나는 눈을 질끈 감는다. 눈꺼풀 안쪽으로 은색 코끼리가 한 마리 나타난다. 구덩이에 발이 빠진 코끼리는 큰 귀를 펄럭이며 빠져 나오려고 안간힘을 쓰고 있다. 하지만 발버둥 칠수록 뒷다리는 점점 더 깊이 빨려 들어간다."(37면)

→ 거대한 몸집으로 힘겹게 세상의 무게에 짓눌린 코끼리의 모습과 수렁에서 빠져 나오지 못하고 더욱 깊이 빠져들어가는 코끼리의 모습을 통해 차별과 편견 속에 파멸되어 가는 이주 노동자의 현실을 상징적으로 표현하고 있다.

⑥ 한국인들의 이중성

- 그는 이목구비가 뚜렷하고 피부가 흰 아르레족(네팔의 여러 부족 중 하나로 아리안계에 속함)이라 머리를 노랗게 염색하니 얼핏 미국사람처럼 보인다. …(중략)… "한국 사람들은 단일민족이라 외국인한테 거부감을 갖는다고? 그래서 이주 노동자들한테 불친절한 거라고? 웃기는 소리마. 미국 사람 앞에서는 안 그래. 친절하다 못해 비굴할 정도지. 너도 얼굴만 좀 하얗다면 미국 사람처럼 보일 텐데……."(17면)

- "너 영어 잘 못하니? 외국 애라고 해서 영어를 잘하는 줄 알았는데." 아주머니는 이제부터 영어로만 말하라고 했다. 그렇지 않으면 떡볶이와 스파게

티를 주지 않겠다면서. 떡볶이와 스파게티……. 고통스러울 정도로 속이 쓰리고 아프다. (36면)

→ 외국인을 대하는 한국인들의 차별적인 태도를 이주자의 입장에서 비판하고 있다. 서구 선진국의 사람에게는 무한한 친절함을 보일 뿐만 아니라 비굴한 정도로 그들의 비위를 맞추어 주는 것에 비해 동남아시아의 가난한 국가 출신에게는 멸시와 조소의 태도로 대하는 한국인들의 비뚤어진 행태를 국외자의 입을 통해서 통렬하게 고발하고 있다. 특히 영어로 상징되는 대미 사대주의적 시류에 대해 일침을 가하고 있다.

⑦ 정주하지 못하는 이방인의 근원 상실

– 그렇지만 나보다는 낫겠지. 난……태어난 곳은 있지만 고향이 없다. 한국에 네팔 대사관이 없어 아버지는 혼인신고를 못했다. 그래서 내겐 호적도 국적도 없다. 학교에서조차 청강생일 뿐이다. 살아있지만 태어난 적이 없다고 되어 있는 아이……. (23면)

→ "김재영의 「코끼리」의 이주노동자는 돼지축사를 고쳐 생활하는 주거 환경과 시끄러운 소음, 페인트 냄새, 옷 냄새 등이 배인 가구공장, 염색공장, 알루미늄공장에서 건강을 해칠 뿐만 아니라 14시간에서 16시간을 갇힌 채 노동하는 비인간적인 대접을 받는다. 파키스탄 청년 알리는 온몸이 시퍼런 멍과 상처로 얼룩져 있고, 다문화 가정 2세인 아카스는 이주노동자들의 잘린 손가락을 모아 무덤을 만들며 성장한다. 축사를 개조해 만든 5개의 방에 사는 이주노동자들은 저마다의 사연을 갖고 있는데, 네팔 출신 아버지와 도망간 조선족 어머니를 둔 아카스는 곰팡이와 땀과 화학약품과 욕설이 난무한 공장에서 일한 탓에 폐를 버린 아버지를 염려하는 조숙한 소년으로 호적도 국적도 없는 처지이다. 13세 소년 아카스는 학교에서도 여자아이의 손을 만졌다는 이유로 그

아이의 오빠에게 구타를 당한다. 교실에서 따돌림을 당해도 청강생인 소년은 법적, 신체적, 사회적 보호를 받지 못하며 내면의 상처마저 혼자 극복해야 한다. 다문화와 이중언어 능력을 갖춘 세계시민으로서 일익을 담당하느냐 하층민의 나락으로 떨어져 범죄자로 성장하느냐는 기로에 선 다문화 가정 2세의 미래는 혼혈인 자신과 이주노동자인 아버지를 차별하는 한국사회에 대해 증오와 분노의 시선을 갖기에 후자가 되기 쉽다. 서류에 없는 무국적 상태의 인간 즉 비존재인 아이는 학교에서조차 불가촉천민 취급을 받음으로써 깊은 상처를 받는다. 2호실 토야 엄마는 남편이 스리랑카로 추방된 뒤 나사를 꿰어 연명한다. 이주노동자는 가족과 함께 살 수 없으므로 최소한의 가족형성권도 박탈당한 채 생이별을 한 상태이다."[41]

⑧ 과거의 한국인 노동자와 현재의 외국인 노동자

→ "「코끼리」는 외국인 노동자 2세인 아카스의 시각을 통해 한국에 와서 꿈을 이루려는 외국인 노동자들이 아픔과 그 아픔을 자식에게까지 물려주게 되는 현실을 서술하고 있다. 과거 한국인 노동자들의 대우가 현재 외국인 노동자들의 대우와 유사했지만 이제는 그들의 일을 외국인 노동자들이 대신하고 있다. 한국인 노동자들이나 외국인 노동자들이나 '고향 떠나 밥 빌어먹고 사는 건 똑같은데도' 우리나라 노동자들은 그들을 '시커먼 노동자들' 혹은 '깜둥이들'이라며 비하한다."[42]

→ 1970년대 한국의 가난한 민중과 착취당하는 노동자들의 삶을 비판적으로 조망한 조세희, 『난장이가 쏘아올린 작은 공』과 이 작품을 비교해 보자.

⑨ 이주 노동자들 간의 갈등

→ "이주 노동자들은 인권의 사각 지대에서 열악한 삶을 살면서 서로 대립하고 갈등하는 양상을 보여준다. 한국인과의 갈등보다는 외국인 간의 갈등

에 초점을 맞춘 것은 그 나름대로 의도하는 바가 있어 보인다. 또한 우리 사회의 외국인 차별은 외국인을 우리와 다른 부류로 치부하거나 열등한 족속으로 생각하는 경향에 기인함을 보여준다. 외국인들은 우리와 다를 바 없는 인간들이고 각기 다른 언어와 문화를 지닌 사람들임을 깨닫게 해주려는 의도로 읽힌다."[43]

6. 손홍규, 『이슬람 정육점』, 문학과 지성사, 2010.

1) 작가 소개

1975년 전북 정읍에서 태어나 동국대학교 국문과를 졸업한 손홍규는 2001년 『작가세계』 신인상을 수상하며 등단한 이후 "도시화된 폭력적 환경 속에서 사라져가는 공동체적인 삶과 인간성 소멸의 현실을 풍자적으로 서술"한 작가로 높이 평가받고 있다.

아이러니에 기초한 독특한 상상력을 발휘하는 작가로 유명한 그는 이러한 미적 방식을 통해 과연 인생의 진실이란 무엇인지 부지런히 탐구하고 있다. 일상의 진실이 제대로 통용되지 않는 부조리한 현상에 대해 끊임없이 질문을 던지며 이를 극복하려는 의지를 소설의 인물들을 통해 표출한다.

이러한 진지한 주제의식 때문에 통쾌하고 발랄한 그의 소설이 가볍게만 느껴지지 않는다. 더구나 그의 작품을 읽어 보면 군더더기 없는 깔끔한 문체와 정교하게 구조된 플롯 덕분에 등장인물들이 살아 숨 쉬는 것처럼 리얼리티가 살아 있다. 이러한 점 때문에 문단에서는 신예 작가 손홍규를 주목하여 바라보고 있다.

2004년 '대산창작기금'을 받았고 다음 해에는 '문

예진홍기금'을 받았다. 주요 작품으로는 소설집 『사람의 신화』, 『봉섭이 가라사대』와 장편소설 『귀신의 시대』, 『청년의사 장기려』, 『이슬람 정육점』 등이 있다.

2) 작품 소개

이 작품은 무슬림임에도 불구하고 아이러니컬하게 정육점을 운영할 수밖에 없는 한국전쟁 참전 터키인과 그에게 입양된 상처 많은 한 소년의 이야기를 담고 있다. 이슬람 사원 주변에서 살아가는 사람들을 중심으로 일종의 성장소설의 형식을 띠고 있는 이 작품은 "전쟁의 상처와 인간 실존의 문제"를 적절하게 형상화시켰다고 문단의 평가를 받고 있다.

이 소설의 주요 등장인물 중 하나인 하산 아저씨는 과거 한국전쟁에 참전한 터키의 군인이었다. 그는 1953년 전쟁이 끝난 후에도 고향인 터키로 귀환하지 못하고 한국에 머물며 정육점을 운영하고 있다. 적과의 전투 중에 가슴에 큰 총상을 입었고 배고픔에 못 이겨 사람의 살점을 먹었다는 죄의식 때문에 독실한 무슬림임에도 불구하고 아이러니컬하게 돼지고기를 파는 정육점의 주인이 된 상징적 인물이다. 이 작품은 그런 그가 역시 마음의 상처를 입고 웅크리고 있는 한 고아를 입양해 서로의 상처를 보듬어 가며 세상과의 소통을 염원한다는 줄거리를 지니고 있다.

"내 몸에는 의붓아버지의 피가 흐른다."라는 구절로 시작하여 "내 몸에는 여전히 의붓아버지의 피가 흐른다."라는 말로 끝을 맺고 있는 이 소설은 국경과 인종을 초월한 지고지순한 사랑의 메아리가 충만하게 펼쳐지고 있다.

3) 등장인물과 줄거리

(1) '나'

주인공이자 서술자인 '나'는 보육원에 사는 고아였다. 그러다가 하산 아저씨에게 입양되어 서울 한남동에 있는 이슬람 사원 근처에서 가난한 이웃들과 함께 살게 된다. '나'는 학교에 다니지 않음으로써 제도권 교육에 대해 반감을 드러내는 조숙한 면모를 지니고 있다. 보육원 시절 학교에서 여러 가지 말썽을 피우는 방식으로 나름 사회에 대한 반항 의식을 보이다가 학교를 그만 두었다.

'나'의 취미는 하산 아저씨의 정육점이나 안나 아주머니의 식당에서 신문이나 잡지를 스크랩하는 일이다. 신문이나 잡지의 인물 사진을 모아 붙이는 취미는 나름의 크나 큰 상징성을 보인다. 스크랩된 사진들은 모자이크처럼 연결되어 인류 전체를 하나로 묶는 역할을 한다는 것이다.

하산 아저씨와 '나'를 잇는 인연의 끈은 몸에 난 큰 상처 때문이다. 하산 아저씨는 '나'의 몸에 난 상처가 총상임에 분명하다고 판단한다. 하산 아저씨 역시 그와 비슷한 상처가 있기 때문에 그들은 쉽게 가족으로 묶일 수 있었다. 나중에 하산 아저씨가 병들어 쓰러지게 되자 아저씨를 아버지라 부르며 사랑한다고 뜨겁게 외친다.

⑵ 하산 아저씨

터키 사람인 하산 아저씨는 이슬람 교리를 철두철미하게 신봉하는 신앙인이지만 이 종교에서 금기시하는 돼지고기를 팔아 생계를 유지하는 참담한 생활을 하고 있다. 원래는 한국전쟁 때에 전쟁에 참가했던 군인이었는데, 전쟁이 끝난 후에도 자신의 나라로 돌아가지 못하고 한국에 머무른 귀화 한국인이다.

이처럼 이슬람 사원 부근에서 가난한 사람들을 상대로 고기를 팔고 있지만 사업 수완이 그리 좋지 못해 늘 가난에 시달리고 있다. 그러다가 마침내는 건물의 주인이 전세금을 올리는 바람에 가게 문을 닫고 길가에 쫓겨나는 신세가 되기도 한다.

하산 아저씨가 이슬람교도면서 돼지고기를 팔지 않을 수 없는 이유는, 전쟁으로 인한 크나큰 고통과 상처 때문이다. 한국전쟁의 한 전투 중에 그는 사람을 죽이고 그 공포와 죄책감 때문에 인육을 먹었다. 이 끔찍한 기억 때문에 하산 아저씨는 모순에 찬 생활을 하지 않을 수 없었던 것이다. 결국 그는 장사를 접고 괴로워하며 라마단 기간에 금식을 하다가 기운을 잃고 '나'의 울부짖음 속에서 쓰러지고 만다.

(3) 야모스 아저씨

하산 아저씨가 터키 출신 참전 용사라면 야모스 아저씨는 그리스 출신 참전 용사이다. 그도 역시 전쟁이 끝난 후에 여러 가지 사정 때문에 조국으로 돌아가지 못하고 한국에 머무를 수밖에 없는 입장이 되었다. 그는 한국전쟁에 참전하기 전에 그리스 내전을 겪으며 친척을 죽인 체험 때문에 자신의 나라로 돌아가지 못하고 있다고 나중에 밝혀진다. 그는 그리스에서 전투기 조종사로 복무하다가 사촌들을 적군으로 오인해 죽였던 것이다. 이러한 사건과 이에 따른 극심한 죄책감 때문에 그는 일정한 직업 없이 구걸로 연명을 하는 상처투성이의 전형으로 모습을 드러낸다.

(4) 대머리 아저씨

이 등장인물 역시 앞서 언급한 하산 아저씨나 야모스 아저씨처럼 한국전쟁에서 큰 상처를 받은 사람이다. 차이가 있다면 하산이나 야모스가 외국인이라면 대머리 아저씨는 한국인이라는 차이가 있을 뿐이다. 그는 전쟁의 끔찍한 기억 때문에 기억 자체를 모조리 소거해 버린 인물로 묘사된다. 직접 체험한 기억은 모두 자발적으로 지워버리고 대신 나중에 책이나 다른 사람의 증언과 같은 간접 체험을 자신의 직접 체험인 양 오해하며 살아가고 있다. 그는 자신이 겪지 않은 한국전쟁의 전투까지 자신이 진짜로 겪은 일처럼 오인된 기억을 간직하며 상처뿐인 일생을 살고 있다.

(5) 안나 아주머니

이슬람 사원 근처에서 식당을 운영하면서 주변의 다양한 인물들을 모성애로 보듬어 안는 너그러운 인물이다. 하지만 안나 아주머니 역시 다른 인물들처럼 말하지 못할 상처를 지니고 있다. 그는 폭력 남편으로부터 학대를 받다가 도망친 여성이다. 이런 남성으로부터의 상처가 있는 사람이 오히려 다른 남성들에게 적대감 대신 사랑의 마음을 골고루 전해주고 있다. 이웃들과 차량을 빌려 야유회를 가려는 계획을 세우는 등 가난하고 소외된 마을의 구세주와 같은 역할을 한다. 상처를 상처 그 자체가 아니라 용서와 화해로 극복하는 강한 여성상이다.

(6) 주인공의 친구 유정과 맹랑한 녀석

가난한 연탄장수의 아들인 유정과 역시 가난한 집안에서 태어난 맹랑한 녀석은 이 작품에서 '나'와 교류하며 세상과의 소통을 꿈꾸는 인물들이다. 말을 더듬는 유정은 역설적으로 달변의 소설가를 꿈꾼다. 그는 동물들의 말을 알아듣는 괴이한 인물이다. 가난한 마을의 이야기를 동물들의 말을 통해 전해 듣고 이를 '나'에게 이야기해 준다.

세상 모든 것을 부정적으로 바라보는 맹랑한 녀석은 짝사랑에 실패한 뒤 비관주의자의 극한을 달리게 있다. 그는 대머리 아저씨를 따라 한국전 참전용사들의 집회에 다녀온 뒤부터 세상을 다시 보게 된다. 대머리 아저씨의 상처와 고통에 대해 절절하게 공감을 하고 아저씨의 잃어버린 삶을 되찾기 위해 무엇을 할 수 있을까 골똘히 생각을 한다.

1. 이 시들을 읽고 다문화를 바라보는 우리의 시선은 과연 무엇이었는지 비판적으로 성찰해 보자.

2. 다문화 현상에 대해 자신의 주변에서 직접 체험을 하였던 차별과 소외의 구체적인 사례를 공유해 보자.

3. 글로벌 시민정신의 차원에서 국가나 인종 혹은 민족을 초월하여 인류 전체가 연대를 맺을 구체적인 방안은 무엇인자 모색해 보자.

4. 등장인물들이 각자의 상처에 대해 어떻게 대처하고 있는지 살펴보자.

5. 전쟁과 이주민의 문제, 혹은 전쟁과 다문화의 관계를 글로벌 시민정신이라는 입장에서 모색해 보자.

6. 터키인이자 이슬람교도인 하산 아저씨와 한국의 고아인 '나' 사이를 연결하고 있는 혈연을 넘어선 연대의 끈은 무엇인지 성찰해 보자.

7. 안나 아주머니와 같이 포용성과 관용성을 상징하는 인물과 글로벌 시민정신 사이의 연결고리를 찾아보자.

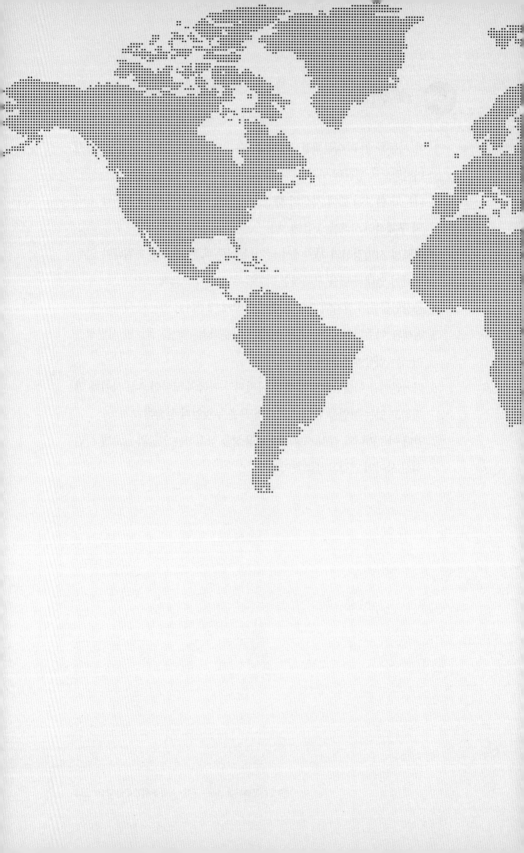

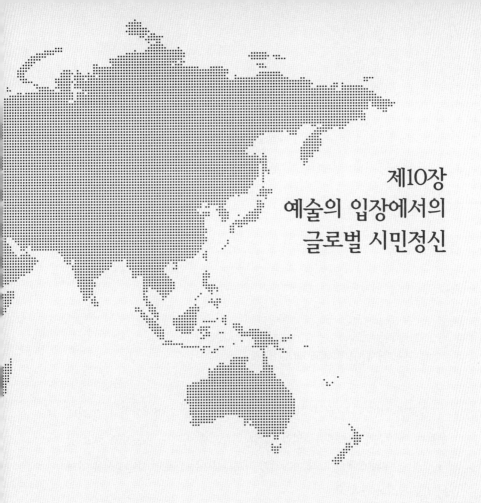

제10장
예술의 입장에서의
글로벌 시민정신

생각 꺼내기

예술은 글로벌 시민정신의 사상으로 시대의 부조리함을 발언하고
대중과 소통을 시도하는가?

1. 글로벌 시민정신에 대한 이해

글로벌 시민정신으로 우리는 하나가 되고 하나로 감싸져야한다. 그러나 우리는 애국주의적인 민족주의와 세계시민주의를 아직도 혼동하고 하고 있다. 또한 시대와 상황에 따라 여기저기 가져다붙이는 글로벌 시민정신을 이제는 바로 잡아야 할 때이다.

국적과 인종의 차이를 넘어 만국의 노동자들이 단결할 것을 호소하는 마르크스주의나 국가 조직에 대한 저항을 표방하는 무정부주의는 세계시민주의와 친화성을 지닌다. 세계시민주의를 표방하는 인류적 보편주의는 한 개인이 바쳐야 할 충성은 인류공동체에 대한 것이고, 인류공동체를 구성하는 모든 구성원들의 가치는 동등하게 존중돼야 한다고 본다. 그런 점에서 세계시민주의는 보편적 인권의 옹호를 위한 노력과 잘 부합하며, 최근 국제정치에서 많이 인용되고 있는 인간안보의 개념과도 잘 맞는다.

세계시장주의 혹은 세계시민주의, 세계주의에 대해 "근본적인 충성을 서약하는 것은 국적을 넘어서려는 시도일 뿐 아니라 자연(발생)적 정체성을 구성하는 삶의 모든 현실성, 특수성, 그리고 실체들을 넘어서려는 시도"다. 나치에 의한 대량학살의 경험은 많은 유대계 지식인을 세계주의로 인도했다. 마찬가지로 일본 국가주의에 의해 유린당한 경험, 군부독재에 의해 억압당한 경험, 개발 독재적 국가 간섭에서 벗어나려는 자본의 욕구는 모두 세계주의와 쉽게 결합한다.

세계화에서 '세계'라는 단어는 시간적 의미의 '세(世)'와 공간적 의미의 '계(界)'로 이뤄져 있다. 세계화는 인류가 직립해 공간이동을 시작한 이래 지속돼온 현상이다. 인간 이성의 진보에 따른 과학기술의 발전은 전 지구적 시공간의 압축을 가져왔고, 이제 그 속도를 조절할 수는 있어도 피할 수 없게 됐다. 인터넷을 통해 이뤄지는 전 지구적 자본 이동과 지식의 교류는 눈부시다. 현란한 세계화의 와중에서, 세계시장주의(global marketism)와 세계시민주의 (cosmopolitanism)로 대표되는 '세계주의'가 하나의 세계에 공존하는 사람들을 향도할 이념적 나침반으로 각광받고 있다.

세계시장주의는 세계를 하나의 시장으로 묶고자 할 뿐 아니라, 공공문제를 시장적 방식으로 해결하는 것을 선호한다. 냉전에서 승리한 앵글로색슨주의적 열광, 프랜시스 후쿠야마의 역사종언론, 그리고 복지국가 모델의 퇴조와 국가쇠퇴론 등이 세계시장주의를 뒷받침했다.

세계주의로서의 세계시장주의가 시장과 자본의 세계화를 의미하는 '위로부터의 세계화'와 짝을 이룬다면, 세계시민주의는 시민 간의 연대, 노동자 간의 연대를 의미하는 아래로부터의 세계화와 짝을 이룬다.

유럽의 어느 나라 지하철에서 폭탄 테러가 일어난다. 아프리카 빈민굴에선 아이들이 굶어 죽어가고, 미국 어느 산에서는 한 달 가까이 불길이 치솟아 주민들의 생명까지 위협 당한다. 이 사실에 내 일, 내 나라의 일이라 여기는 이들은 얼마나 될까. '강 건너 불구경'으로 눈으로는 안타깝지만, 마음으로는 나와는 상관없는 먼 일이라 생각하는 사람들이 더 많지 않을까.

조금 시선을 달리 해보자. 2008년 경제 위기와 각국의 대응으로 우리나라를 포함한 거의 모든 나라가 심각한 재정위기를 겪었고 멕시코만 기름 유출 사태로 현지 생태계와 주민들의 삶은 여지없이 흔들렸다. 당장 우리나라만 해도 중국의 경제 개발에 기인한 사막화로 시도 때도 없이 불어오는 황사에 피해를 입고 있지 않은가. 환경 문제, 금융 위기 등 오늘날 우리가 겪는 문제들을 극복하려면 지금의 편협한 정체성, 낡고 오랜 세계관에서 벗어나야 한다.

예술은 세계시민주의를 앞세워 국가와 민족의 이름으로 자행됐던 반인권적 사례들에 주목한다. 이처럼 예술이라는 형태로 고발된 시대적 사건은 우리로 하여금 글로벌 시민정신의 연대감을 가질 수 있도록 도와준다. 지금부터 필자는 예술작품을 통해 그동안 우리가 외면할 수밖에 없었던 사건들 - 여성문제, 텔레반, 나치, 인권 등 - 을 글로벌 시민정신에 입각하여 재조명하고 모색하고자 한다.

2. 예술적 발언

예술은 현시대에 글로벌 시민정신이라는 사상으로 무분별한 시대의 사건들을 되짚는다. 잘못된 행동에 대해 묵언되고 있는 사실과 이유에 대해 말하고자 하는 것이다. 예술이라는 이름으로 고발된 시대적 사건은 우리로 하여금 글로벌 시민정신의 연대감을 가질 수 있도록 소통을 시도한다.

1) 무용 - *DV8 PHYSICAL THEATRE* [44]

[서구·이슬람 문명과 가치의 대립에 대한 예술적 몸부림]
유엔 대표들마저 공식적인 논의에 반대표를 표명한 내용이며, 공식석상에

〈Can we talk about this? —이거 얘기 좀 하면 안 될까요?, LG ARTS CENTERS, 2012〉

논의되는 것만으로도 암살자 명단에 오를 화제를 영국의 한 국립극단이 한 시대의 윤리적이지 못한 사건을 고발하듯 파 해친다. DV8 극단의 목적은 다문화 정책에 대한 인종차별을 규탄하고 시민정신에 대한 동참을 장려하는데 있다. 또한 베트남 참전을 비난하며, 여성해방을 주장 하는 등 예술을 통한 '사회문제 참여의 한 전형을 보여준다.

1986년 DV8을 창단한 안무가 로이드 뉴슨은 무용가가 되기 전에 심리학 전공자로서 균형 잡힌 사유로 관객의 감각과 지성을 타격하는 것으로 유명하다. 뉴슨은 공연을 앞두고 "억압적인 종교의 일면에 대해서도 논하지 않으며, 논할 수도 없다면 이 사회와 공동체는 과연 어떻게 발전해갈 수 있겠느냐"면서 "어디서든 누군가를 모욕하지 않는 것보다 중요한 것은 없다"고 말했다.

우리는 지금 누구나 자기 발언을 자유롭게 표현 할 수 있는 시대에 살고 있다. 또한 남녀평등은 이제는 논의되지 않을 정도로 여성인권의 확립을 이룩하기도 하였다. 그러나 동시대에 종교라는 이름으로 독재적이고 여성을 폄하하는 행동을 일삼고 금기시되는 사항들이 있으며, 이를 어길 시에는 처형을 당하기도 한다. 이러한 잔인한 행위들은 이슬람 극단주의자들과 탈레반의 터부(taboo)에서 볼 수 있다.

화가 빈센트 반 고흐의 후손이기도 한 테오 반 고흐 영화감독은 2004년 암스테르담 광장 한 복판에서 모로코 출신 이슬람교도에게 총상을 입은 후 칼에 찔려 살해 됐다. 반 고흐 감독이 제작한 〈굴종〉이라는 영화는 강제로 결혼한 이슬람 여성이 남편에게 성적학대를 당하고 심지어 사촌에게도 성폭행 당하는 등의 이야기를 담고 있다. 이 영화에서 여성의 몸에 코란의 경전내용을 새긴 장면이 논란의 화두였고, 감독을 살해한 이유가 되었다. 또한, 영국 작가 샐먼 루슈디는 소설 '악마의 시(1988)'를 집필해 이슬람을 모독했다는 이유로 100만 달러의 암살 현상금이 걸렸었다.

〈Can we talk about this?〉는 반 고흐 감독이 암살자 칼에 찔리면서 남겼던 마지막 말로 알려져 있다. "이거 얘기 좀 하면 안 될까요?"라는 역설적인 제목을 달고, 해서는 안 될 말들을 화두로 삼아, 금지된 말들을 온몸으로 보여주는 작품이다. 서구사회와 이슬람, 이렇게 서로 다른 문명 간 가치의 대립 아래 일어났던 일련의 사건들을 소재로 하고 있다. 실제 사건들이 11인 무용수들의 입과 몸을 통해 객석에 문제의식을 불러일으킨다.

일반적인 무용은 무언극이 대표적이다. 이 작품은 Who here feels morally superior to the Taliban?(누가 탈레반 보다 우월하다고 느끼는가?)라는 질문을 시작으로 입을 연 무용수는 객석을 등지고 서 있는 다섯 명을 벽 삼아 몸짓을 이어간다. 탈레반 학살에 관하여 문제제시를 하며 극이 끝날 때까지 끊임없이 말을 한다.

이 작품을 위해 2년이 넘는 리서치 기간 동안 40회 이상 관련 인물들의 인터뷰를 진행했던 예술 감독 로이드 뉴슨은 실제 인터뷰 자료를 비롯해 관련 다큐멘터리, 사진, 방송 필름 등을 활용한다. 여기에 대사와 신체 움직임을 조각하며 '다문화주의', 혹은 종교의 신성함이라는 이름 아래 행했던 부조리한 사건을 묵인하는 현대사회의 맹점을 고발한다.

〈Can we talk about this? , LG ARTS CENTERS, 2012 〉

    뉴슨의 안무는 기본 무용의 형식적인 요소나 추상성을 배격하고 일상적인 제스처와 연극적인 동작들을 재구성해 낸다. 무용과 피지컬 시어터(physical theatre), 축어적 연극(verbatim theatre)을 광범위하게 포용하고 있다. 단순히 무용을 관람하고 싶었던 관객은 이 작품이 다소 시끄럽다고 할 수도 있겠다. 그들이 무대 위에서 하는 말은 작가가 만들어낸 대사가 아니다. 유명 인사나, 학대의 피해자, 가해자들의 인터뷰 내용들이다. 심지어 무용수들이 무대에 서서 1990년부터 2004년까지 이슬람 극단주의자들에게 테러를 당한 사람들을 소개하며 사진들을 바닥에 떨어뜨린다. 이 말 많은 무용극은 어느 입장에서든

〈Can we talk about this? , LG ARTS CENTERS, 2012 〉

언어의 중성적인 톤으로 인해 심리적인 중압감을 가져다주지는 않는다. 다만 '있었던 잔혹한 사실'들을 그대로 알려줄 뿐이다. 봇물처럼 쏟아지는 이 무거운 이야기들이 힘들어질 때쯤 언어 속의 리듬감이 들리고 말들이 서로 충돌이 되면서 서로의 표명들이 정확하게 들린다.

　　중성적 톤의 말들이 일반적인 사실을 전달해 주는 것이라면 말이 입체화 되어 표현된 춤은 내보이지 않은 이면의 감정적인 면을 보여준다. 손을 올리거나 발을 구른다던가. 뛰는 표현, 물구나무서기의 반복은 무언가에 조종된 억압과 불안의 표현이다. 편집부 기자는 자신이 정당하게 부조리를 실어야 함에 있어서 벽과 벽 사이를 오가며 기대서 춤을 추며 사회의 눈치를 살핀다. 협박 받는 여인은 낮은 자세로 춤을 추면 자신이 들어나지 않기를 바란다. 강제결혼 근절캠페인을 벌였던 한 여성정치가는 계속 움직이고 구르는 남자 무용수의 몸 위에 편히 걸 터 앉아 여유롭게 차를 마시는 듯한 모습으로 증언을 한다. 이것은 여성의원이 위험한 상황에 있지만 의연하게 현실을 고발 하고 있다는 양상을 보여 준다. 보수주의자들은 뒷짐을 지며 여유롭게 움직이는 반면 소리 높여 외치는 지식인들이나 인권 운동가들은 수직으로 뛰어오르거나 종횡으로 질주하며 저항과 분노를 말한다.

〈Can we talk about this? , LG ARTS CENTERS, 2012 〉

공연은 질문만 할 뿐 대안책을 내 놓지 않는다. 아니, 대안책을 내 놓을 수 없는 게 사실이다. 극단주의자들이나 다문화의 잘못된 인식만을 주장하지도 않는다. 다만 중립적으로 현실을 보도해 준다. 사람 목숨을 대가로 지불해야 했던 말들을 다루고 있기에, 그 말 한마디 한마디에 의미를 극대화하기 위해 목소리와 몸짓을 최대한 활용하는 방식을 택했다. "사회고발성 무용극"이라는 새로운 공연 형식으로 금기시되어서 잘 알려지지 않은 사실들을 과장되지 않은 몸짓과 객관적인 언어로 이야기 한다. 객관적인 사실의 질문들이기에 더욱더 큰 의미로 다가온다.

DV8의 공연은 이슬람교도들의 악행을 고발하는 것뿐만 아니라 부조리한 현실을 지켜보고 침묵하며 외면하는 유럽인들 혹은 모든 사람들-우리 자신-을 자체 고발하는 것이다.

2) 영화

영화는 시대와 사회의 거울이다. 영화내면에 비춰지는 정의·평등·자유·인권 등 을 통해 과거와 현시대를 조명할 수 있기 때문이다. 영화의 장르는 다양하다 그 가운데 우리의 의식을 일깨워 주는 영화들이 있다.

(1) 〈The Reader - 책 읽어주는 남자〉 스티븐 달드리

영화 〈더 리더〉는 법대 교수이자 작가인 베른하르트 슐링크의 대표작을 영상화한 작품이다. 1995년 출간 당시, 논란의 대상이었던 소설을 스티븐 달드리 감독이 스크린에 옮겼다. 케이트 윈슬렛이 이 영화로 아카데미상 여우주연상을 거머쥐었다. 스티븐 달드리는 2000년 〈빌리 엘리어트〉나, 2002년 〈디 아워스〉 등에서도 인간 내면 문제에 집중했다. 1980년대 중반 강한 문제의식을 제기한 연극 〈돌이킬 수 없다〉로 탄광촌을 순회하며 공연하였고, 실제로 폐광에 항의하는 광부들의 마지막 런던 시위 대열에 함께하기도 했다.

〈더 리더〉에서는 2차 대전 이후 1950~1960년대를 배경으로, 36세 여인 한나 슈미츠와 15세 소년 마이클의 뜨거운 사랑을 담았다. 이 영화를 글로벌 시민정신 사상의 관점으로 볼 수 있는 이유는 유태인 학살 가해자인 한 독일인여성에 대해 주목하고 있기 때문이다. 생계를 위해 어쩔 수 없이 행해야 했던 일은 전 인류를 놀라게 한 잔인한 범죄가 되었다. 그녀가 한 일은 잘못된 일이며 해서는 안 되는 일이었다. 그러나 그녀는 알지 못했다.

전범이된 한나는 비난당해야할 대상이 맞는가? 시대의 전범의 가해자가 정말로 가해자인가에 대해 재 조명해 보게 된다.

스티븐 달드리드가 "1980년대 중반은 전후 영국 정치사에서 가장 중요한 순간 중 하나라고 생각한다."라고 말했듯이 삶과 사상은 다르지 않다. 역사의식과 실제가 다르지 않다. 현장과 영상이 다르지 않다. 그렇기에 스티븐 달드리가 들여다 본 나치전범 재판정에서의 문제의식은 탁월하다.

[행동하는 문제의식]

지금껏 아우슈비츠 강제수용소를 다룬 영화들은 그 포커스를 비참한 수용소 생활에 맞췄다. 당시의 '유대인 참상 알리기' 정도가 주류를 이룬다는 말이다. 하지만 〈더 리더〉에는 애초에 유대인의 참상을 담겠다는 의도가 없다. 오히려 가해자 중 한 사람인 한나 슈미츠의 고뇌에 조명한다. 상대역인 마이클 (어린 마이클과 성인이 된 마이클) 역시 그녀의 고뇌에 동참한다.

> "그녀는 자신이 무엇을 할 수 있는지를 보여주기 위해서가 아니라 무엇을 할 수 없는지를 감추기 위해서 늘 싸워왔고 또 싸웠다. 그것은 실제로는 힘찬 후퇴일 수밖에 없는 전진과 실제로는 은폐된 패배일 수밖에 없는 승리로 이루어진 삶이었다."[45]

사람이 어디까지 할 수 있는가. 그럼, 사람이 할 수 없는 건 어떻게 받아들여야 하는가. '후퇴인 전진'은 무엇이고, '은폐된 패배인 승리'는 또 뭔가. 주인공 한나는 처절한 삶의 현장에서 살아남으려고 발버둥친 평범한 독일인이다. 그러나 전쟁이 끝난 시대는 그녀를 전범으로 재판에 회부한다. 당시 '경비직'을 얻은 직장인 한나, 이후 시대는 '몹쓸 짓'을 한 한나로 바꿔놓는다.

[가해자는 가해자만일 수 없다?]

피해자와 가해자의 모호함, 용서와 복수의 모호함, 패배와 승리의 모호함, 죽음과 삶의 모호함…. 우리는 그렇게 세상의 불명확함에 익숙해져 살아가고 있다. 〈더 리더〉가 더 진지하게 다가오는 것은 바로 모호함 속에서 명확함을 보여 준다는 것이다.

〈더 리더〉는 우리의 아픈 역사 속에서 만났던 가해자들을 생각하게 한다. 소위 '고문기술자'라는 별명을 가진 사람, 이근안. 그는 가해자인가. 피해자인가. 그는 자신이 시대의 희생양이라고 한다. 1970년대 초부터 1988년까지 경기경찰청 대공분실장 등으로 근무하며 고문기술자로 악명을 떨치다 불법체포와 고문 혐의로 오랜 수배 끝에 2000년 자수했다. 2008년 10월 안수를 받고 목회자로 변신했지만 각종 언론 인터뷰에서 '나는 애국자'라며 자신의 행위를 정당화했다. 범인 취조 과정에서 이근안이 가했다는 고문들, 소위 관절빼기, 볼펜심 꼽기 등의 고문 기술에 악몽 같은 날들을 보냈던 한반도평화와 경제발전전략연구재단 김근태나, 함주명 조작 간첩사건에 관련된 사람들도 그렇게 생각할까. 그렇게 이근안은 몇 년간의 옥살이로 과거를 묻은 채 새로운 삶을 선택했다.

목사가 된 이후에도 강연을 통해 "억울하다. 나라에 충성했을 뿐인데 나라는 자신을 희생양 삼았다"는 발언을 서슴없이 했다. 즉, 자신도 피해자란 말이다. 그러나 올해 1월 '자질 부족' 등을 이유로 목사직을 박탈당했다. 그는 누구의 명령을 들었을 것이다. 명령자가 있었다 해도 그렇게 악랄할 수밖에 없었던가 하는 질문 앞에서는 그 누구도 용납이 그리 쉽지는 않는다.

우리의 아픈 역사는 왜 피해자만 있고 가해자는 없는 것일까? 〈더 리더〉를 보면서 자꾸 '누가 가해자이고 누가 피해자인가?'라는 물음이 떠나지 않는다. 더 답답한 것은 완전하고도 매끈한 답이 없다는 것이다. 영화 속에서 한나가 어린아이를 사랑한 자책감 때문에 잘 다니던 직장을 포기하고 이사해 찾은 직업이 바로 강제수용소 경비원이다. 문맹인 그녀에게 그 직업은 단지 살기 위해 택한 직업이었다.

[시대가 만든 행동]

전범 재판정에 선 그녀에게 '유대인을 죽인 가해자'란 죄목이 찍히는 것은 당연한 일. 전범의 대표자가 되어 법정의 온갖 삿대질을 한 몸에 받는다. 왜 그녀에게만 화살을 쏘아댈까. 다른 경비원들은 요리조리 빠져나간다. 그녀에게 모든 걸 덤터기 씌우기로 작정한 것이다. 그렇게 그녀만 '가해자'가 된다.

글자를 모르는 그녀에게 모든 서류의 작성자라는 누명을 씌우는데, 그녀는 그것을 운명으로 받아들이는 듯…. 그녀는 "당신이라면 어떻게 했겠는가?"라고 재판장에게 말한다. 다른 가해자들이 다 쏙쏙 빠져나간 현장에서 그녀의 말은 공허 자체다. 우리 역사 속 가해자로 지목된 이들도 많은 가해자들 중 재수 없는(?) 한 명일 수 있다.

몸통은 두고 꼬리만 자른다는 말도 있다. 머리는 두고 곁가지만 친다는 말도 있다. 〈더 리더〉는 그런 것 같다. 우리 사회에서도 왜 그런 예가 없겠는가. 하지만 이미 그가 몸통인데 자신은 꼬리라고 말한다면 얼마나 우습겠는가. 한나, 그녀의 행동에 주시해야 한다.

그건 그녀의 독자적인 행동이었다. 무기징역형에 처해지면서도 다른 경비원들을 원망하거나 비판하지 않는다. '나도 피해자일 뿐이다'는 그 흔해빠진 말 한마디조차 안 한다. 여기 가해자의 아픔이 드러난다. 나치 독일의 국민이므로, 나치 강제수용소의 경비원이므로, 그녀가 가져야 할 규칙에 대한 충성이었다고, 그녀는 그럴 수밖에 없었다고 항변하기를 포기한다.

광주 민주화 운동 당시 그 '폭동'을 잠재우기 위해 진압군으로 참여했던 많은 사람들이 있다. 공교롭게도 그들은 그 시대에 군대란 곳에 가 있었다. 한나가 나치 독일 시대에 수용소 경비원으로 가 있었듯이 그들은 이미 여러 차례 당시 상황을 말하며 '지옥 같은 시대의 아픔'을 고해성사했다. 한나 역시 삶을 송두리째 감옥과 죽음에 내던지며 참회한다.

[가해자가 용서받을 수 있는가]

이런 때 우리는 그 참회를 보며, 더욱 헷갈린다. '누가 가해자이고 누가 피해자인가?' 그렇다. 〈더 리더〉는 그 모호함 속에서 문제의식을 본다. 우리는 그저 자신이 그랬다고 말하길 원한다. 가해자와 피해자를 구별 짓기 원한다. 그러나 역사는 애석하게도 시원스럽게 답하지 않는다.

'누가 진압명령을 내렸는가?' 이게 광주 민주화 운동 이후 문제의 핵심이었다. 여전히 당시 대통령이었던 전두환은 전직대통령 대우를 받으며 살아 있고, 누구 하나 확실하게 명령의 최고통수권자를 말하지 않는다. 메달을 목에 걸었던 지휘계통의 군인들도 역사의 페이지를 넘기며 한나처럼 자신이 짊어지겠다고 하는 이가 없다.

그냥 자신이 짊어질 것을 감당하기만 하면 된다. 광주 사건뿐 아니라 작금에 벌어지는 모든 '리스트'에 관련된 이들도 그렇다. 다 짊어졌음에도 불구하고 죽음의 수용소에서 살아남은 유일한 생존자는 결코 한나를 용서하지 않는다. 그러니 우리의 아픈 역사가 뱉어놓은 피해자들은 말해 무엇 하겠는가.

죄의식이란 무엇인가. 그 죄의식 속에 감춰진 비밀은 인간을 인간답게 할 수 있는가. 추악함으로 맞닥뜨리는 소위 '피해자(희생양)'라고 말하는 가해자들과는 전혀 다른 모습의 한나를 보며 우리 시대를 훑고 간 굵직굵직한 사건의 고비마다에서 등장했던 수많은 가해자들이 스쳐지나간다. 그들이 이 영화를 보기 바란다.

(2) 〈Tokyo!〉 미셸공드리, 레오까락스, 봉준호

영화 〈도쿄!〉는 미셸공드리, 레오까렉스, 봉준호 감독이 만든 옴니버스식 영화이다. 세 감독들은 도쿄의 화려한 모습 대신, 그 화려함 속에 감춰져 있는 도시의 풍경들을 30분 남짓의 단편으로 담아냈다. 삭막하고, 추악하며, 외로운 도시의 모습들이다. 영화 〈도쿄!〉는 도쿄에서 시작하여 인간사회로 확장되

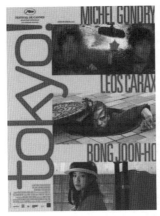

는 이야기로 풀어간다. 일본의 민족주의적인 문제를 이야기 하면서 글로벌 시민정신을 바탕으로 바라봐야하는 관점들을 세세하게 상징적으로 보여준다.

[Interior Design -경쟁과 소외]

영화는 미셸 공드리 감독의 〈아키라와 히로코〉로 시작된다. 원제는 'Interior design'으로, 만화가 가브리엘 벨의 원작을 재구성했다. 영화는 꿈을 찾아 무작정 도시(도쿄)로 상경한 연인 아키라와 히로코의 이야기다. 그러나 도시는 그들을 받아주기에 너무나도 삭막한 곳이다. 삭막한 도시는 사람을 변화시킨다. 능력을 인정받은 아키라와 달리, 주위로부터 구박만 받는 히로코는 결국 도시에 편입하기 위한 '존재의 변화'를 겪는다. 그것은 마치 유령처럼 살아가는 도시인의 모습이다.

존재감. 사람의 가장 큰 지탱 점일지도 모른다. 하지만 공드리의 눈에는 사회가 발전하고 미디어가 발전함에 자신의 존재감을 감추려는 역행의 모습이 보였는지도 모르겠다.

감독으로 등장하는 남자는 남보다 잘하는 것을 만들어야하는 포부에 대해 이야기 한다. 그렇게 함으로 나의 존재를 세상에 알릴 수 있다고 이야기하고 그의 여자 친구는 그와 반대로 자신의 소소한 것들로 부터 자신의 존재를 확인할 수 있다 이야기한다. 하지만 첫 영화 상영회가 끝나자 점차 자신의 생각이 잘못되었다는 생각이 들기 시작한다. 그저 자신은 하나의 부속품에 지나지 않는다는 생각에 점점 빠지고 남들의 시선에 대한 어떤 강박증에 시달리게 된다. 그리고 그저 하나의 부속품에 지나지 않지만 자신의 취미를 남의 시선에 방해 받지 않고 즐길 수 있는 의자로 변화한다. 그렇게 자신의 존재감을 스스로만 느끼는 것에 행복감을 느낀다.

이 영화에서 말하는 '남들 보다 잘하는 것에 의한 존재감'이란 바로 일본이 가지고 있는 경쟁에 대한 강박을 표현한 것으로 볼 수 있다. 물론 이것은 일본뿐만 아니다. 인간이 가지고 있는 철저히 기본적인 요소이다. 그런 경쟁사회에서 경쟁적이지 않은 인간이 경쟁해야한다는 강박관념을 가지게 되면서 생기는 불안감을 적절히 표현한 영화이다. 그리고 그 불안에서 해소되어 다시 편안함으로 되찾은 의자라는 인생은 깊은 생각을 만들어낸다.

[광인 – 잠재의식 속 파괴본능의 분출과 배설]

레오스 까락스 감독의 〈광인〉은 도쿄 시내에 광인이 출몰하면서 시작된다. 하수도에서 올라온 괴이한 몰골의 이 남자는 시민들에게 온갖 역겨운 행동으로 도시를 공포로 몰아간다.

도시 밑에 존재하는 하수도는 도시가 의식할 수 없는 '무의식'의 공간이다. 그곳에는 도시가 감추고 싶은 온갖 추악한 것들이 숨겨져 있다. 광인은 그

추악한 것들을 시민들에게 다시 상기시키는 존재다. 그가 하수도에서 수류탄을 꺼내와 무고한 시민들을 죽음으로 내모는 것은 매우 상징적이다. 그것은 곧 일본인이 감추고 싶은 제국주의 시절의 기억을 다시 한 번 떠올리게 하는 행동이다. 레오스 까락스는 〈광인〉을 통해 일본인의 잠재의식을 건드리며 더 나아가 현재 우리모습을 보여준다.

또한 광인은 꽃과 돈을 먹는다. 즉 겉치레와 자본이 그에게는 생명을 유지하는 필수품이 되었다. 어찌 보면 그런 겉치레와 돈이 그런 광인을 만들어가는 것이라 얘기하는지도 모른다. 그리고 그 광인은 바로 사회에서 흔히 볼 수 있는 우리의 모습이다. 하지만 그 누구도 그것을 느끼지 못한다. 인간의 속내가 광인의 것이라는 것을 아무도 인지하지 못하고 겉만 멀쩡하게 하고 다닌다. 자신의 안에 있는 것을 겉으로 꺼내면 광인이 된다는 것을 아무도 모른다.

도시안의 무자비한 행동을 가한 광인은 마침내 붙잡히고 재판을 받는 동안 이해할 수 없는 말을 해댄다. 그것을 통역해주는 변호사가 등장한다. 마치 이것은 인간의 다중적인 성격으로 묘사되어진다. 그 둘은 너무나도 닮아 있다. 두 사람의 하얀 눈의 위치가 광인은 오른쪽, 변호사는 왼쪽으로 각기 다르다. 즉 하나의 인격체로 묘사되었다. 문제는 관객은 그렇게 등장한 변호사가 광인이 하는 이야기를 그대로 전달하는지 둘이 음모를 꾸몄는지 알 수 없다. 변호사는 광인이 죽지 않고 깨어나 사라질 때까지 일반인과 달리 놀라지 않는다. 변호사와 하나의 인격으로 합쳐진 것일 수도 있다.

그 광인의 이름은 merde, 똥이다. 즉 사회가 배설해야 할 무엇이다. 하지만 배설을 하려고 해도 배설되지 않고 세상에 머물 수밖에 없다는 얘기다.

광인은 "신도 이제 늙었다" 많은 의미를 가지고 있는 한마디를 남기고 사라진다.

[흔들리는 도쿄]

마지막 봉준호 감독의 〈흔들리는 도쿄〉는 히키코모리(사회생활에 적응하지 못하고 집 안에만 틀어박혀 사는 병적인 사람들을 일컫는 용어)를 주인공으로 하고 있다. 11년째 히키코모리 생활을 하고 있는 남자가 있다.

외부로부터의 침입을 경계하려는 듯, 완벽하게 정리된 집에서 보내는 그

의 일상은 단조롭기 그지없다. 그런 그의 삶을 변화시키는 것은 바로 피자를 배달하러 온 소녀이다. 단 한 번도 누군가와 눈을 마주쳐본 적이 없는 남자는 우연히 그녀와 눈을 마주치고, 너무나도 눈부신 그녀의 모습에 감정적인 변화를 경험한다. 동시에 여자는 남자가 살고 있는 남자의 집을 보며 정반대의 변화를 감행한다. 완벽하게 혼자인 그는 그녀로 인해 외로움을 느끼고 혼자가 되기를 거부하지만, 외로운 그녀는 그를 통해 외로움을 지우기 위한 완벽하게 혼자가 되는 법을 터득한다. 마침내 남자는 집을 뛰쳐나와 여자를 찾아간다. 남자의 손이 여자의 팔을 잡는 그 '접촉'의 순간, 도쿄는 흔들린다. 이 흔들림은 얼어붙은 도시를 일깨울 작은 희망이다. 도시인에게 필요한 것은 결국 타인과의 접촉, 만남, 나아가 사랑인 것이다.

세 편의 공통점은 모두가 도쿄라는 도시의 특수성을 지니고 있지만 크게 바라본다면 어느 나라에서나 볼 수 있는 보편성에 좀 더 초점을 두고 있다. 도쿄가 지닌 독특한 풍경들을 담아내면서도 그 속에서 거대도시가 지니고 있는 우리의 공통된 문제들을 건드리고 있다.

3) 음악

음악은 시대에 따라 정치적 순간의 주인공이 되곤 한다. 1987년 6월, 시청 앞에 모인 인파가 함께 부르던 '아침이슬'은 6.29선언을 이끌어내는 역할을 하였다. 존 바에즈는 월남전 반대 집회의 선봉에 서서 'We Shall Overcome'을 부르며 당시 청년들에게 음악으로 세상을 바꿀 수 있으리라는 희망을 안겨줬다. 로저 워터스는 무너진 베를린 장벽을 등지고 〈The Wall〉콘서트를 열었다. 모든 음악이 정치적일 필요는 없다. 다만 세상을 올바르게 담아낸 음악은 어떤 정치적 메시지보다 마음을 울린다. 음악으로 부조리한 현실에 저항했던 이들 중 가장 드라마틱한 순간을 만들어냈던 이들이 있다. Bob Marley 와 Michael Jackson 이다.

(1) Bob Marley – No, woman, no cry

음악으로써 혁명을 일으킬 수는 없다.

그렇지만 사람들을 깨우치고 선동하고 미래에 대해 듣게 할 수는 있다.

−Bob Marley−

"밀라노에서 교황보다 많은 군중을 모음

7명의 여자로부터 11명의 자녀를 낳음

3천만 달러의 유산을 남김

'새로운 시편'을 씀

36살에 암(멜라노마)으로 요절"

이 인물은 체 게바라와 더불어 20세기 대중문화에 많은 영향을 미친 존재이다.

그는 자메이카 출신의 '국제적 팝스타'이자 '영적 지도자'인 밥 말리이다. 그의 이름은 레게(reggae)라는 음악과 더불어 붙어 있다. 그는 자메이카 수도 킹스턴에 위치한 빈민가 트렌치타운에서 '백인 영국 장교'의 아버지와 '흑인' 어머니 사이에서 태어났다. 흑인 중심의 사회에서 흑백 혼혈아로 소외되며 자라온 그는 자메이카 흑인이 겪는 고통과 권리박탈의 문제점을 잘 알고 있었다.

이에 대한 분노를 전 세계에 터뜨리겠다는 혁명적 의식으로 음악을 만들어 많은 이들에게 감동과 소통의 기회를 열어 주었다.

　말리는 자신의 음악이 '빈민굴의 록(Trenchtown Rock)'이자 '반란의 음악(rebel music)'임을 선포하고, '네 권리를 위해 일어나(Get up, Stand up)'라고 선동했다. 〈작은 도끼(Small axe)〉는 제국주의 억압자들에 대한 제3세계 민중의 울분을 '도끼로 나무를 쓰러뜨리는' 것에 비유했고, 〈버팔로 병사〉에서는 '비슷한 처지이면서 인디언을 살해해야 하는 흑인 병사의 심정'을 아이러니하게 그렸다. 내용만으로는 혁명적이고 모두 경쾌한 레게리듬 안에 있었다. 그는 제 속에서 억압받고 신음하는 흑인들을 위한 정치적 메시지를 담은 노래를 발표하기 시작했다 – 정치적 현실을 고발했으며 보편적인 인류애와 숭고한 이상향을 담아냈다.

> 레게는 서로 다른 사회적 집단들 사이의 접촉의 역사이며, 음악을 통해 이들 집단들이 표현하려고 한(정치적이고 정신적이며 개인적인) 의미들의 역사이다. 그 '역사'의 핵심에 밥 말리가 존재했다.
>
> 　　　　　　　－영국의 사회학자 앤서니 기든스(Anthony Giddens) 〈현대사회학〉

　특히, 1974년에 발표한 〈No Woman, No Cry〉는 밥 말리의 최고 히트곡이자 자메이카 레게 음악을 세계적 차원으로 승격시킨 곡이다. 절망 속에서도 끈질기게 희망을 놓지 않는 낙천적인 저항 의지를 상징적으로 담아냈다. 밥 말리의 사상적 밑거름은 자메이카 흑인의 토속신앙인 '라스타파리아니즘'이었다. 라스타파리아니즘이란 아프리카 이디오피아 황제였던 하일레 셀라 시에를 가리키는 '자 라스타파리(Jah Rastafari)'를 신으로 섬기며 자신들의 고향이자 약속의 땅인 '아프리카로 돌아가자'는 것을 교리로 하는 신앙이다. 그 이유로 에티오피아 황제를 숭배하는 신앙에 바빌론, 자이온, 아마겟돈, 엑소더스 같은 성경 용어가 등장한다. 라스타파리 신도들은 마리화나를 '지혜의 풀'로 여기며 즐겨 피우고, 신체의 모든 부위를 절단할 수 없다는 교리 때문에 긴 머리를 딴 헤어스타일(드레드록)을 하였다.

라스타주의는 1970년대 중반, 경기침체와 사회불안이 세계를 뒤덮을 무렵 대안적 사상으로 주목받았다. 라스타주의는 흑인운동의 범세계적 이데올로기가 되었고, 밥 말리는 행동주의와 유토피아주의 모두를 체현한 인물이 되었다. 1978년에는 그간의 인도주의적 업적을 인정받아 '5억 아프리카인을 대표하여' UN 평화메달을 수상했다. 같은 해 자메이카로 돌아와 암살 위협을 받으면서도 '사랑과 평화의 콘서트'를 개최하여 정치적 인사들 사이의 적대행위를 종식할 것을 호소했다. 1980년에는 짐바브웨 독립 경축행사에 헤드라이너로 초대되어 생애에서 가장 영광스런 순간을 맞이했다.

NO WOMAN NO CRY -Bob Marley-

No, woman, no cry; 그러지 말아요, 여인이여, 울지 말아요
No, woman, no cry; 그러지 말아요, 여인이여, 울지 말아요
No, woman, no cry; 그러지 말아요, 여인이여, 울지 말아요
No, woman, no cry. 그러지 말아요, 여인이여, 울지 말아요

'Cause - 'cause - 'cause I remember when a we used to sit
왜냐하면 - 왜냐하면 - 왜냐하면 나는 기억하고 있기 때문이죠
In a government yard in Trenchtown, 우리가 트렌치 타운의 청사의 뜰에 앉아서
Oba - obaserving the 'ypocrites - yeah! - 그 위선자들이
Mingle with the good people we meet, yeah!
우리가 만난 좋은 사람들과 뒤섞여 있던 것을 본 때를 기억하고 있기 때문이죠

Good friends we have, oh, good friends we have lost

우리의 좋은 친구들, 오, 그 친구들을 우리는 잃어버렸죠

Along the way, yeah! 지금까지 내내 말이예요

In this great future, you can't forget your past;

이 위대한 미래에 당신은 당신의 과거를 잊을 수 없죠

So dry your tears, I seh. Yeah! 그래요, 당신 눈물을 닦아요

No, woman, no cry; 그러지 말아요, 여인이여, 울지 말아요

No, woman, no cry. Eh, yeah! 그러지 말아요, 여인이여, 울지 말아요

A little darlin', don't shed no tears: 사랑스런 연인이여, 눈물 흘리지 말아요

No, woman, no cry. Eh! 그러지 말아요, 여인이여, 울지 말아요

Said – said – said I remember when we used to sit 나는 기억한다고 말했어요.

In the government yard in Trenchtown, yeah!

트렌치 타운의 청사의 뜰에 앉아 있으면

And then Georgie would make the fire lights,

George는 불을 지피곤 했어요

I seh, logwood burnin' through the nights, yeah!

통나무는 밤새 타올랐죠

Then we would cook cornmeal porridge, say,

그러면 우리는 옥수수 포리지를 요리하곤 했어요

Of which I'll share with you, yeah! 당신과 함께 그것을 나눌 거예요

My feet is my only carriage 나의 발은 나의 유일한 자동차

And so I've got to push on through,

그렇기에 나는 힘차게 앞으로 걸어나가야 해요

Oh, while I'm gone, 오, 내가 가버린 동안에도

Everything's gonna be all right! 모든 것이 잘 될거예요

Everything's gonna be all right! 모든 것이 잘 될거예요

Everything's gonna be all right, yeah! 모든 것이 잘 될거예요

Everything's gonna be all right! 모든 것이 잘 될거예요

Everything's gonna be all right—a! 모든 것이 잘 될거예요

Everything's gonna be all right! 모든 것이 잘 될거예요

Everything's gonna be all right, yeah! 모든 것이 잘 될 거예요

Everything's gonna be all right! 모든 것이 잘 될거예요

So no, woman, no cry; 그러니 여인이여, 울지 말아요

No, woman, no cry. 그러지 말아요, 여인이여, 울지 말아요

I seh, O little – O little darlin', don't shed no tears;

오 나의 사랑스런 연인이여 – 오 나의 사랑스런 연인이여, 눈물 흘리지 말아요

No, woman, no cry, eh. 그러지 말아요, 여인이여, 울지 말아요

No, woman – no, woman – no, woman, no cry;

그러지 말아요, 여인이여 – 그러지 말아요,

여인이여 – 그러지 말아요, 여인이여, 울지 말아요

No, woman, no cry. 그러지 말아요, 여인이여, 울지 말아요

One more time I got to say: 다시 한 번 말해야겠어요

O little – little darlin', please don't shed no tears;

오, 사랑스런 – 사랑스런 연인이여, 제발 눈물 흘리지 말아요

No, woman, no cry. 그러지 말아요, 여인이여, 울지 말아요

(2) Michael Jackson —We are the world

"우리는 함께 더 나은 세상을 만들어야 한다."라는 노래 속 가사처럼 "We are the world"는 이 넓은 세계의 우리는 하나라고 말한다. 우리는 하나이기 때문에 다 함께 이뤄야한다는 것이다.

1985년 1월 28일, 세계 최고의 가수들이 한 자리에 모인 것은 이 노래를 녹음하기 위해서였다. 마이클 잭슨과 라이오넬 리치를 필두로 한 자리였다. 프로듀서는 퀸시 존스.

앨범이 발매되기 전 해였던 1984년 에티오피아는 식량부족으로 극심한 빈곤에 시달리고 있었다. 인구의 절반은 빈곤으로 죽어가는 나라, 만성적인 식량 부족에 질병이 만연한 이 나라의 이야기는 세계적인 관심사였다.

이 때 1984년 밥 겔도프를 필두로 한 영국 아티스트들은 'Do They Know It's Christmas'라는 자선 앨범을 발표하며 에티오피아를 돕기 위한 모금 활동을 시작했다. 그들의 그룹 이름은 노골적이었다. '도움' '원조'라는 뜻의 Band Aid. 밴드 에이드의 멤버들이 파트별로 조금씩 쪼개 부른 'Do They Know It's Christmas'는 엄청난 반응으로 되돌아왔다. 유럽 넘버 1위, 미국 빌보드 13위에 올랐다.

이들 밴드의 성공은 미국의 뮤지션들에게도 영향을 미쳤다. 마침내 그들도 모이게 되는 '역사적'인 순간이 오게 된 것이다. '에티오피아 빈민 구호 활동'이라는 취지 아래 가수이자 인권 운동가인 해리 벨라폰테가 무보수로 자선 앨범에 동참할 45명의 뮤지션을 모은 프로젝트 그룹 'USA 4 Africa'가 탄생되었다. 여기에서 'USA'는 United States of America가 아닌 'United Supported of Artists'였다.

마이클 잭슨과 라이오넬 리치가 공동 작사·작곡한 이 곡 'We Are The

USA 4 Africa 〈We are the world, 1985 〉

World'가 공개되자 그 반응은 영국 가수들의 것 못지않았다. 빌보드 1위 석권은 물론 전 세계적으로 약 700만 여 장이 팔려나갔다.

그래미 어워드를 27회 수상하고 무려 79회 노미네이트된, 아무리 진부한 수식어라 해도 '흑인 음악의 거장'이라는 말로 밖에는 설명이 되지 않는 퀸시 존스(Quincy Delight Jones, Jr.)가 프로듀싱을 맡았다. 그는 이 곡의 음악감독을 맡으며 최고의 작곡가 상을 받기도 했다.

게다가 참여한 가수들은 이름만으로도 근사한 설명이 만들어진다. 수식어가 필요없는 이름들 마이클 잭슨, 라이오넬 리치, 스티비 원더, 폴 사이먼(Simon & Garfunkel의 멤버), 케니 로져스, 제임스 잉그램, 티나 터너, 빌리 조엘, 다이에나 로스, 디온 워윅, 윌리 넬슨, 알 자로우, 브루스 스프링스틴, 케니 로긴스, 스티브 페리 (Journey의 보컬), 대릴 홀, 휴이 루이스 (Huey Lewis & The News의 보컬), 신디 로퍼, 킴 칸스, 밥 딜런, 헤리 벨라폰트, 레이 찰스 등이다. 7분짜리 곡의 위엄이었다.

모두 21명이 노래에 참여했고 후반부에 삽입되는 레이 찰스의 애드리브는 후시 녹음을 통해 완성됐다. 레이 찰스의 애드리브에 뒤이어 나오는 스티비 원더의 그루브와 브루스 스프링스틴의 허스키한 음색의 조화는 청자에게 야릇한 감동을 준다.

25년 후의 재 외침! We are the world ─우리는 하나의 세계이다.

2010년 이 곡은 또 한 번의 영광을 재현한다. 'We are the world─25 For

Haiti'가 그것이다. 당시 로스앤젤레스 헨슨리 코딩 스튜디오에는 이제 시대를 거슬러 팝계를 주름잡고 있는 가수들이 모두 등장한다. 최고의 아이돌 팝가수 저스틴 비버의 목소리로 시작되는 이 곡에는 핑크, 셀린 디옹, 레이디 가가, 스눕독, 제이슨 므라즈, 뮤지끄 소울차일  드, 나탈리 콜, 조나스 브라더스, 카니예 웨스트, 토니 베넷, 제니퍼 허드슨, 에이콘, 어셔, 릴 웨인 등 선배들 못지않는 조합으로 눈길을 끌었다. 이 곡은 지진으로 폐허가 된 아이티에 앨범 판매 수익금을 전달하기 위해 다시 녹음된 것이다.

이 자리에 모인 후배 가수들은 한 목소리로 말했다. 이 곡을 다시 부르는 것은 '음악인으로서 최고의 영광'이라고.

다시 1985년 1월 28일, 노래는 이렇게 녹음을 마쳤다. 그 해 3월 노래는 발표되고 전 세계인의 사랑을 받는다. 이 곡으로 벌어들인 3000만 달러가 넘는 수익금은 아프리카 기아구제를 위해 음악인들이 설립한 비영리단체 'USA for Africa'에 전달됐다. 그리고 이 노래는 무수한 목소리로 여전히 불리고 있다. 영원히 죽지 않는 뮤지션들과 함께.

We are the world - 45artists.

There comes a time when we need a certain call

어떤 부름에 귀 기울일 때가 왔습니다.

When the world must come together as one 세계가 하나로 뭉쳐야 할 때입니다.

There are people dying 어느 곳에서는 사람이 죽어가고 있어요.

Oh, and it's time to lend a hand to life 삶의 손길을 빌려주어야 할 때입니다.

The greatest gift of all. 모든 것 중에서 가장 위대한 선물을 말이에요.

We can't go on pretending day by day

우리는 매일 매일 그냥 지나칠 수만은 없습니다.

That someone, somehow will soon make a change

누군가, 어디에선가 곧 변화를 일으키겠지 라고 모른 체하며.

We're all a part of God's great big family

하느님의 위대함 앞에서 우리는 하나의 가족입니다.

And the truth – you know love is all we need

당신이 진실을 알고 있듯이, 지금 우리에게 필요한 건 사랑뿐이랍니다.

We are the world, 우리는 (하나의) 세계이며,

we are the children 우리는 (같은 하나님의) 자손입니다.

We are the ones who make a brighter day

우리는 함께 밝은 미래를 만들어가야 할 사람들입니다.

so let's start giving 그러니까 진심으로 베풀어요.

There's a choice we're making We're saving our own lives

지금이야말로 우리 삶을 구원할 기회입니다.

It's true we'll make a better day 맞아요, 우린 함께 더 나은 세상을 만들어야 해요.

Just you and me 바로 당신과 내가 말이에요.

Well, send 'em you your heart 그들에게 여러분의 마음을 보내세요.

So they know that someone cares

그들도 누군가가 자신들을 걱정하고 있음을 알게 되고

And their lives will be stronger and free

그들의 삶이 보다 강해지고 자유로워질 테니까요.

As God has shown us By turning stone to bread

하나님께서 돌이 빵으로 바뀌는 기적을 보여주셨듯이

And so we all must lend a helping hand

이제는 우리가 구원을 손길을 보내야 합니다.

We are the world, 우리는 (하나의) 세계이며,

we are the children 우리는 (같은 하나님의) 자손입니다.

We are the ones who make a brighter day

우리는 함께 밝은 미래를 만들어가야 할 사람들입니다.

so let's start giving 그러니까 진심으로 베풀어요.

There's a choice we're making We're saving our own lives

지금이야말로 우리 삶을 구원할 기회입니다.

It's true we'll make a better day 맞아요, 우린 함께 더 나은 세상을 만들어야 해요.

Just you and me 바로 당신과 내가 말이에요.

When you're down and out There seems no hope at all

너무 힘들고 지쳐있을 땐 희망이란 전혀 없어 보이죠.

But if you just believe There's no way we can fall

하지만, 믿음을 갖기만 하면 절대 불가능이란 없는 법이에요.

Well, well, well, let's realize 자, 자, 자, 깨달아 봐요.

That one change can only come When we stand together as one

우리가 하나로 뭉칠 때 기적이 일어나리라는 걸 기억해요.

We are the world, 우리는 (하나의) 세계이며,

we are the children 우리는 (같은 하나님의) 자손입니다.

We are the ones who make a brighter day

우리는 함께 밝은 미래를 만들어가야 할 사람들입니다.

so let's start giving 그러니까 진심으로 베풀어요.

There's a choice we're making We're saving our own lives

지금이야말로 우리 삶을 구원할 기회입니다.

It's true we'll make a better day 맞아요, 우린 함께 더 나은 세상을 만들어야 해요.

Just you and me 바로 당신과 내가 말이에요.

4) 퍼포먼스

존 레논과 오노 요코 (세기의 사랑이 만든 글로벌 시민정신)

1966년 11월 9일. 일본 상류층 출신의 전위 예술가 오노 요코는 런던 인디카 갤러리에서 전시회를 준비하고 있었다. 이 날 존 레논은 친구의 소개로 전시회 프리뷰를 보러 갔다.

그는 전시품 중에 사다리를 타고 올라가 벽의 열린 틈을 돋보기를 들여다보는 작품을 보고 호기심에 올라가 들여다봤다. 그리고 작은 글씨로 쓰인 'yes'를 발견한다. 후에 레논은 이 'yes'가 의미하는 세상을 긍정적으로 바라보는 시각에 큰 충격과 호감을 느꼈다고 말한다.

관객이 직접 못을 박는 못 박기 회화를 보고 레논은 해보고 싶다며 관심을 보였다. 그러나 요코는 아직 전시회 오픈 전이니 내일 와서 해보라고 거절하였으나, 그가 실망하는 기색을 보이자 그럼 5실링을 내고 못을 박아보라고 권했다. 그러자 레논은 "내가 눈에 보이지 않는 5실링을 내겠으니, 당신은 내가 상상의 못을 박도로 허락하면 된다."고 말하며 못을 박는 시늉을 한다. 순간 요코는 나와 똑같은 생각을 하는 사람을 만났다고 생각했다고 하고, 서로에게 눈이 멈춘 순간, 서로가 진짜로 만난 순간을 느꼈다고 말한다.

당시 요코의 나이 33, 레논은 26. 각자 배우자와 자녀를 둔 상태였지만, 서로에 대한 강력한 끌림을 막기엔 어느 이유도 타당할 수 없었다.

"비틀즈를 시작할 때부터 내 주변에 예쁜 애들은 얼마든지 널려있었다. 하지만 그들 중에 나와 예술적 온도가 맞는 여자들은 없었다. 난 늘 예술가 여성과 사랑에 빠지는 꿈을 꾸어왔다. 나와 예술적 상승을 공유할 수 있는 여자 말이다. 요코가 바로 그런 여자였다."

예술과 인생을 공유하기 시작한 그들은 1968년 함께 〈미완성 음악 1번 : Tow Virgins〉를 발표하고 이후 각자의 결혼 생활을 정리하고 1969년 3월 12일 결혼을 한다.

존 레논은 여론과 대중 앞에서 팝의 우상이나 반영웅적인 인물이어야 한다는 강박관념에서 벗어나고 싶었습니다. 오노 요코는 그동안 억눌려왔던 그런 존 레논의 세계관을 자극했다. 그리고 언제나 '머릿속에 있는 생각을 실천으로 옮겨봐'라며 존을 북돋았다. 존 레논은 결국 비틀즈 초기의 짜릿함과 흥분 이상의 것을 느끼며 요코의 예술세계에 열광적으로 빠져들었다. 두 사람이 걷잡을 수 없이 서로에게 빠져들기 시작하자 각자

['Two Virgins' 자켓 사진]

의 가정은 파경에 이르게 됐다. 결국 두 사람은 이혼을 택했지만 불륜이라는 이유로 그마저 쉽지 않았다. 존 레논은 비틀즈로 활동하기 전부터 함께였던 신시아와 법정다툼까지 하게 됐다.

> "매일같이 나는 신에게 감사한다. 네가 내게로 온 것을, 운명이 두 영혼을 맺어준 것을. 내가 태어난 건 오직 너를 만나기 위함이었고, 내가 어른이 된 건 너를 아내로 맞이하기 위함이었다."
> —존 레논

1969년 3월 20일, 존과 요코는 결국 결혼을 하게 된다. 그런데 정작 세상의 관심을 끈 것은 이들의 결혼식이 아니라 신혼여행이었다. 예술가인 두 사람은 신혼여행도 실험적이었다. 호텔방 침대에 누워 평화시위를 하는 특별한 신혼여행을 준비했다. 실제로 존과 요코는 3월 28일부터 1주일간 암스테르담의 힐튼 호텔에서 공개적으로 침대에 누워 평화의 메시지를 전했다. 두 사람의 평화시위는 전 세계의 이목을 집중시켰다. 이날의 '베드 인'시위를 계기로 존과 요코는 평화와 인권을 위해 세계에서 가장 유명한 반전운동가 부부가 되었다. 이제 오노 요코로 인해 존 레논이 변해가기 시작했다. 무신경하던 존 레논이 평

[신혼여행을 통해 첫 번째 베드 인(Bed-in)시위 중인 존 레논과 오노 요코]

화를 전파하면서 열정적인 사람으로 변해갔다. 베트남전 반전시위를 하며 존 레논의 세계관은 더욱 성숙해진다. 이때 존 레논이 탄생시킨 Imagine을 들어보면 그가 음악적으로도 한 번 더 발전했다는 사실을 느낄 수 있다.

이 무렵 이미 비틀즈 멤버들은 여러 가지 견해의 차이로 서로 삐걱거리고 있었다. 마침 요코와 레논의 사이가 깊어짐에 따라 레논은 비틀즈와 점점 멀어지기 시작했고 결국 비틀즈는 해체하게 되었다. 하지만 세상의 눈에는 비틀즈 해체에 대한 모든 비난의 화살은 오노 요코에게 돌아갔다. 그리고 동양에서 온 못생긴 '마녀'라는 오명을 안게 되었다. 두 사람은 언제나 피할 수 없는 비난을 몰고 다녔다. 하지만 이들에게 세상의 시선 따위 중요하지 않았다.

"나는 밴드를 떠나기로 결심했어요. 이제 비틀즈로부터는 예술적으로 더 이상 아무것도 기대할 수 없음이 분명했기 때문이죠. 반면에 여기에는 수없이 많은 것에 대해서 나의 관심을 일깨워주는 사람이 있었어요." - 존 레논

존 레논은 오노 요코와 자루 속에 들어가 인터뷰를 하기도 하고, 'Bed in'이라는 행위예술과 'War is Over'라는 캠페인을 벌이기도 한다. 과격한 행동주의자들의 눈에는 존 레논이 택한 방법이 소극적이고, 심지어 비열해 보일 수도 있다. 하지만 그 때 만든 노래 'Give Peace a Chance'는 워싱턴D.C 국회의 사당 앞 베트남전쟁 반대시위에서 25만 명의 군중들이 합창함으로써, 세계적인 '운동가요'로 떠올랐다. 마치 대한민국의 촛불집회 때 '아침이슬'이 시간과 공간을 초월해 집회의 국민 애창곡으로 자리를 잡은 것처럼 'Give Peace a Chance'도 시공을 초월해 1980년대 말까지 민주화운동 과정에서 애창되어 운동권 노래의 상징이 된다.

그렇게 영향력을 미치는 존 레논의 평화 반전 활동에 위기의식을 느낀 닉슨 정부는 감시, 도청, 협박, 비자 연장 거부, 강제 추방 압력 등 가지가지 방법으로 존 레논을 탄압하고 억압한다. 그러나 1972년 비자 연장 신청이 기각 당하는 과정에서 극우보수정치인 스트롬 더몬드 의원이 법무장관에게 보내는 비밀문서가 〈롤링스톤〉지에 폭로된다. 내용은 "진보평화운동단체와 존 레논이 계획한 대규모 록 공연은 존 레논의 대중적 인기를 이용하여 공화당 전당대회를 방해하기 위한 것이고 존 레논은 닉슨의 재선에 방해가 되니 비자가 만기되면 그를 추방해야 한다."는 것이었다 CIA 국장이던 후버는 존 레논의 일거수일투족을 감시하여 닉슨의 비서관에게 보고했고 닉슨이 재당선된 후 존 레논에 대한 감시를 중단한다. 비자 연기 문제로 재판 중이던 존 레논은 백악관의 그 문서를 손에 넣어 재판에 승소한다. 바로 그 유명한 백악관 도청 사건인 워터게이트 사건으로 닉슨은 불명예스러운 퇴임을 하게 되지만, 존 레논과 오노 요코는 재판에 승소해 미국 영주권을 받게 된다. 그러나 1980년 존 레논은 총탄에 쓰러지고 만다. 그가 남긴 마지막 말은 "당신이 존 레논이요?"라는 질문에 "그렇다"고 대답한 것이었다고 한다.

Give Peace A Chance 평화한테도 기회를 주자 (1969) / John Lennon

Two, one two three four 둘, 하나 둘 셋 넷

Ev'rybody's talking about 모두들 말하지

Bagism, Madism, Dragism, Shagism, Ragism, Tagism

배기즘, 매디즘, 드래기즘, 쉐기즘, 래기즘, 태기즘

This-ism, that-ism 이런 -이즘, 저런 -이즘

ism, ism, ism 이즘, 이즘, 이즘

All we are saying is give peace a chance

우리가 말하려는 건 그저 평화한테도 기회를 주자는 것

All we are saying is give peace a chance

우리가 말하려는 건 그저 평화한테도 기회를 주자는 것

Its goin' great 아주 잘될 거야

Everybody's talkin' bout'ministers, 모두들 말하지, 미니스터즈

sinisters, banisters and canisters, 시니스터즈, 배니스터즈, 그리고 캐니스터즈

bishops and fishops and rabbis and pop eyes,

비숍즈, 피숍즈, 랩비즈, 그리고 팝 아이즈

and byebye, byebyes 그리고 바이, 바이

All we are saying is give peace a chance

우리가 말하려는 건 그저 평화한테도 기회를 주자는 것

All we are saying is give peace a chance

우리가 말하려는 건 그저 평화한테도 기회를 주자는 것

Let me tell you now 나 이제 말하는데

Ev'rybody's talking about 모두들 말하지

Revolution, evolution, masturbation, 레볼루션, 이볼류션, 마스터베이션,

flagellation, regulation, integrations,

플레글레이션, 레귤레이션, 인테그레이션즈,

meditations, United Nations, 메디테이션즈, 유나이티드 네이션즈,

Congratulations. 컨그래츌레이션즈

All we are saying is give peace a chance

우리가 말하려는 건 그저 평화한테도 기회를 주자는 것

All we are saying is give peace a chance

우리가 말하려는 건 그저 평화한테도 기회를 주자는 것

Oh Let's stick to it 오, 계속 밀고나가자구

Ev'rybody's talking about 모두들 말하지

John and Yoko, Timmy Leary, Rosemary, Tommy Smothers, Bobby Dylan,

존과 요코, 티미 리어리, 로즈메리, 토미 스머더즈, 밥 딜런,

Tommy Cooper, Derek Tayor, Norman Mailer, Allen Ginsberg, Hare Krishna,

토미 쿠퍼, 데렉 테일러, 노먼 메일러, 앨런 긴즈버그, 헤어 크리슈나,

Hare Hare Krishna 헤어 헤어 크리슈나

All we are saying is give peace a chance

우리가 말하려는 건 그저 평화한테도 기회를 주자는 것

All we are saying is give peace a chance

우리가 말하려는 건 그저 평화한테도 기회를 주자는 것

1. 글로벌 시민정신의 사상을 바탕으로 한 예술적 발언은 당신에게 어떤 공감과 소통을 주었는가?

2. 글로벌 시민사상을 바탕으로 한 공감과 소통의 예술적 발언은 시대에 어떤 영향을 주는가?

3. 우리가 세계시민의 관점으로 해야 할 일은 무엇인가?

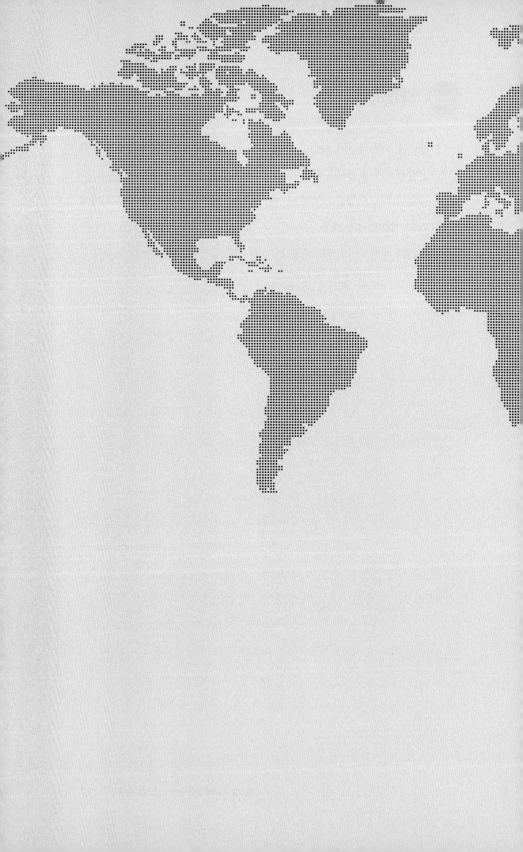

제11장
글로벌 시민의
문화적 의사소통과
에티켓

 생각 꺼내기

글로벌 시민의 적합한 소통 방식은 무엇이며, 글로벌 시민을 위한

에티켓은 무엇인가?

1. 세계 속의 나(Global I)의 개념

세계 속의 나(Global I)의 개념은 문화의 세계시민주의에 적합한 네트워크 속의 '나'다. 이는 지식과 경험을 조직 내부는 물론 외부와도 공유하는 세계 속의 나(Global I)이다.

의사소통(Communication)의 개념은 일상적인 대화나 업무적인 협의, 회의에서의 의사소통 등처럼 자신의 생각이나 감정을 상대방에게 전달하고 또 전달 받음으로써 공유화를 촉진하려는 일련의 연속과정을 말한다. 의사소통은 우리 몸의 혈액순환과 같이 개별적 인간관계는 물론 내가 속한 사회나 가정의 분위기에도 강력한 영향을 미친다. 또한 의사소통은 자극과 반응의 연속 과정이다. 의사소통을 잘 하기 위해서는 자극에 대해 상대가 원하는 반응을 해 줄 수 있어야 한다.

상대가 원하는 반응을 보여주기 위해서는 일상생활에서 주고 받는 말의 내용은 물론이고, 말 이외의 비언어적 단서(Nonverbal Message), 즉 얼굴표정, 몸짓, 자세 그리고 말투 등도 잘 관찰해야 한다. 왜냐하면 언어적 메시지의 의미와 비언어적 메시지의 의미가 일치하지 않을 때 사람들은 비언어적 메시지에 더 큰 영향을 받기 때문이다.

의사소통의 여러 요소 중에 인식과 이해, 분위기와 그리고 언어와 비언어, 경청 등이 중요하다.

2. 세계 속의 나(Global I)의 의사소통

1) 인식과 이해, 분위기

인생은 만남의 연속이다. 대인관계를 엮어가는 의사소통은 꾸준한 자기성찰과 노력에 의해 기술과 능력을 향상시킬 수 있다. 첫 만남의 첫 인식에 의한 의사소통과 대인관계에서는 매우 중요하다.

인식과 의사소통은 서로 영향을 주고받는다. 의사소통의 첫 단계는 자신과 타인과 상황과 경험에 대한 인식을 하는 일이다. 처음 만나는 사람에 대하여 갖게 되는 첫 인식은 어떤 상황에서나 이미 우리가 갖고 있는 인식에 의해 결정된다.

의사소통하는 태도나 방식은 본성이나 타고난 자질도 중요하겠지만 인간의 모든 과정 특히 우리가 어떤 환경에 노출 되었는가가 의사소통과 대인관계에서는 매우 중요하다. 이것은 의사소통의 태도나 방식이 학습에 의해 결정될 수 있다는 의미이며 따라서 환경적인 면을 강조하게 된다.

의사소통의 원리는 의사소통을 할 수 있는 바람직한 분위기를 만들고 유지하는 것이다. 그 분위기란 의사소통을 할 수 있는 심리적 기분 또는 정서적 느낌을 말한다.

의사소통에 있어서 적절한 반응 못지않게 중요한 것은 그 반응을 언제 보여주는가 하는 것이다. 긍정의 반응은 빠르게 부정의 반응은 의도적으로 늦추는 것이 반응 속도를 관리하는 기본이라고 할 수 있다.

긍정의 반응은 빠르게
부정의 반응은 늦추어

대화할 때 상대가 말하는 내용을 이해하는 것도 중요하지만 상대의 감정을 이해하는 것이 무엇보다도 중요하다. 감정을 이해하는 것을 공감이라고 하는데 공감을 하기 위해서는 상대방이 느끼는 감정을 이해하는 것과 함께 그 이해하는 바를 말로 표현해야 한다. 공감을 잘 못하면 1분 안에 오래된 친구도 원수로 만들 수 있고 공감을 잘 하면 1분 안에 원수도 절친한 친구로 만들 수 있다고 한다. 성공하는 대화의 비밀이 공감에 있다는 것을 잊지 말자.

무엇에 대해 공감할 것인가?

사실이나 사건
생각이나 바람
감정이나 정서

싸이(PSY)의 '강남스타일'은 B급 코믹 스토리에 글로벌 인식과 이해, 그리고 분위기로 설명할 수 있다. 물론 창의성의 전제로 성공의 중요한 요소를 부인할 수 없다.

유튜브와 SNS(소셜네트워킹서비스) 등 디지털 미디어가 확산의 견인차였지만 B급 정서가 담긴 코믹한 뮤직비디오가 없었다면 지금과 같은 신드롬은 가능하지 않았다. 싸이는 성공 비결에 대해 "가수인데 웃겨서 성공한 게 웃기지만 웃겨서 잘 된 것 같다. 심각하지 않아 신선하다는 말도 들었다"며 "난 태생이 B급인데 그런 걸 만들 때 소스라치게 좋다. 해외에서는 (뮤직비디오 속) 내가 '오스틴 파워'(영화 '오스틴 파워' 주인공), 리틀 싸이로 나온 어린이가 미니미 같다고 한다. 나보다 뮤직비디오가 더 유명하다"고 말했다.

임진모 씨도 "뮤직비디오는 첫 장면부터 웃긴데 서구인들에게 재미와 재롱을 동시에 줬다"며 "뮤직비디오를 보면 유쾌해진다. 유튜브에서 최다 추천 비디오가 된 것도 그런 이유"라고 평했다.

싸이와 작업한 적이 있는 유명 뮤직비디오 감독 홍원기 씨 역시 "싸이만이 할 수 있는 촌철살인의 유머를 쉽게 풀어냈다"며 "또 놀이터, 버스, 목욕탕 등 다양한 장소에서 각양각색의 캐릭터들이 등장하고 마지막엔 이들이 함께 군무를 추는데 싸이는 늘 대중을 아우른다는 생각이 확고했다"고 설명했다.([싸이 열풍] 대중음악 역사 새로 쓰다 ① 연합뉴스, 2012. 9. 26)

2) 효과적인 대화하기 '칭찬'

정신분석학자인 프로이트는 "인간이 가지고 있는 가장 중요한 욕망은 성적인 욕구와 위대해 지고 싶은 욕망"이라고 했다. 사람이 밥을 먹는 것이 식욕을 채우는 것이라면 '칭찬'은 정신적인 식욕을 채워주는 것이다. 우리는 서로 칭찬을 잊고 너무 많은 시간을 보내고 있다.

진실한 칭찬은 어떻게 칭찬하느냐에 따라 칭찬을 받은 사람이 기분 좋아지기도 하고, 어색해 하기도 한다. 오히려 기분이 나빠지게 하는 칭찬도 있다. 칭찬도 의사소통에 있어서 중요한 기술 중에 하나이다. 새로운 사람을 만나면 누구든 어색함을 느끼고 그 사람을 사귀는데 어려움을 호소한다. 처음 만난 사람과 경계심을 풀고 좋은 인간관계를 맺게 하는데 칭찬만큼 효과적인 것이 없다. 칭찬을 할 때 고려해야 할 사항은 다음과 같다.

여러 사람 앞에서 공개적으로 칭찬하기
칭찬의 타이밍도 선택하기

칭찬의 말과 함께 친근한 행동을 표현하기

장점과 특징을 구체적으로 서술적으로 언급하기

상대가 받고 싶은 칭찬하기

3) 언어와 비언어

의사소통의 원리는 언어 상징을 올바로 사용하고 해석하는 것이다. 언어는 기호로서 의미를 담고 있는 상징이다.

언어 의사소통은 구어나 문어, 즉 말이나 글에 의해 이루어지는 의사소통이며 비언어 의사소통은 언어 이외의 모든 것, 즉 얼굴 표정, 외형, 목소리의 톤, 동작, 색깔, 옷차림은 물론 의사소통이 이루어지고 있는 시간이나 공간과 같은 환경적 요소에 의한 의사소통 등을 모두 포함한다.

비언어 의사소통에 대한 한 연구에 의하면 일상적인 의사소통에서 비언어에 의한 부분이 65~97%에까지도 이른다고 하지만 일반적으로 '의사소통'이라고 사람들이 생각하는 것은 '언어 의사소통'이다. 그 중에서도 특히 '말하기'라고 할 수 있다.

자신의 비언어적 행위가 자신의 의도와 일치하는지 또는 다른 사람이 오해할 여지는 없는지 항상 점검해야 한다. 또한 다른 사람의 비언어적 행위를 마음대로 해석해서는 안 된다는 것이다.

앨버트 메라비언은 인간관계에서 이미지가 결정되는 요소로서 시각적 요소가 55%, 청각적 요소가 38%를 차지하며 나머지 7%는 언어적 요소라고 분석한다. 만남에 있어서 좋은 표정과 미소는 절반의 성공을 의미한다.

싸이 PSY의 '강남스타일' 비언어 의사소통에서 '말춤'은 중요한 역할을 하였다.

'강남스타일'은 한국어 가사지만 흥겹고 따라 부르기 쉬운 노래, 따라 추기 쉬운 춤은 인터넷상의 관심이 현지 대중문화 속으로 친숙하게 파고드는 역할을 했다.

'강남스타일'은 팝 시장의 대세인 일렉트로닉 사운드의 곡이고 '말춤'은 어린이들도 따라 추기 쉬울 정도로 중독성을 지녔다. 임진모 씨는 "대중음악에서는 따라 부르고 춤추기가 가능한 것이 대박의 첫 번째 조건"이라며 "강남스타일'은 모든 걸 갖췄다"고 설명했다.

싸이와 함께 '강남스타일'을 작곡한 유건형 씨는 "'강남스타일'은 트렌드에 뒤처지지 말자는 생각으로 만들어 영미 팝 시장의 트렌드인 일렉트로닉 팝"이라며 "베이스 라인이 반복되는 중독성 있는 사운드가 특징으로 '말춤'과 잘 맞아떨어졌다"고 말했다. 특히 집단 댄스가 가능한 '말춤'으로 전 세계를 재패했다는 말이 나올 정도로 춤의 힘은 컸다. 이 춤을 만든 안무가 이주선 씨는 "사실 아주 쉬운 동작은 아닌데 봤을 때 따라 추기 쉬워 보인다"며 "또 싸이가 독특하고 재미있게 잘 소화했다"고 설명했다.

더불어 미국의 '러브콜'을 받은 싸이가 영어를 구사해 발 빠르게 현지 프로모션이 가능했던 점도 한 몫 한다. 지금껏 많은 가수가 미국 진출을 위해 오랜 시간을 들여 영어 공부를 해야 했다. 싸이는 "대학 다니며 미국에서 4년 정도 살아 영어 실력이 아직 부족하다"며 "영어로 질문을 받으면 머릿속에서 한국어로 번역하고 다시 영어로 말한다. 그 와중에도 남의 나라에서 웃기고 싶어 머리가 아플 지경"이라고 말했지만 이날 기자회견에서 꽤 유창한 영어 실력을 보여줬다([싸이 열풍] 대중음악 역사 새로 쓰다 ① 연합뉴스, 2012. 9. 26).

(1) 효율적인 대화법 – '나' 전달법과 '너'전달법

● I-message 와 You-message

구분	I-message			You-message		
정의	나를 주어로 하여 상대방의 행동에 대한 자신의 생각이나 감정을 표현하는 방식			너를 주어로 하여 상대방의 행동을 표현하는 대화 방식		
예	의사표현 : 할 일은 많은데 일이 자꾸 늦어서 걱정이구나.			의사표현 : 넌 왜 일을 이렇게 빨리 못해?		
	교수		학생	교수		학생
	일이 늦어서 초조함	?	일이 늦어서 걱정하고 있구나	일이 늦어서 초조함	?	교수가 나를 무능력하다고 생각 하는군
결과	① 상대방에게 나의 입장과 감정을 전달함으로써 상호이해를 도울 수 있다. ② 상대방에게 개방적이고 솔직하다는 느낌을 전달하게 된다. ③ 상대는 나의 느낌을 수용하고 자발적으로 자신의 문제를 해결하고자 하는 의도를 지니게 된다.			① 상대에게 문제가 있다고 표현함으로써 상호관계를 파괴하게 된다. ② 상대방에게 일방적으로 강요, 공격, 비난 하는 느낌을 전달하게 된다. ③ 상대는 변명하려 하거나 반감, 저항, 공격성을 보이게 된다.		

● I-message 사용의 원리

I-message = 행동 + 영향 + 감정

① 문제가 되는 상대방의 행동과 상황을 구체적으로 말한다. 이 때 어떤 평가, 판단, 비난의 의미를 담지 말고, 객관적인 사실만을 말하는 것이 좋다.

  예) "자네가 말대꾸를 할 때……"

  "자네가 나에게 말대꾸를 할 때……"

② 상대방의 행동이 자신에게 미치는 영향을 구체적으로 말한다.

  예) "자네가 말도 없이 자리를 비우니까 나는 자네가 해야할 일을 다른 사람에게 시키거나 기다리고 있어야 하네"

  "자네가 말도 없이 자리를 비우니까 내가 힘들어"

③ 그러한 영향 때문에 생겨난 감정을 솔직하게 말한다.

  예) "자네가 지난번 업무보고를 하지 않아 무슨 일이 생겼는지 궁금했었

네”

“자네가 지난번 업무보고를 하지 않은 것은 도대체 무엇 때문인가?”

● I-message 사용할 때 주의할 점

① I-message 를 사용한 다음에는 다시 적극적 경청의 자세를 취하도록 한다. You-message 보다는 위협감이나 방어적인 태도를 덜 일으키지만, 상대방 때문에 자신에게 좋지 않은 감정이 생겼다는 이야기를 반복하게 되면 상대방을 공격하는 셈이 된다. 그러므로 상대방의 감정을 존중하는 적극적 경청의 자세로 돌아와야 한다.

예) 작업시간에 잡담을 하고 있는 사원에게

상사 : 작업시간인데 그렇게 떠드니 일이 늦어질까 걱정인데(I-message)

부하 : 지금 꼭 할 얘기가 있어서 그래요.

상사 : 꼭 할 얘기가 있었는데 떠든다고 해서 기분이 상한 모양이군.(적극적 경청)

② 상대방의 행동으로 인한 부정적인 감정만 강조하지 않는다.

예) 업무 보고를 하지 않은 부하 직원에게

“자네가 제시간에 보고를 해주지 않아 화가 나는군”

“자네가 제시간에 보고를 해주지 않아 무슨 일이 생긴 건가 걱정했었네”

③ 상대방의 행동으로 인한 표면적인 감정을 표현하기보다는 보다 본원적인 마음을 표시하도록 한다.

예) 지각한 사원에게

본원적 마음 : 무슨 일이 생긴 것이 아닌가 궁금함

표면적 감정 : 화가 치밈

④ 상대방의 습관적 행동이 문제가 되는 경우에는 I-message를 전달하기보다는 적극적인 청취를 하면서 구체적인 문제해결방법을 함께 모색한다.

● I-message 연습자료

다음에 제시된 상황들은 여러분들이 일상생활을 하면서 흔히 부딪힐 수 있는 상황들이다. 여러분들이 실제로 다음과 같은 상황에 부딪혔다고 하면 여러분들은 어떤 반응을 보일 것인지를 상상해 보라. 그리고 그러한 반응이 여러분과 상대방에게 어떤 영향을 미칠지도 생각해 보길 바란다.

상황 함께 그룹스터디를 하는 친구 중에 한 명이 상습적으로 지각을 하고 있다. 그 친구 때문에 나머지 친구들은 늘 20여 분을 기다려야 하는데, 그 친구는 '미안해'라는 말 한마디뿐이고, 실제로 미안해하는 기색도 없다. 오늘도 공부를 하기로 한 날, 모두 기다리고 있는데 15분 늦게 그 친구가 들어온다.

1. 평소의 당신이라면 이 경우에 무엇이라고 말하겠는가?

_____

2. 위와 같이 말했을 때 상대방의 느낌은 어떠할까?

_____

3. 1을 I-message를 사용하여 표현하여 보자.

_____

4. 위와 같이 I-message를 사용하여 말했을 때 상대방의 느낌은 어떠할까?

_____

(2) Do language 소개자료

● Do language

Do language란 "준영이는 ─── 이다"(be동사)로 표현되는 언어대신에 "준영이는 ──한다"(do 동사)로 표현하여 구체적인 행동을 가리키는 언어를 사용하는 것을 말한다.

● Be language 의 문제점

① 사실을 기술하는 것 이상의 의미를 함축하므로 어떤 의미를 전달하려 하는지 명백하지 않다.

예) "자네는 게으른 사람이군"이 지닐 수 있는 의미

자네는 아침에 일찍 일어나지 않는군.

자네는 아침에 일찍 일어나는데 움직이기를 귀찮아하는군.

자네는 일찍 일어나려고 했는데 또다시 잠이 드는군.

자네는 어떤 상황에서나 일 처리를 늦게 하는군.

② '늘', '오직' 의 성질을 갖고 일반화되는 경향이 있다.

예) "나는 패배자이다"가 지닐 수 있는 의미

나는 늘 패배해 왔다.

나는 늘 패배 할 것이다.

③ 평가적 형용사를 동반하게 된다.

예) "자네는 게으른 사람이군"이 지닐 수 있는 의미

"자네는 자기일도 제대로 안하는 형편없는 사람이군."

④ 감정적인 요소를 표현할 수 있다.

예) "일은 일이다"가 지닐 수 있는 의미.

나는 자네가 빈둥거리며 돌아다니지 말고, 일 자체에 몰입되기를 바라네. 그렇지 않으면 자네를 혼 내 주겠네.

⑤ 대답할 수 없는 모호함을 지닌다.

예) 나는 누구인가?, 내 운명은 무엇인가?

● Do language 사용할 때의 문제점

① 구체적인 상황하에서 구체적인 행동으로 표현한다〈구체성의 원리〉.

예) "자네는 게으른 사람이군"(이다 로 표현)

→ 자네는 월말쯤이 되면 지각을 종종하더구만.(하다 로 표현)

② 상대방의 행동을 비평하거나 평가하지 말고 행동 그대로 표현한다.〈무조건 존중의 원리와 사실의 객관적 진술〉

예) "게으르게 9시가 되어서야 왔구나"

→ 오늘 9시에 학교에 왔구나.

③ 먼저 Do language를 사용하여 상대방의 구체적인 행동을 표현한 뒤 I-message를 사용하여 당신의 느낌이나 감정을 표현하는 것이 더 효과적이다.

예) 지금이 9시인데 넌 지금 학교에 왔구나(Do language). 네가 자주 지각을 해서 학급 전체의 분위기가 흐려질까봐 염려되는구나.(I-message)

● Do language 연습자료

다음의 상황에서 제시된 반응을 평가해 보고 그 반응을 Do language로 다시 표현해 보도록 하자.

상황 채리는 복도에서 김 교수님과 부딪쳐도 아는 척조차 하지 않고 그냥 지나친다. 이러한 태도에 대해 김 교수는 불쾌한 태도를 갖고 있었다. 어느 날 복도를 지나가다가 김 교수는 채리와 마주쳐서 김 교수가 가볍게 목례를 하고 지나가는데 채리는 인사도 하지 않고 그냥 지나간다.

▶ 김 교수의 반응 : 이봐, 이리 좀 와봐. 거참 학생이 왜 그렇게 버르장머리가 없어.

▶ 김 교수의 반응을 Do language 의 표현 방식에 비추어 평가해 보자.

———————————————————————————

▶ 위의 반응을 Do language 로 다시 표현해보자.

———————————————————————————

4) 경청

의사소통은 적어도 두 사람 이상의 상호작용이 일어나는 과정이다. 동시에 두 사람이 함께 말을 하며 들을 수는 없다는 것이다. 대부분의 경우에는 한 사람이 말을 하면 한 사람은 듣는 행위를 수행한다.

경청이란 상대의 이야기를 잘 듣는 것이다. 경청은 단순한 듣기만이 아니라 들을 때의 주의 깊은 자세, 정보의 선택과 조직, 의사소통에 대한 해석, 반응하기, 기억하기 등을 모두 포함하는 능동적인 과정이다. 적극적 경청이란 상대가 전달하고자 하는 말의 내용 뿐만 아니라 그 내면에 깔려있는 동기나 정서에 귀 기울여 듣고 이해한 바를 상대에게 피드백 해주는 것을 말합니다. 이것은 평가, 의견, 충고, 분석, 의문을 이야기하는 것이 아니라 상대의 의미하는 것 자체가 무엇인가에 초점을 맞추고 듣는 것이다. 경청하고 공감하는 것은 사람의 '개인적 욕구'를 충족시켜주는 아주 중요한 방법이다. 특히 상대방이 불만을 표현하거나 억울함을 하소연할 경우 경청과 공감은 상대의 감정을 가라

앉혀 주는 가장 빠른 길이고 최선의 방법이 될 것 이다.

(1) '듣는다' 와 '경청'의 차이

경청은 이해하려는 의도를 가지고 듣는 것을 말한다. 상대의 내면으로 들어가 진정한 이해를 추구하는 것을 말한다. 즉 상대의 관점을 통해 사물과 세상을 본다는 의미이다. 이때 우리는 상대의 가치관을 이해하고 그 들이 느끼는 감정도 이해한다. 적극적 경청의 본질은 상대에게 동의하는 것이 아니라 그 사람을 감정적으로는 물론 지적으로도 완전하고 깊게 이해하는 것이다. 전문가들에 의하면 커뮤니케이션 중 말하는 내용에 의해 전달되는 것은 지극히 적은 부분이라고 한다. 적극적 경청을 위해서는 귀로 듣는 것은 물론이고 동시에 눈과 가슴으로 들어야 한다. 적극적 경청이란 바로 감지하고, 직관하고, 느끼는 것이다.

(2) 적극적으로 듣고 있다는 것을 전달하는 방법

- 온 몸으로 듣기
- 마주하고 앉기
- 중간 중간 요약하고 정리하기
- 편안한 분위기 조성
- 감정을 분명하게 하기

말하기와 듣기의 훈련은 말하기에서부터가 아니고, 우선 남의 말을 끝까지 듣는 데서부터 시작된다. 청취는 저절로 들려오는 듣기가 아니라 주의해서 듣는 듣기이다. 들릴 수는 있어도 들을 수가 없다면 청취가 아니라 건성으로 듣는 듣기라 할 수 있다.

(3) 경청하기와 적극적 경청

사람을 움직이는 가장 중요한 무기는 입이 아니라 귀다. 대화에서 가장 기본적인 자세는 상대방의 문제에 대해 자신의 생각이나 기분에 따라 반응하기에 앞서 그들의 생각이나 기분을 이해하려고 노력하는 것이다. 이를 위해 의사소통자는 상대방 및 그의 문제에 귀를 기울이고 그들의 이야기를 주의 깊게 들어야 한다.

● 경청하기

경청하기의 5가지 지침

① 상대를 정면으로 마주하는 자세는 그와 함께 의논할 준비가 되었음을 알리는 자세이다.

② 손이나 다리를 꼬지 않고, 소위 개방적인 자세를 취하는 것은 상대방에게 마음을 열어 놓고 있 다는 표시이다.

③ 상대 쪽으로 상체를 기울여 다가앉은 자세는 당신이 열심히 듣고 잇다는 사실을 강조하는 것이다.

④ 우호적인 눈의 접촉을 통해 당신이 관심을 가지고 있다는 사실을 알리게 된다.

⑤ 비교적 편안한 자세를 취하는 것은 편안한 마음을 상대방에게 전하는 것이다.

● 적극적 경청

적극적 청취란 상대방이 전달하고자 하는 말의 내용은 물론 그 내면에 까려있는 동기나 정서에 귀를 기울여 듣고, 이해한 바를 상대방에게 피드백해주는 것이다. 이것은 평가, 충고, 의견, 분석, 의문을 전달하는 것이 아니라 상대방의 말의 내면의 의미를 이해하고 듣는 것이다.

예 저는 새로 온 친구와 잘 지내려고 애쓰는데 그것이 잘되지를 않습니다. 그럴 때는 그 친구가 원래 혼자 있기를 좋아하는 게 아닌가 하는 생각이 듭니다.

▶ 부적절한 반응

① 그럴 땐 그런 친구와 가까이 하지 말아라. 네 친구일에 간섭하지 말아라.

② 뭐 그런 일로 속상해하니. 오늘저녁에 시간 있니?

▶ 적절한 반응

① 친구와 잘 지내려고 했는데 친구가 응하지 않아서 실망했구나.

② 친구로부터 긍정적인 반응을 얻자 못해서 기분이 몹시 상했구나.

● 싸이(PSY)의 SNS 쌍방향 youtube: 현재 10억회

싸이의 '강남스타일'은 음악과 안무, 뮤직비디오 등이 잘 조화된 '웰메이드 콘텐츠(Well-made Contents)'다. 강남스타일이 세계적인 유명세를 탄 배경에 소셜네트워크서비스(SNS)가 자리잡고 있다.

소셜분석업체 뮤즈어라이브에 따르면 지난 7월 15일 공식 뮤직비디오 발표 당일 강남스타일의 확산력은 정점을 찍고, 보름이 넘도록 정체기를 보였다. 하지만 8월 1일 저스틴 비버를 발굴한 스쿠터 브라운(Scooter Braun)이 트위터를 통해 강남스타일을 언급하면서 재조명 받기 시작했다.

케이팝 한류에도 SNS, 그 중에서도 유튜브가 한 몫을 했다. 김호상 KBS PD는 '케이팝(K-POP)의 해외진출 성공전략에 관한 연구' 논문을 통해 SM, YG, JYP 유튜브 동영상 월간 조회 수가 2010년 1월~2011년 5월 사이에 폭발적으로 증가했고, 해외에서 케이팝이 인기를 끈 시기와 일치한다고 발표했다.

SNS가 문화 콘텐츠를 이슈화하는 데에 중요한 역할을 하는 것을 증명하고 있는 셈이다. 정덕현 대중문화평론가는 "요즘은 문화 콘텐츠도 중요하지만 어

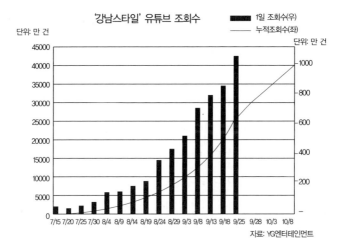

'강남스타일' 유튜브 조회수
단위: 만 건
단위: 만 건
■ 1일 조회수(우)
— 누적조회수(좌)
자료: YG엔터테인먼트

떻게 소통하느냐가 더 중요한 시대가 됐다"며 "SNS가 새로운 네트워크 형식을 가져왔고 이 창구를 잘만 활용하고 콘텐츠 질만 좋다면 제2의 강남스타일도 나올 가능성이 충분하다"고 말했다.

또한 SNS는 빠르고 접근이 쉽다. 인터넷만 연결되는 곳이면 언제 어디서든 지구 반대편의 소식도 실시간으로 접할 수 있다. 정보전달의 비용도 훨씬 저렴해졌다. 인디밴드들도 직접 해외를 방문하지 않더라도 유튜브에 동영상을 올려 자신의 노래를 홍보할 수 있게 됐다.

SNS가 콘텐츠 이슈 메이커로 자리매김하고 있지만 과제는 남아있다. 산업적 측면의 활용성이다. 아직까지 엔터테인먼트사업에서 SNS을 통한 직접적인 수익 결과는 많지 않다. 강남스타일로 인한 매출은 지금까지 300억원을 넘지만 대부분 공연이나 CF 등을 통해 벌어들였다. 업계에서는 유튜브를 통해서는 조회수당 1원을 수익을 벌어들인 것으로 보고 있다. 이외에 문화콘텐츠가 SNS을 통해 직접 수익을 낸 경우는 드물다.

산업적 측면에서 SNS에 대한 전문적이고 체계적인 분석이 필요한 이유다. 이성규 뮤즈어라이브 대표는 "SNS가 투자모델이 된다고 보기는 어렵다"며 "SNS을 이용해 콘텐츠를 어떻게 더 키워나갈 것인가가 중요하다"고 말했다.

그는 이어 "현재는 SNS을 활용한 단발적인 사례들만 존재하기 때문에 SNS을 산업적인 측면에서 효율적으로 활용하기 위해 보다 체계적인 분석이 필요하다"고 덧붙였다.

서서히 의미있는 움직임은 나타나고 있다. CJ E&M에서는 시장조사기관 닐슨코리아와 함께 시청률뿐 아니라 SNS 활용성 등 시청자의 행동도 분석할 수 있는 COB 지수를 만들었다. 방송프로그램의 실질적인 인기는 시청률만으로는 실감할 수 없기 때문이다. 최수경 CJ E&M 전략기획국장은 "스마트미디어 환경에서 콘텐츠들은 단순 시청을 넘어 대화와 공유 등 네트워킹의 핵심매개체로 확산되고 있기 때문에 고객들의 행동을 확장해 분석하기 위해 개발하게 됐다"고 말했다.

([SNS 경제다]②싸이의 무대는 유튜브, 이데일리, 2012.10.11)

5) 글로벌 시민에게 열린 소통의 원리와 방법

나라마다 다소 다른 글로벌 소통 방법(비언어적 커뮤니케이션)을 조사해서 발표하는 수업은 유의미한 작업이다.

예를 들어, 대만에서는 눈을 찡긋거려 상대의 동의를 구하는 것은 무례한 태도인 것이다. 그리고 이탈리아에서 대화할 때 턱밑을 쓰다듬는 것은 별 관심이 없다는 의미이다. 영국에서 승리의 징표로 사용되는 V자는 상대방에게 손등이 보일 경우 외설스러운 표현인 것이다. 또한 그리스의 경우는 목을 움직일 때 주의해야 한다. 다른 여러 나라와는 달리 고개를 가로젓는 것이 yes, 위 아래로 끄덕이는 것이 No를 의미한다고 한다.

이처럼 인사를 할 때도 각 나라마다 다른 방법이 있고, 악수를 할 때 주의해야 하는 인사 방법을 알아 둘 필요가 있다.

3. 세계 속의 나(Global I) : 에티켓

– 외국인이 한국에서 느끼는 첫인상

11년 전 처음으로 한국에 유학할 때의 일이다. 수업을 마치고 집으로 돌아가는 버스를 탔다. 버스는 만원이었고, 이리저리 부대껴 팔이 저려 올 때쯤, 내 바로 앞자리에 앉아 있던 아저씨가 나를 한번 힐끔 올려다보더니 무뚝뚝한 소리로 뭐라고 말을 하며 갑자기 나의 가방을 빼앗으려 했다. 나는 그의 표정을 보고는 '혹시 도둑이 아닌가?' 하는 생각에 가방을 빼앗기지 않으려고 필사적으로 가방을 가슴에 꼭 끌어안았다. 그 아저씨는 내가 가방을 주지 않자 다시 아무렇지도 않은 표정으로 창밖을 내다보고 있었고, 나는 가방을 꼭 안고 집에까지 갔다.

"그때 나는 한국어를 배우는 중이었기 때문에 그 분이 뭐라고 하는지 잘 알아 들을 수가 없었다. 나는 그 분의 무표정한 얼굴만으로 그 분을 도둑으로 판단하는 실수를 한 것이다."

외국인이 처음으로 한국에 왔을 때 일반적으로 받는 느낌은 한국 사람들의 표정이 너무 어둡다는 것이다. 한국 사람들의 표정을 좀더 밝게 만들 수는 없을까?

　　　　　　　　　　　　　　　　　　　　　　－한 일본인이 전하는 편지 중에서－

4. 에티켓과 매너

동양에서 예(禮)의 개념은 상대방을 존중하는 마음을 적절한 형식으로 표현하는 것으로, 정신적인 것과 형식적인 면의 결합이다. 또한 공자(孔子)의 언급처럼 모든 행위의 근본이다.

반면에 서양에서는 에티켓(etiguette)은 규칙과 규범으로 형식(form)의 의미이다. 예를 들어, "화장실에서 노크를 하느냐, 안 하느냐?"는 바로 에티켓의 문제이다. 그리고 매너(manner)의 경우는 개인적인 행동과 습관으로 방법(way)의 의미이다. 예를 들어, "노크를 '똑똑' 하느냐 '쾅쾅' 하느냐?"는 매너의 문제이다.

이러한 에티켓의 원칙에서 기본적인 본질은 상대방에게 폐를 끼치지 않는 정신에서 출발하여 그를 예의 바르게 표현하는 것이다. 따라서 글로벌 에티켓의 개념은 전 세계인들이 함께 지켜야 할 '윤리규범'을 말한다. 국가와 국가 간의 교류가 활발해지면서 대두되는 것이 바로 글로벌 에티켓이다. 그 중요성은 날로 높아져만 간다.

글로벌 에티켓을 습득하기 위해서는 상대국가의 문화를 이해하는 과정이 필수이다. 상대의 문화를 잘 모르고 자칫 실수를 한다면 좋은 느낌을 줄 수 없다. 따라서 국제 다문화에 대한 이해와 수용자세가 필요하다.

상대방이나 상대국가의 문화를 이해하지 못하면 자기중심적으로 상대를 해석하게 되어 독선적이고 편파적인 느낌을 전달하게 된다. 한국기업들이 자칫 범하기 쉬운 사례를 통하여 국제 다문화의 필요성을 알아야 한다. 자발적으로 문화를 배우고 이해하려는 자세는 절실히 요구된다.

문화적인 차이를 이해하려면 언어적 기능 이외에 비언어적 기능도 이해해야 한다. 예를 들어, 팁을 줄 때 상대방에 대한 감사와 배려가 함께 전달되어야 한다.

또한 글로벌 문화의 차이를 택시로 체험할 수 있다. 우리나라 택시는 길거리에서 혹은 택시 정류장에서 택시를 탈 수 있지만, 싱가포르에 가면 길거리에 있는 택시들은 손을 들어도 멈춰서 사람을 태우지 않는다. 택시를 타려면 가까운 건물 1층에 가서 택시회사에 전화를 하고 목적지 및 시간을 예약해야 탈 수가 있다. 나라마다 생활하는 문화의 차이를 배우는 것이 글로벌 문화체험이다.

5. 글로벌 에티켓(여성존중 Women's Respect)

'난자 돌격대'로 지칭되는 미국의 맹렬 여성들이 맨 처음 분노를 터뜨린 것은 남성은 기혼·미혼을 막론하고 미스터(Mr.)로 통칭하면서 여성은 미혼(Miss), 기혼(Mrs.)을 구분해 부른데 대한 것이었다. 곧 이들은 기혼·미혼을 통칭한 미즈(Ms.)라는 새 칭호를 만들어 공표했다.

'미즈'란 잡지를 발행하고 여성 문필가들에게 이 말을 쓰도록 했으며, 많은 신문, 잡지들도 이에 호응해 왔다. 이처럼, 여성들이 여권신장을 위해 능동적으로 활동할 수 있는 것은 여성존중사상, 즉 'Lady First'의 개념을 예절의 도의(道義)로 여기는 서양인들의 사고방식 때문이 아닐까 한다. 남편이 죽으면 화장하고 아내도 불 속에 뛰어들어가 순사하는 '사티'를 전통 미덕으로 여기는 인도나, '남편은 하늘', '남존여비(男尊女卑)' 사상이 지배적인 가부장적 가정과 사회관습을 가진 한국과는 엄연히 차이가 있는 인권 사상이다.

서양식 개념의 여성존중사상은 '여존(女尊)'이라든가 '공처가'라는 개념과는 전혀 다르다. 그 발생 배경은 기독교 정신이나 중세의 기사도 정신에서 나온 것으로 남성에 비해 상대적으로 약한 여성을 돌보거나 감싸는 것이야말로 남성의 품위나 힘을 제대로 나타내는 것이라고 생각한데서 비롯된 것이다. 그렇다고 이 사상에만 집착해 남성은 마음에도 없는데 존대하는 척 행동한다거나 여성은 존대 받아야 된다는 이유로 마음대로 행동해도 된다는 것은 아니다. 당연히 여성 자신도 그에 준하는 매너를 가지고 기품 있게 행동해야 하는 것이다.

한국인들은 서양식 여성존중 개념과는 전혀 다른 관습 속에서 성장했기 때문에 이에 대해 적잖은 오해를 가지고 있다. 여성 자신이 남편 혹은 상대의 뜻에 반의무적으로 따르는 '겸손의 미덕'이 바로 그것이다. 그러나 국제화 시대를 맞아 그에 따른 이면의 문화를 공감하려면 우선적으로 사고방식을 이해해야 하므로, 남성이 먼저 여성존중사상의 참 의미를 이해하고 존중하며, 여성 스스로도 겸허하고 사려 깊은 한국여성 특유의 부덕을 적당히 나타내야 할 것이다. 그로 인해 외국인과의 사교시나 외국생활시 적어도 한국인에 대한 비판이나 빈축을 사지 않도록 주의해야 한다.

■ 실습하기(조사해보기)
한국인의 글로벌 지수를 알아보자

세계 속으로 뻗어 가는 우리나라의 이미지는 어떻게 비쳐지고 있을까? 세계의 급변하는 변화 속에서 개인들의 의식도 많이 개선되고 좋아지는 것도 사실이나 아직도 폐쇄적이고 방어적 자세는 아닌지 점검해 보자.

6. 에티켓으로 성공하기 위한 필수요소

훌륭한 인간관계는 좋은 만남에서부터 비롯된다. 성공적인 비즈니스 또한 이와 다르지 않다. 첫 만남에서 좋은 인상을 줄 수 있으면 지속적인 관계를 유지할 수 있지만, 첫 인상에서 상대방에게 불쾌감을 준다면 지속적인 만남을 유지하기는 어렵다. 지금은 글로벌 무한 경쟁시대에서 각 국의 여러 나라와 경쟁 체재를 이루고 있다. 공무원 한 사람의 이미지와 매너 또한 국가 경쟁력이라고 할 수 있다. 자신의 대인관계 능력 향상에 힘써야 한다.

1) 선물의 에티켓
- 뇌물과 선물의 차이에 대해 이야기 해보자.

선물을 내가 하고 싶은 게 아니라 상대방이 무엇을 받고 싶어 하는지 상대의 입장과 상황을 고려해야 한다. 기억될 만한 좋은 선물에 대해 생각해 보고 선물 하나 잘못하여 인간관계가 끊기는 경우는 없어야 한다.

2) 각 국의 선물 금기 품목

아는 지인은 중국 사람들에게 괘종시계를 선물했다가 아차 싶었단다. 나라마다 선물이 금기되는 품목들이 있다. 나는 상대방을 위한다고 정성껏 선물을 고르고 전달하지만 오히려 선물을 받은 상대방이 불쾌한 생각을 하게 된다면 이보다 기운 빠지는 일도 없다. 상대방이 받아서 기분 좋고 자신은 부담이 덜 되는 선에서 센스있게 준비하는 선물은 우리가 살아가는 인생에서 삶의 윤활유와 같은 것이다.

■ 실습하기

선물 에티켓으로 외국인에게 어떤 선물을 주면 좋아하는지의 사례를 찾아보자.

– 나전칠기 : 우리나라의 고유의 칠기공법으로, 자개를 깎아서 얇게 세공을 하여 붙혀 칠기 하는 것이다. 여기서 자개는 조개, 소라 껍질을 깎아 만든 것을 자개라고 한다. 오색빛이 은은하게 나는 것이 외국인들에게 신기하게 보이는 보물처럼 느껴질 것이다. 주로 보석함이나 경대, 시계, 액자, 나전칠기로 만든 USB 메모리 등의 선물이 좋다. 더구나 수공예(수제품)로 제작이 되기 때문에 만든 이의 정성어린 뜻도 느낄 수 있다. 이를 외국인에게 선물할 때 이런 설명과 함께 선물해준다면 참 좋아한다.

– 한지공예 : 한지는 세계적인 종이로 각광을 받고 있다. 한지의 부드러움과 질긴 점이 같이 공존하기 때문이다. 그리고 한지를 만드는 과정이 굉장히 까다롭고 정교하다. 한지로 만드는 것은 정말 다양하다. 닥종이(한지)인형, 한

지등(燈), 병풍, 액자, 그리고 수많은 악세사리, 또 실생활에 유용하게 쓰이는 제품들을 만들 수 있다. 이런 한지공예품을 선물로 받는다면 외국인이 참 좋아 한다.

- 한국 전통부채 : 부채도 외국인 선물로 좋다. 역사적으로 봤을 때 부채 를 선물하는 의미는 나라를 방문하는 귀한 외국손님들에게 드렸다. 주로 진상 품이나 하사품으로 드렸다. 우리나라 부채는 대나무와 한지가 주재료로 사용 되었다. 보통 부채 살 위에 종이나 고급 천을 붙여서 접이식부채를 만들어서 휴대하기가 편했다고 한다. 그리고 현대에 들어서 한국 전통부채는 외국인선 물로 많이 드리고 있다. 부채 받침대를 이용해서 장식용으로 사용해 인기가 좋 다고 한다. 한지 위에는 옛날 우리 선조가 그린 유명한 그림들을 새겨서 만들 어 지고 있다.

7. 테이블 매너

1) 기분 좋은 식사 대화법
말을 부드럽게 시작하기 위해서는 농담을 준비하라. 서로의 공감대를 느 낄 수 있고 편안한 심리상태에서 안정적인 분위기로 유도해 나갈 수 있는 장점 이 있다. 늘 대화를 시작할 때는 본론부터 시작할까요? 라는 대화를 하기보다 서두에 무슨 말을 해야 할까를 고민하라. 식사는 비즈니스의 연장선이다. 상 대방을 배려하고 기분 좋게 식사를 해야 한다.

2) 냅킨 사용법
냅킨은 자리에 앉자마자 성급하게 피는 것이 아니다. 테이블을 둘러보고 모두가 자리에 앉고 나면 확인 후 무릎에 펼쳐 놓는다. 입을 닦더라도 세게 닦지 말고 가볍게 눌러가며 닦는다. 특히 여성은 립스틱을 닦아 내는 행동을 결례가 된다. 식사 끝이 나면 냅킨은 되는대로 그냥 접어 테이블 위에 놓는다.

식사 중 에티켓에서 묵묵히 식사만 하면 '저 사람은 밥만 먹으러 왔나?' 라고 오해 할 수 있다. 즐겁게 대화를 즐기고 식사도 즐겨야 한다.

3) 주문시 요령

포크와 나이프 사용은 밖에서 안쪽으로 사용한다. 중앙의 접시를 중심으로 나이프와 포크는 각각 오른쪽과 왼쪽에 놓이게 된다. 따라서 있는 그대로 사용한다. 보통은 3개 이하로 세팅되어 있다. 나이프는 반드시 사용 후에 자신의 쪽으로 칼날이 오도록 해야 한다. 식사가 끝나면 접시 중앙의 윗부분에 나란히 놓는다.

4) 음식을 먹을 때 주의 사항

입 속에 음식물을 넣고 말하지 않는다. 나이프를 들고 말하지 않도록 주의하자. 상대방이 무척 두려울 것이다.

5) 식전주에서 디저트까지 알면 좋은 테이블 매너 익히기

식전주는 타액이나 위액의 분비를 활발하게 만드는 자극적인 것이 좋다. 식전주로는 셰리주, 스페인산 백포도주가 좋다. 베르무트도 좋은데 백포도주에 약초나 향초 등을 가미한 것이다. 맨하턴이나 마티니도 식전주로는 아주 좋다.

6) 코스 요리 에티켓에서 전채 요리

우리말로는 전채(前菜), 영어로는 에피타이져(Appetizer), 불어로는 오-되브르(Horsd, oeuvre) 등을 말한다. 식욕을 촉진시키기 위해 식사 전에 가볍게 먹는 요리를 의미한다. 맛있다고 많이 먹으면 메인 요리를 먹을 수 없으니 주의하자. 주문을 할 때 반드시 전채요리를 주문하지 않아도 된다.

수프의 경우, 미국에서 말하는 포타주와 맑은 수프 콘소메가 있다. 먹어 보지도 않고 소금이나 후추를 치는 것은 주방장에 대한 상당한 결례이니 주의해야 한다. 스푼은 펜을 잡듯이 잡는다. 나누어서 먹거나 후후 불면서 먹거나, 소리를 내면서 먹거나, 맛을 조금씩 보지 마라. 품격 있게 즐기자. 손잡이 달려있는 컵은 들고 마셔도 좋다.

- **■ 에티켓 10계명 만들기 실습**
  ① 뒷사람을 위해 문잡아주기
  ② 전철이나 엘리베이터에서 모두 내린 후 타기
  ③ 공공장소에서 큰소리로 통화하지 않기
  ④ 혼잡한 곳에서 부딪히지 않기
  ⑤ '실례합니다' / '미안합니다'라고 먼저 말하기
  ⑥ 공공장소에서 침 뱉지 않기
  ⑦ 공공장소에서 금연하기
  ⑧ 운전자가 보행자에게 양보하기
  ⑨ 도로에서 응급차량에 양보하기
  ⑩ 험담대신 칭찬과 격려하기(선플 달기)

8. 와인 에티켓

"와인이 없는 식탁은 태양 없는 세상과 같다." 연중 흐린 날의 유럽에서 태양이 갖는 의미는 특별하다. 와인은 포도를 발효, 숙성시켜 만든 양조주이다. 눈으로, 코로, 입으로 마시고, 따를 때에는 와인 잔을 들어 올리지 않는다. 시냇물처럼 따르고, 건배하면서 마신다. 와인을 잔에 가득 채우지 않고, 와인은 눕혀서 보관한다.

1) 와인 에티켓

와인은 소리 내서 마시지 않는다. 향기를 맡은 후 혀로 굴리듯 맛을 느낀다. 입에 음식이 있을 땐 마시지 마라. 건배는 눈높이까지 한다.

2) 와인 잔 모양

와인글라스의 긴 다리(stem)는 사람의 체온이 와인에 직접 전달되지 않도록 배려하는 것이다. 와인 잔이 위로 갈수록 좁아지는 것은 향기가 밖으로 나가지 않고 글라스 안에 유지되도록 하는 것이다.

3) 와인의 종류

비발포성 와인은 탄산가스를 제거시켜서 우리가 주로 먹는 와인을 말한다. 발포성 와인은 1차 발효가 끝나고 나서 2차 발효에서 생긴 탄산가스를 그대로 함유시킨 와인으로 샴페인을 말한다. 주정강화와인은 브랜디, 알코올 도수를 높인 브랜디를 말한다. 와인은 색에 따라 분류하고 맛에 따라 분류한다.

4) 와인의 선택 사항

포도는 나무에 꽃이 피고 포도가 익을 때까지 100일간의 날씨가 가장 중요하다.
① 산지
② 수확년도

③ 브랜드명

요리와의 조화로 선택하여 맛있게 먹는다.

5) 와인 에티켓의 주의사항

⑴ 잔을 받을 때는 손으로 잔을 들지 말고 와인 잔을 식탁 위에 그냥 놔둔
   다. 따르는 사람이 불편하기 때문이다. 만약 따르는 사람이 윗분이라면
   한국정서상 그냥 받기 뭐하므로, 검지와 중지를 떼어서 와인 잔 받침부
   분에 살짝 갖다 댄다.

⑵ 잔을 쥘 때는 와인 잔 윗부분이 아닌 아래 다리를 잡는다. 왜냐하면 애
   써 맞춰놓은 와인의 온도가 체온으로 인하여 변할 수 있기 때문이다.
   물론 차가워진 레드 와인을 어느 정도 데워서 마시기 위해서 가끔 윗부
   분을 잡는 고수도 있다.

⑶ 마실 때는 와인 잔 바닥을 비우지 않는다. 어느 정도 밑에 와인을 유지
   하면서 계속 첨잔을 해서 마신다.

⑷ 그만 마시고 싶을 때에는 따라줄 때 손바닥을 와인 잔 윗부분에 살짝
   갖다 댄다.

⑸ 와인을 따를 때에는 다 따르고 나서 끝을 살짝 돌려준다. 와인방울이
   떨어지기 않기 위해서다.

⑹ 와인 잔을 상대방에게 돌리지 않는다. 그리고 와인을 주문할 때 가격을
   얘기하는 것은 실례가 아니다.

■ 빈티지 챠트 알아보기(실습)

- 빈티지에 따른 숙성력

포도는 농산물이므로, 작황이 좋았던 해의 포도가 아닌 포도보다 맛있고

오래가는 것은 당연하다. 이에 빈티지에 따른 숙성력의 차이는 있다. 각 지역별로 기후 조건이 다르기 때문에 각 연도별/지역별 기후 조건이 좋았는지 아닌지를 표로 정리해둔 것을 빈티지 챠트라 한다.

빈티지 챠트는 그 해, 그 지방의 기후 조건 일반론을 말하는 것 뿐으로, 거의 같은 기후 조건이라도 생산자가 그 해에 양조를 어떻게 했느냐에 따라 결과물이 달라지기 때문에 빈티지 챠트는 썩 믿을 것은 못 된다. 유럽 전역에서 수천 명의 사망자가 나올 정도로 폭염에 시달렸던 2003년은 장기 숙성형 와인이 많이 만들어졌지만, 일부 생산자는 지나치게 가물었던 탓에 와인 생산을 포기한 경우도 있었다.

빈티지에 따라 품질과 숙성력에 차이가 있지만, 역시 각 와인별로 그 양상이 천차만별이라는 것이다. 따라서 마시고자 하는 와인별로 따로 정보를 수집하는 것이 좋다.

로버트 파커의 표시 방식은 다음과 같다.

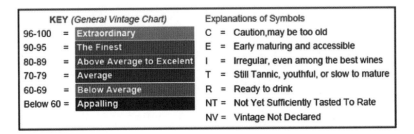

KEY (General Vintage Chart)		Explanations of Symbols	
96-100 =	Extraordinary	C =	Caution,may be too old
90-95 =	The Finest	E =	Early maturing and accessible
80-89 =	Above Average to Excelent	I =	Irregular, even among the best wines
70-79 =	Average	T =	Still Tannic, youthful, or slow to mature
60-69 =	Below Average	R =	Ready to drink
Below 60 =	Appalling	NT =	Not Yet Sufficiently Tasted To Rate
		NV =	Vintage Not Declared

extraordinary : 정말 비범하게 끝내주는
the finest : 최상의
above average to exellent : 평균이상~훌륭한
average : 평균
below average : 평균 미만
appalling : 형편없는

C = 주의. 너무 오래되었을 가능성 있음.
E = 비교적 일찍 숙성되어 마실만 함.
I = 불규칙함. 고급품이라 할지라도 상태가 들쭉날쭉함.
T = 아직 숙성이 덜됨.
R = 마실 시기에 이르렀음.
NT = 별로 많이 마셔보지 않아서 잘 모르겠음.
NV = 점수 없음(단지 점수를 매기지 않았다는 의미).

예를 들어, 보르도의 생쥘리앙, 포이약, 생테스테프 지역의 점수를 보면 1988년과 1998년은 똑같이 87점이지만 1988년은 세월이 지나며 충분히 숙성되어 마실 시기에 이르렀다고 'R'로 표시되는 반면, 1998년은 아직 숙성이 덜 되어있어 'T'로 표시되고 있다.

- 와인의 라벨을 읽어보자.

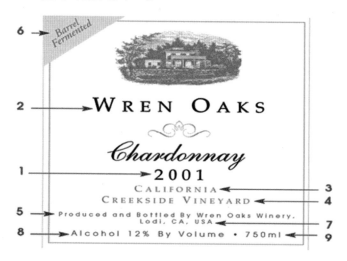

1. 이것은 포도가 수확 된 해이다.

2. 와이너리 또는 브랜드의 이름이다.

3. 와인 지역 ; 포도를 수확한 곳이다.

4. 포도밭을 말한다.

5. 와인 병을 만든 곳을 말한다.

6. 발효 통을 말한다.

7. Bottler의 위치를 말한다.

8. 볼륨의 알코올을 말한다.

9. 담긴 양을 말한다.

1. 당신의 청취를 분석해 보아라. 좋은 청취자의 요건에 맞지 않은 특징을 당신이 가지고 있다면 그것들은 무엇인지를 말해보라.

2. 시낭송을 청취하여 말 속도, 어조, 성량의 적합성을 판단하며 분석하라.

3. 공중파 TV 방송에서 정규 뉴스 시간을 청취하고 중심내용을 파악하라. 간결하고 조리 있게 표현 되었는가를 검토하고 모호성에 대해 말해보라.

4. 어떤 사건의 결말만을 듣고 전제가 될 수 있는 일을 상상하고 청취에 영향을 주는 요인으로서의 환경에 대해서 말해보라.

5. 수강생이 직접 다양한 분야에서 에티켓 10계명 만들어 보자. 이를 위해 미리 검토해야 할 것은 무엇인지를 말해보라.

6. 테이블매너에 대한 의견을 나누어 보자.

7. 다양한 분야의 만남과 관계에 필요한 글로벌 에티켓을 말해보자.

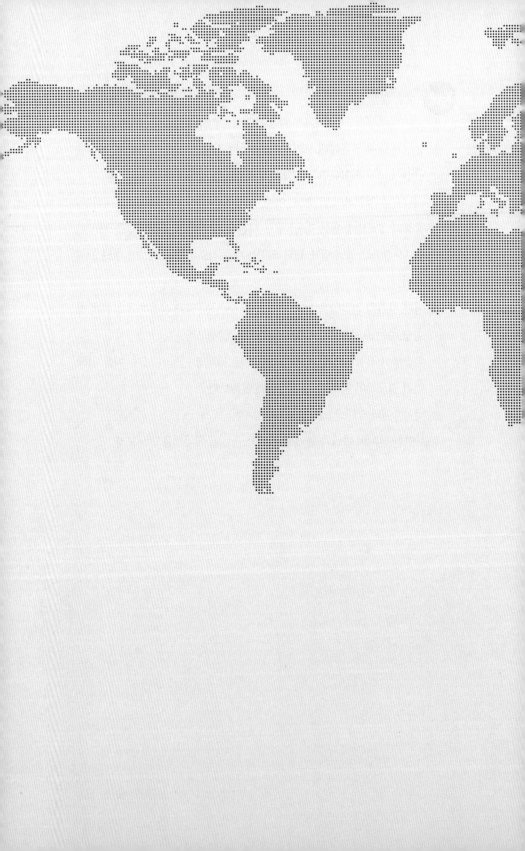

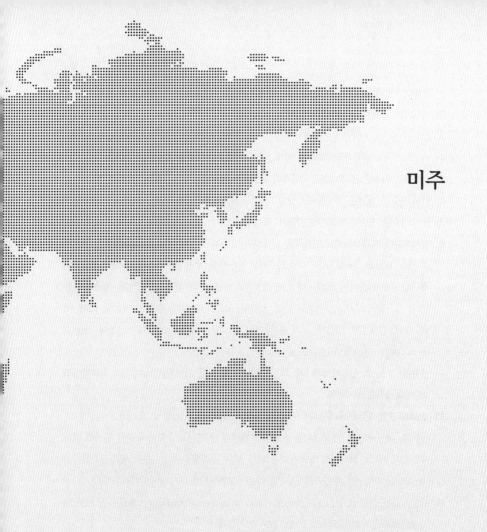

미주

1 김석수, "세계시민주의에 대한 현대적 쟁점과 칸트", 『칸트연구』 제27집, 2011 참고.

2 피터 싱어, 『세계화의 윤리』, 아카넷, 2003 참고.

3 KBS가 제작한 온라인 홍보물에서 인용함, http://www.kbs.co.kr/1tv/sisa/kbsspecial/vod/.

4 이진호, 『독도 영유권 분쟁: 과거, 현재 그리고 미래』, 한국학술정보, 2011, 249쪽.

5 이석용, "국제해양분쟁해결", 한남대학교출판부 〈글누리〉, 2007, 45쪽.

6 앞서 서술된 "일본은 독도를 포기했다" 동영상 참고.

7 앞서 서술된 "일본은 독도를 포기했다" 동영상 참고.

8 위키피디아 백과사전에서 인문학을 검색하면. 인문학(人文學, The humanities)은 인간의 조건(the human condition)에 관해 탐구하는 학문이다. 자연 과학과 사회 과학이 경험적인 접근을 주로 사용하는 것과는 달리, 분석적이고 비판적이며 사변적인 방법을 폭넓게 사용한다. 인문학의 분야로는 철학과 문학, 역사학, 고고학, 언어학, 종교학, 여성학, 미학, 예술, 음악, 신학 등이 있으며, 크게 문/사/철(문학, 역사, 철학)로 요약되기도 한다. http://en.wikipedia.org/wiki/Humanities.

9 신귀현, '서구의 전통사회와 인문학', 『새로운 인문학을 위하여』(경상대학교 인문학연구소, 백의, 1993), 83-84쪽.

10 Kuhn, T.S., *The Structure of Scientific Revolutions*, , University of Chicago Press, 1970, 148쪽. 여기서 쿤은 '공약불가능성'이라는 개념을 쿤 자신도 수학에서 빌어 왔다고 밝힌다. 직각 이등변 삼각형의 빗변과 다른 변들, 또는 원의 원주와 반지름이 서로 공약불가능한 사례들이며, 이때에 공약불가능이란 약분이 불가능함을 나타내는 말이라고 한다.

11 Hoyningen-Heune, P., 'Kuhn's conception of Incommensurability', *Studies in History and Philosophy of Science* 21, 1990, 481-492쪽을 참조.

12 여기서 중요한 것은 개념의 변화인데, 『과학적 혁명의 구조』에서 논의되어진 개념적 변화 중 하나는 한 개념의 외연에 속했던 대상이 그 개념과 상호 배타적인 다른 개념의 외연에도 속하게 되는 경우를 말하고 있다.

13 Kuhn, T.S.,(1970), 150쪽.

14 Kuhn, T.S.,(1970), 150쪽.

15 파이어아벤트의 주저인 『방법에의 도전 (*Against Method*)』에 등장하고 있는 공약불가능성 개념은 다음의 세 가지로 정리된다. ㉠ 역사적·인류학적으로 공약 불가능한 사고(행위, 지각)의 틀이 존재해 왔다는 것, 그리고 ㉡ 과학자 개인의 성장 과정에서 지각과 사고의 발전은 서로 공약 불가능한 단계들을 거친다는 것, ㉢ 같은 문제를 다루는 경우에도 과학자의 관점들은 서로 다를 수 있다는 것이다. 이론 간의 공약불가능성이 생기는 까닭은 서로

다른 세계관에 입각해 서로 다른 언어를 사용하기 때문이다. 또한 그의 공약불가능성 논제는 관찰의 이론 의존성과도 매우 밀접한 연관성을 가지는데 상호 경쟁하는 이론들의 근본 논리가 서로 다를 경우, 한 이론의 근본 개념을 다른 이론의 근본 개념으로 환원하는 것은 불가능하고 그러는 경우에 한에서 경쟁하는 이론들은 어떤 관찰도 공유하지 않게 된다. 이러한 두 가지 이유로 인해 경쟁하는 두 이론은 논리적으로 비교하는 것도 불가능하다. Feyerabend, P.K., *Science in a Free Society*, London: New Left Book, 1978, 66-67쪽.

16 그 동안 GI에 대해 제기되어온 비판을 쿤은 크게 다음의 두 가지로 정리하고 있다. 하나는 두 이론이 공약불가능하여 하나의 언어로 진술될 수 없다면, 그들은 서로 비교될 수 없고 증거에 기반을 둔 어떤 논변도 이론사이의 선택의 문제와는 무관하다는 것이다. 다른 하나는 쿤과 같은 사람은 옛 이론들을 현대적인 언어로 번역하는 것이 불가능하다고 하면서 사실 그러한 일을 행한다는 것은 모순이라는 점이다. 쿤은 국소적 공약불가능성(LI)을 제시함으로 이러한 비판들을 넘어설 수 있다고 주장한다. Kuhn, T.S., 'Commensurability, Comparability, Communicability', PSA, Vol. 2, 1983, 조인래 편역, "공약가능성, 비교가능성, 의사소통가능성", 『쿤의 주제들: 비판과 대응』, 이화여자대학교 출판부, 1997, 227쪽.

17 Kuhn, T.S.,(1997), 228-229쪽.

18 Snow, C.P., 『두 문화 *The Two Cultures*』, Cambridge U.P, 1963, Canto ed. 1993, 오영환 옮김 민음사, 1996, 14-25쪽. 여기서 스노우는 "모더니스트 작가들이 정치적으로 사악했다는 의구심과 함께 서구의 인문학적 지식인들은 산업 혁명을 이해하려고 힘쓰지 않았으며, 또 할 수도 없다고 생각한다. 하물며 그들은 그것을 받아드릴 턱도 없다. 따라서 지식인, 문학적 지식인들은 타고난 러다이트들(luddite: 자신들의 일자리를 빼앗은 섬유기계를 파괴하는 폭동을 일으켰던 19세기 영국의 수공업자)이었다. "라고 말한다. 34쪽을 참조.

19 Snow, C.P.,(1996), 21쪽.

20 스노우는 인문학 문화에 속한 구성원을 지칭하는데 다양한 용어들을 사용한다. 예를 들어, 문학적 지식인 또는 비-과학자들의 문화, 전체 전통 문화(the whole tranditional culture) 등이 그것이다. 가장 최근에는 인문주의 문화라는 말을 사용하였다.

21 Snow, C.P.,(1996), 23쪽.

22 Sorell, T.,(1991), 104쪽을 참조.

23 Ryder, M., "Scientism", *Encyclopedia of Science Technology and Ethics*, 3rd ed. Detroit: Mac Millan Reference Books, 2005. 뿐만 아니라 옥스퍼드 철학사전(The Oxford Dictionary of Philosophy)에서는 과학주의를 '자연과학의 방법, 또는 범주들 그리고 자연과학에서 인식되는 모든 것들이 철학 또는 여타의 연구에 유일한 고유의 요소들을 형성한

다는 신념에 대한 경멸적 용어(Pejorative term)'라고 적고 있다. 그러면서 유명한 영국 물리학자의 러더퍼드(E. Rutherford)의 다음의 말을 과학주의의 고전적 진술로 인용하고 있다. "과학에는 물리학만 이 존재하고 …… 그 밖의 것들은 우표수집에 불과하다."

24 여기서 논자는 논의의 편의상 과학주의를 *ES*와 *MS*를 나누어 설명하고 인문학주의 역시 *EH*와 *MH*로 대응하여 서술하고자 한다.

25 김기현, 『현대인식론』(민음사, 1998), 8장을 참조.

26 Sorell, T.,(1991), 4쪽의 주 9를 참조.

27 정병훈,(1993), 204쪽. 여기서 말하는 역사주의는 전통적 역사주의로 포퍼(K. Popper)가 신랄하게 비판했던 역사학주의(historicism)는 아니다. 이한구는 이러한 역사주의를 모든 실재와 모든 사상이 본질적으로 역사적 성격을 지닌다고 보고 이들에 대한 역사에 의한 설명과 평가를 시도하는 특수한 역사적 사고방식이라 말한다. 이한구, 『역사주의와 역사철학』(문학과 지성사, 1986), 16쪽.

28 양혜림, '딜타이 정신과학의 이해와 인문학의 전망', 『범한철학』(제20집, 범한철학회, 1999), 148쪽.

29 공약불가능성의 주장이 지대한 관심을 일으킨 이유에 대해 퍼트남(H. Putnam)은 사람들이 개념과 개념에 대한 믿음 혼동하기 때문이라고 말한다. 어떤 한 개념의 맥락이 바뀌는 경우, 비록 그 개념에 대한 믿음은 두 맥락 사이에서 공약이 불가능한 경우가 생길 수 있지만 개념 자체는 두 맥락에서 모두 사용되고 있다. 결국 총체적인 공약이 불가능하다고 말할 수 없다. ……만일 정말로 올바른 번역이 불가능하다고 주장한다면, 우리는 믿음들이 서로 다르거나 또는 어떻게 다른가에 대해서도 말할 수 없다. 결국 패러다임을 비교한다는 것은 공약가능성을 반드시 전제해야 한다. Putnam, H., 'Anarchism is self-refuting', *Reason, Truth and History*, Cambridge University Press, 1981, 118쪽.

30 여기서 밑줄 친 굵은 글씨가 논자의 입장이다. 논자는 철학적 논의 속에 나타난 과학주의는 과학과 인문학 간의 국소적 공약불가능성(*LI*)을 취하며 인문학주의는 과학과 인문학간의 국소적인 공약가능성(*LC*)을 수용하는 것으로 본다. 또한 *LI*와 *LC*는 담론체간 세계 조망과의 딜레마가 존재한다고 직관되는데, 이것에 관한 자세한 논의는 다음의 과제로 남기고자 한다. 왜냐하면 이 글이 두 담론체간의 의사소통 가능성 입론만을 목적으로 하기 때문이다.

31 Sismondo, S., *An Introduction of Science and Technology Studies*, Blackwell, 2000을 참조.

32 Merton, R., *The Sociology of Science: Theoretical and Empirical Investigations*. University of Chicago Press, 1973을 참조.

33   Bloor, D., 1976, *Knowledge and Social Imagery*, RKP.

34   Cutcliffe, S., 'Ideas, Machines, and Values: An Introduction to Science', *Technology, and Social Studies*, Rowman & Littlefield Publishers, 2000을 참조.

35   Mumford, L., *Technics and Civilization*. Harcourt, Brace and Company, 1934를 참조.

36   Jonas, H., *The Imperative of Responsibility: In Search of Ethics for the Technological Age*, University of Chicago Press, 1984를 참조.

37   유성호, 「다문화와 한국 현대시」, 『배달말』 49집, 2011, p. 128.

38   유성호, 위의 논문, pp. 128~129.

39   '오리엔탈리즘(Orientalism)'과 '옥시덴탈리즘(Occidentalism)'의 개념은 다음과 같다. 옥시덴탈리즘이란, 서양이 제국주의 지배 전략의 일환으로 동양을 날조했듯이, 동양 또한 서양을 다양한 방식으로 '오해'하고 '오독'한 사실을 말한다. 서양에 의해 왜곡되고 날조된 동양상이 오리엔탈리즘이라면, 옥시덴탈리즘은 동양에 의해 굴절되고 변용되어 수용된 서양상을 가리키는 것이다. 이때, '오해' 혹은 '오독'이라는 것은 '틀리게' 이해한다는 의미가 아니라 '다르게' 이해한다는 것이다. 다시 말해, 원래 작품의 배경이 되는 외래문화의 맥락에서 벗어나 자신의 관점에서 새롭게 '다시 읽고' '다시 쓰는' 경우로 수용자의 독자성과 능동성을 강조하는 입장을 말한다. 이러한 태도는 서양이나 동양 어느 한쪽만의 역할과 입장을 일방적으로 절대화하는 것이 아니라, 대화적으로 상호작용하는 과정 자체를 중시하는 견해라는 점에서 유익함을 지니고 있다. 이 두 개념에 관해서는 샤오메이 천, 정진배 외 역, 『옥시덴탈리즘』, 강, 2001 참조.

40   이미림, 「2000년대 다문화소설에 나타난 이주노동자의 재현 양상」, 『우리문학연구』, 2012. 2, pp. 333~334.

41   이미림, 위의 논문, pp. 322~323.

42   송현호, 「「코끼리」에 나타난 이주 담론의 인문학적 연구」, 『현대소설연구』 42집, 2009, p. 249.

43   송현호, 위의 논문, p. 249.

44   DV8은 'Dance and Video 8(춤과 당시의 최신기술이었던 8mm 영상을 의미함)' 또는 '디비에이트(deviate·일탈하다)'라는 뜻이다. 단체명에 붙인 '피지컬 시어터'라는 이름은 이들의 활동 이후 오늘날 하나의 예술장르로 널리 통용되게 됐다.

45   베른하르트 슐링크, 더 리더 - 책 읽어주는 남자, 이레, 2004. 144p.

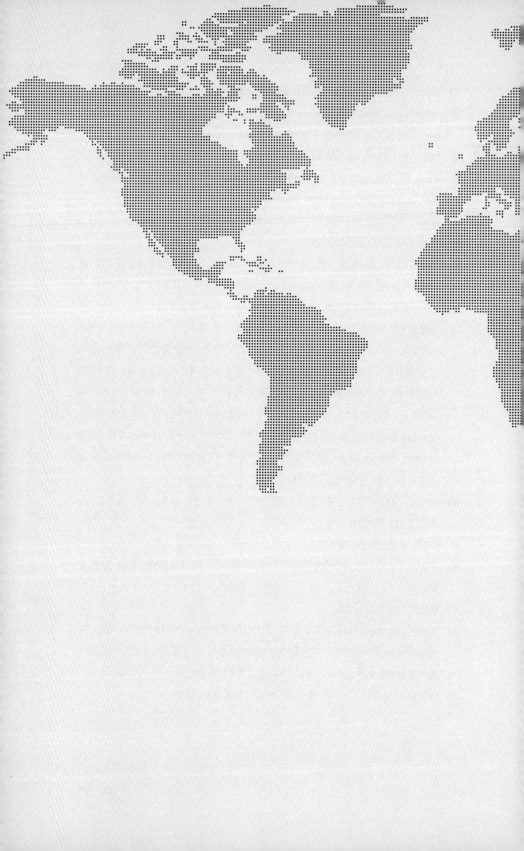

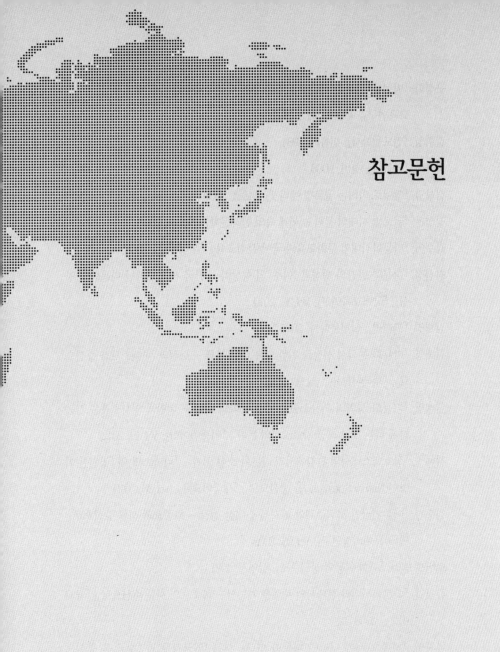

참고문헌

구정화, 「박선웅, 다문화 시민성 함양을 위한 다문화교육의 목표 체계 구성」, 「시민교육연구」, Vol.43, No.3, 2011.

길희성, 「인도철학사」, 민음사, 1984.

김려령, 「완득이」, 창비, 2008.

김상경, 「영어로 익히는 글로벌 에티켓」, M&B, 2009

김성곤, 「글로벌 시대의 문학 - 세계 속의 한국문학」, 민음사, 2006.

김수이, 「다문화시대의 문화교육과 국어/문학교육」, 「우리말글」, 2008. 4.

김신정, 「다문화 공간의 형성과 "이주"의 형상화 - 한국 시에 나타난 다문화의 양상」, 「국어교육연구」, Vol.26, 2010.

김재영, 「코끼리」, 실천문학사, 2005.

김혜영, 「다문화 문식성 신장을 위한 교육 내용 분류 - 소설과 시 텍스트를 중심으로」, 「새국어교육」, Vol.90, 2012.

김혜영, 「다문화 사회의 의사소통을 위한 문학의 역할 - 비판적 의사소통을 가능하게 하는 정보 제공 자료로서의 문학」, 「이중언어학」, Vol.49, 2012.

김혜영, 「상호텍스트성의 관점에서의 다문화 소설 읽기 - 「나마스테」와 「영원한 이방인(Native Speaker)」을 중심으로」, 「새국어교육」, Vol.86, 2010.

김홍진, 「이주외국인 하위주체와 타자성에 대한 성찰 - 하종오의 시를 중심으로」, 「한국문예비평연구」, Vol.26, 2008.

로버트 벨라, 「사회 변동의 상징구조」, 삼영사, 1981.

류찬열, 「다문화시대와 현대시의 새로운 가능성 - 하종오의 시를 중심으로」, 「국제어문」, 2008. 12.

류찬열, 「하종오 시에 나타난 다문화 연구-시집 「입국자들」과 「제국」을 중심으로」, 「다문화콘텐츠연구」, 2011. 10.

린다 브림, 「글로벌 코스모폴리탄」, Gasan Books, 2010

마사 너스봄, 조슈아 코언, 「나라를 사랑한다는 것-애국주의와 세계시민주의의 한계 논쟁」, 삼인, 2003.

마크 게이어존, 「당신은 세계시민인가?」, 에이지 21, 2010

박범신, 「나마스테」, 한겨레신문사, 2005.

박준형, 「글로벌 에티켓을 알아야 비즈니스에 성공한다」, 북쏠레, 2006

새뮤얼 헌팅턴, 「문명의 충돌」. 김영사. 1997.

선주원, 「다문화 소설에 형상화된 이주 여성에 대한 공감적 이해와 소설교육」, 「국
　　　어교육」, Vol.138, 2012.

세일라 벤하비브, 「타자의 권리 - 외국인, 거류민, 그리고 시민」, 철학과현실사, 2008.

손홍규, 「이슬람 정육점」, 문학과 지성사, 2010.

송현호, 「〈코끼리〉에 나타난 이주 담론의 인문학적 연구」, 「현대소설연구」 Vol.42,
　　　2009.

송현호, 「다문화 사회의 서사 유형과 서사 전략에 관한 연구」, 「현대소설연구」,
　　　Vol.44, 2010.

송희복, 「한국 다문화 소설의 세 가지 인물 유형 연구」, 「배달말」, Vol.47, 2010.

스티븐 데이비스, 「밥말리 노래로 태어나 신으로 죽다」, 여름언덕, 2007.

신진욱, 「시민」, 책 세상, 2010.

신현준, 「레논평전」, 리더스하우스, 2010

안경환, 「법 영화를 캐스팅하다」, 효형출판, 2008.

앤서니 기든스, 「현대사회학」 6판. 4장 「세계화와 변화하는 세계」, 을유문화사,
　　　2011.

오윤호, 「디아스포라의 플롯 - 2000년대 소설에 형상화된 다문화 사회의 외국인
　　　이주자」, 「시학과 언어학」, Vol.17, 2009.

우기동, 「제목 다문화 시대 우리 인간들의 부끄러운 얼굴 - 세계시민의 보편적 가
　　　치를 생각하며」, 「시대와 철학」, Vol.22, No.2, 2011.

원융희, 「글로벌 에티켓」, 자작나무, 1999

위르겐 하버마스/요제프 라칭거, 『대화』, 새물결, 2009.

유성호, 「다문화와 한국 현대시」, 『배달말』, Vol.49, 2011.

윤여탁, 「다문화사회: 한국문학과 대중문화의 대응」, 『국어교육연구』, Vol.26, 2010.

이강춘, 『만화로 보는 글로벌에티켓과 음식문화』, 백산출판사, 2010

이기영, 『불교개론』, 한국불교연구원, 1985.

이미림, 「2000년대 다문화소설에 나타난 이주노동자의 재현 양상」, 『우리문학연
　　　구』, 2012. 2.

이븐 할둔, 『이슬람 사상』, 삼성출판사, 1982.

이정숙, 「다문화 사회와 한국 현대소설」, 『한성어문학』, Vol.30, 2011.

임경순, 「다문화 시대 소설(문학)교육의 한 방향」, 『문학교육학』, Vol.36, 2011.

임마누엘 월러스타인, 『탈아메리카와 문화이동 : 변화하는 세계체제』, 백의, 1995.

임태섭, 『스피치 커뮤니케이션(개정판)』, 커뮤니케이션북스, 2004

전성용/정인교 편저, 『기독교의 이해』, 서울신학대학교출판부, 2011.

정정호, 「세계시민시대의 한국문학과 세계화 담론의 전략」, 『문예운동』, 2008. 12.

정화열, 『몸의 정치 예술, 그리고 생태학』, 아카넷, 2005.

제레미 러프킨, 『소유의 종말』, 민음사, 2009.

조영대, 『글로벌 에티켓과 매너』, 백산출판사, 2010

조지프 스티글리츠, 『세계화와 그 불만』, 세종연구원, 2002.

존 톰린슨, 『세계화와 문화』, 나남, 2004

주성수, 『UN, UGO, 글로벌시민사회』, 한양대출판부, 2000

진중권, 『놀이와 예술, 그리고 상상력』, humanist, 2005.

최병권, 『세계시민입문』, 박영률출판사, 1994

최현종, 『한국 종교인구변동에 관한 연구』, 서울신학대학교출판부, 2011.

콰메 앤터니 애피아, 『세계 시민주의』, 바이북스, 2008

클라우스 휘브너, 『마녀에서 예술가로 오노요코』, 솔, 2007

폴 리쾨르, 『타자로서 자기 자신』, 동문선, 2006.

풍우란, 『중국철학사』, 형설출판사, 1977.

프리드리히 마이네케, 『세계시민주의와 민족국가-독일 민족국가의 형성에 관한
　　　연구』, 나남출판, 2007.

피터버거, 사뮤엘 헌팅틴, 『진화하는 세계화: 현대세계의 문화적 다양성』, 아이필
　　　드, 2005

필립 젠킨스, 『신의 미래』, 도마의 길, 2009.

하종오, 『국경없는 공장』, 삶이보이는창, 2007.

하종오, 『반대쪽 천국』, 문학동네, 2004.

하종오, 『아시아계 한국인들』, 삶이보이는창, 2007.

하종오, 『입국자들』, 산지니, 2009.

하종오, 『제국』, 문학동네, 2011.

홍성식, 「한국 사회의 다문화주의와 그를 둘러싼 환상」, 『새국어교육』, Vol.85,
　　　2010.

Hans Schattle, The Practices of Global Citizenship, Rowman, 2008.

Herbert Edward Read, The Meaning of Art, Paperback, 1984.

Kwame Anthony Appiah, 실천철학연구회 역, 『세계시민주의』, 바이북스, 2009.

Michael J. Parsons and GeneBloker, 『미학과 예술교육』, 현대미학사, 1998.

Paul Arden, It's not how good you are, It's how good you want to be, Paperback,
　　　2003.

Paul Arden, Un Art contextuel, hamps art, 2009.

Paul Arden, Whatever You Think, Think the Opposite, Paperback, 2006.

Peter Beyer, Religions in Global Society, Routledge, 2006.

〈저자 소개(집필 순)〉

• **이희용** 독일 튀빙겐 대학 철학박사
서울신학대학교 교양학부 교수
「전문적으로 리딩하자」(레토릭하우스, 2011)

• **최현종** 독일 라이프찌히 대학 신학박사
서울신대·감신대·숭실대 출강.
「한국 종교인구변동에 관한 연구」(서울신대출판부, 2011)

• **서민규** 미국 뉴욕 주립대(버팔로) 철학박사
중앙대학교 교양학부대학 교수
「Critical Realism and Spirituality」(Routledge, 2012)

• **최현철** 중앙대학교 철학박사
호서대 교양교직학부 겸임교수
「언어를 통한 논리학 입문: 의미와 논증」(철학과 현실사, 2011)

• **엄성원** 서강대학교 문학박사
서강대 국문과 대우교수
「한국 현대시의 근대성과 탈식민성」(보고사, 2006)

• **이화** 프랑스 파리8대학 예술학석사
Théâtre DaDa 대표 및 연출가
〈The Screwtape letters〉(2012.11) 연극 연출

• **신현규** 중앙대학교 문학박사
중앙대학교 교양학부대학 주임교수
「중국창기사」(어문학사, 2012)

글로벌 시민정신 (Global Citizenship)

초판 3쇄 발행 2016년 8월 19일
지은이 이희용·최현종·서민규·최현철·엄성원·이화·신현규
펴낸이 이정수 / **책임 편집** 최민서·신지항 / **마케팅 총괄** 박정상
펴낸곳 연경문화사 / **등록** 1-995호
주소 서울시 강서구 양천로 551-24 한화비즈메트로 2차 807호
대표전화 02-332-3923 / **팩시밀리** 02-6957-0898
이메일 ykmedia@naver.com
값 15,000원 / **ISBN** 978-89-8298-144-9 (93300)